书山有路勤为径,优质资源伴你行
注册世纪波学院会员,享精品图书增值服务

SAFe® 教练手册

在敏捷企业的团队、敏捷发布火车（ART）和
投资组合中推动并运用SAFe®的成熟技巧及技术

SAFe® Coaches Handbook
Proven Tips and Techniques for Launching and Running
SAFe® Teams, ARTs, and Portfolios in an Agile Enterprise

[英] 达伦·威尔姆斯赫斯特（Darren Wilmshurst） 著
林迪·奎克（Lindy Quick）

薛 梅 马 畅 译

电子工业出版社
Publishing House of Electronics Industry
北京·BEIJING

Copyright ©Packt Publishing 2023. First published in the English language under the title 'SAFe® Coaches Handbook - (9781839210457) ' by Darren Wilmshurst, Lindy Quick.
Simplified Chinese translation edition copyrights © 2024 by Publishing House of Electronics Industry Co., Ltd.

本书中文简体字翻译版由 Packt Publishing Ltd 授权电子工业出版社。未经出版者预先书面许可，不得以任何方式复制或抄袭本书的任何部分。

版权贸易合同登记号　图字：01-2024-0493

图书在版编目（CIP）数据

SAFe® 教练手册：在敏捷企业的团队、敏捷发布火车（ART）和投资组合中推动并运用 SAFe® 的成熟技巧及技术 ／（英）达伦·威尔姆斯赫斯特 (Darren Wilmshurst)，（英）林迪·奎克 (Lindy Quick) 著；薛梅，马畅译 . -- 北京：电子工业出版社，2024.6. -- ISBN 978-7-121-48154-3
Ⅰ．F272-62
中国国家版本馆 CIP 数据核字第 2024ZE0600 号

责任编辑：卢小雷
印　　刷：北京盛通印刷股份有限公司
装　　订：北京盛通印刷股份有限公司
出版发行：电子工业出版社
　　　　　北京市海淀区万寿路173信箱　邮编100036
开　　本：720×1000　1/16　印张：20.25　字数：287千字
版　　次：2024年6月第1版
印　　次：2024年6月第1次印刷
定　　价：98.00元

凡所购买电子工业出版社图书有缺损问题，请向购买书店调换。若书店售缺，请与本社发行部联系，联系及邮购电话：（010）88254888，88258888。
质量投诉请发邮件至zlts@phei.com.cn，盗版侵权举报请发邮件至dbqq@phei.com.cn。
本书咨询联系方式：（010）88254199，sjb@phei.com.cn。

谨以此书献给丽兹,感谢你对我坚定不移的支持、无尽的爱,以及让我开怀大笑的非凡能力。即使是在最艰难的日子里,你的鼓励和信任一直是我前行的动力。是你给了我力量,让我能够在最具挑战性的时刻奋力前行,永不放弃梦想。还有你的幽默感!你极富感染力的笑声和诙谐的调侃总能照亮我的生活,让我笑逐颜开。你是我的磐石、知己和知音。我非常感激我们在一起的每一刻,我无法想象没有你在我身边的生活。我将本书献给你。你是我的一切!

——林迪·奎克

致我的妻子乔安妮,在我的职业生涯中,她一直支持我,在我们共同的人生旅途中,她一直是我深爱的伴侣。致我们的孩子亚历克斯和塔姆辛,他们每天都让我们感到骄傲。

——达伦·威尔姆斯赫斯特

译者序

对于每位译者来说，翻译一本书都是一次挑战和机遇。翻译本书更是如此，因为它不仅是一本关于精益敏捷和SAFe®（Scaled Agile Framework®）的指南，更是一本深入探讨领导力、团队协作和组织变革管理的实用手册。在翻译本书的过程中，我们深刻感受到了作者对精益敏捷实践的热情。我们也体会到了，这不仅仅是在翻译文字，更是在传递一种理念、一种方法论、一种对于团队协作和创新的信念。通过本书，我们希望能够将敏捷精神和SAFe®实践带给更多的读者，帮助他们在日常工作中更好地应对挑战，实现持续改进和创新。翻译本书是一项艰巨的任务，但也是一次十分有意义的经历。在这个过程中，我们不仅是译者，更是学习者，能够不断探索和领悟敏捷的精髓。

随着企业数字化转型的加速和精益敏捷方法在组织中的普及，对于SAFe®的需求也日益增长。当前，许多企业面临着转型过程中的挑战，需要专业的指导和支持，而作为SAFe®教练实践的权威指南，本书正好迎合了这一市场需求。SAFe®是一种业务敏捷运营框架，具有结构化、可延展和全面性的特点，使其在过去几年内迅速发展并受到广泛关注。企业借助SAFe®能够更好地管理复杂的事务和产品开发，提高交付速度和质量，增强团队协作和创新能力，从而取得业务上的成功。

本书的出版可以为SAFe®从业人员提供宝贵的指导和资源。通过丰富的案例和详细的讲解，读者可以更好地理解和应用SAFe®框架，从而在敏捷转型和持续改进过程中取得更好的效果。本书填补了国内SAFe®资料不足的空白，对从业人员来说，有很高的参考价值，能帮助他们更好地应对挑战，实现组织的敏捷转型目标。希望本书能够为更多的SAFe®从业人员带来启发和帮助，推动敏捷文化在国内的发展。

本书从企业变革教练、业务敏捷推动者的角度，深入探讨了如何在组织中有效地实施SAFe®，内容涵盖精益敏捷价值观、SAFe®的原则和实践、敏捷团队的建设、以用户为中心的敏捷产品交付、PI规划会议（SAFe®的核心活动）、投资组合管理、学习型组织的构建及领导力等方面。本书结构清晰、内容丰富，适合各类企业的敏捷教练、实践者和管理者阅读。通过阅读本书，你可以深入了解SAFe®的核心理念和实践，掌握在实际项目中应用SAFe®的方法和技巧，从而提升团队的敏捷能力和整体业务绩效。

在翻译本书的过程中，马畅老师展现了高效的项目运作能力和协作精神，他负责翻译第1章至第10章。我负责翻译第11章至第17章及全书的审校工作，并尽可能使译文更加顺畅和精准。同时，非常感谢电子工业出版社的卢老师在翻译过程中提出的宝贵建议和意见，为书稿质量的提升做出了重要贡献。

术语统一和文字润色确实是一项具有挑战性的工作，需要在保持原文意思的基础上，做到更易于中文读者理解。同时，确保翻译的准确性和专业性也是非常重要的。在这个过程中，我们严格参照SAFe®官方的术语表并不断斟酌，权衡各种因素，以确保翻译结果既忠实原著，又能够体现中文表述的优雅和可读性。通过我们的共同努力，希望可以打造出一本既符合作者原意又满足中文阅读习惯的优质翻译作品。期待本书能够满足专业人士的期待，为他们提供更多有价值的知识和见解。

特别感谢电子工业出版社在引进、编辑和出版方面给予的支持和帮助，希望本书能够得到读者的喜爱和认可！

2024年3月23日于成都

薛梅

序

> ……那些真正改变世界的人，就是疯狂到认为自己可以改变世界的人。
>
> ——苹果公司（1997）

在漫长的职业生涯中，我有幸目睹了人们在一些困难的商业环境中发挥出极佳的水平。在敏捷运动的早期，出现了一些很棒的案例。当时我在现场试图说服人们：他们需要改变开发软件和系统的思维方式。

后来，《敏捷宣言》于2001年发表。我发现自己的职业生涯进入了一个新的阶段，可以自由探索全新的、更加敏捷的方法，帮助人们构建基于技术的重要系统。在经过几次成功的现场实验后，我找到了新的目标：看看是否有可能为复杂的大型企业带来敏捷性，这些企业正在构建一些世界上最大、最重要的系统，这些企业需要一种方法来加速创新，并保持市场竞争力。上述系统是我们每天都依赖的，它们范围广泛、无处不在，从医疗系统、运输系统和信息系统到卫星、潜艇、保险、金融和银行系统。

我采用实证和增量方法，与几家大型企业合作，并逐渐应用敏捷方法和敏捷实践。在需要的地方，我用精益和系统思维扩展了这些实践。这是一项艰苦的劳动密集型工作，需要企业内部人员的深度参与。有时，这些企业对自身加以限制，而且它们总认为行业对其有诸多限制，这些限制确实令人生畏。但是，通过一个人接着一个人、一次会议接着一次会议、一次实践接着一次实践、一门课程接着一门课程，我们得以开发出了必要的工具并培养了相应的洞察力，以帮助这些企业过渡到更精益、更敏捷、更有效（最重要）的工作方式。成果确实令人惊叹。数以千计的工作岗位得以保留，新的工作岗位得以创造。新的创新系统可帮助企业更快地进入市场。随着时间的推移，我们将所有这些经验教训整合到新的规模化敏捷框架（SAFe®）中，该框架很快就成为世界领先的快速部署创新技术系统的框架。

建立促进变革的社区

正如你想象的那样，在这条路上我并不孤单。采用SAFe®需要一种新的工作和互动方式，涉及日常实践、思维方式和文化的重大转变。这就需要引入有思想、有技能的人来促进这种工作方式的转变。随着时间的推移，有成百上千位SAFe®实施咨询顾问（SAFe® Practice Consultant, SPC）接受了培训，成为变革的推动者。

SPC在SAFe®如何运作以及为何运作方面有着共同的认知基础。他们拥有帮助企业实施SAFe®的知识、才能、群众基础，他们分布在世界各地，在短短几年内，就帮助了10 000多家企业。培训SPC也需要规模化，因此我们创建了"SAFe®实施咨询顾问-T"项目，这包括一个经过进一步培训、评估、认证和授权的精选小组，可以在全球范围内培训SPC。最后，我们还创建了另一个独特的"SAFe®研究员"（SAFe®Fellow）项目，该项目旨在表彰能够胜任最复杂的企业数字化转型工作的具有丰富经验的个人，以及为SAFe®的发展做出贡献的个人。

本书的两位作者是与我们一路同行的杰出人士。达伦·威尔姆斯赫斯特（SPCT、SAFe®研究员）是SAFe®的早期倡导者，帮助我们制定了实施内容和策略，改变了商业和政府领域中的许多组织。林迪·奎克（SPCT）拥有超过15年的政府IT项目经验和10年的SAFe®咨询经验，擅长交付软件和高度复杂的网络融合解决方案。她能应对行业和政府在采用新工作方式时所面临的一些最重大的技术和商业挑战。这两位思想和实践的领导者是撰写本书的独一无二的人选。

我为什么喜欢本书

本书是为实施SAFe®重要工作的人员编写的。通过阅读本书，SPC、Scrum Master/团队教练、发布火车工程师、产品负责人、产品经理和业务负责人可更好地理解他们在转型中的角色和责任。本书清晰且直接地关注SAFe®的一些最基本要素，包括敏捷团队和敏捷发布火车的性质和组织，以及它们如何迭代以快速向客户交付有价值的解决方案。本书提供了足够的投资组合管理背景知识，以确保企业战略与执行的一致性。本书还介绍了促进敏捷性的精益预算实践。

本书是SPC和其他实施SAFe®或讲授SAFe®课程的人员的超级好帮手，可为人们提供掌握这种新工作方式所需的知识和技能。

但即使这样说，也仍显得有点轻描淡写了。由于本书简洁明了，可读性强，它可以帮助每位希望通过SAFe®取得成功的人。

换句话说，如果你正在进行SAFe®转型，正在考虑转型，想了解SAFe®，或者只是想知道如何更快地构建和部署基于技术的重要系统，本书就是为你准备的！

感谢达伦和林迪，你们干得太棒了！

——迪恩·莱芬韦尔，SAFe®创建者

前言

我们经常会遇到一些高管，然后就开始了这样的对话：

高管："我们要走敏捷之路。"

我们："太好了！"

高管："我们想采用SAFe®。"

我们："那就更好了，我们非常擅长SAFe®。不过，能问问你们为什么要这么做吗？"

高管："（长时间停顿）因为其他大型组织也在这么做！"

一般来说，这不是在组织内部进行重大变革的好理由。我们的目标不是实施敏捷或SAFe®，而是使用精益敏捷方法提高组织效率，并采用SAFe®等规模化框架来支持这一目标。

我们在各种社交媒体平台上看到了许多关于SAFe®的不实评论，其中包括一段名为"candid and unscripted conversation about SAFe®"的视频，视频中的两人声称他们没有SAFe®的经验，他们的所有想法都基于传闻。因此，视频中充斥着错误信息。

那就从这里开始吧。

SAFe®不是"处方"或规则手册，而是一个框架！

框架的标准定义如下："框架是一种支撑结构，可以围绕它来构建某些东西。"

当我们在组织中实施SAFe®时，每次的实施方式都不尽相同，因为每个组织的情况都不一样，对变革和颠覆现有机制的渴望也大相径庭。

你不能用对待算法的方式来实施SAFe®；你要用启发式的方式来实施它。也就是说，你必须开动脑筋来实施它！不能照本宣科。

也就是说，实施SAFe®需要有一定的基础。如果你要烤蛋糕，就会用到一些配料，而馅料和装饰当然也可以各不相同。

SAFe®就像一个神奇的工具箱，但你必须知道在什么情况下使用什么工具。如果我要在墙上挂一幅画，我会使用锤子和钉子。我不需要电锯！工具用错了会非常危险。

精益企业版的SAFe®（SAFe® for Lean Enterprises）提供了一个知识库，包含经过验证的集成原则、实践和能力要求，可用于使用精益、敏捷和DevOps实现业务敏捷性。

让我们来分析一下。SAFe®不是由一些坐在科罗拉多州的人凭空想出来的；自2011年以来的10个版本都是基于实践者（如作者）和已实施SAFe®的组织的反馈意见而构建的。

此外，SAFe®还得到了戴明、莱纳斯滕、科特、摩尔、沃德等真正的思想领袖的支持。

既然我们已经说到了这里，那么本书又是为谁而写的呢？

本书为谁而写

本书不是一本参考指南，而是一本手册。参考指南的篇幅会过于冗长，但关键是，SAFe®有框架网站，它提供了全面的知识库。

我们将本书的目标读者定位为刚刚获得SPC资格的人员，他们或许刚刚完成并通过了为期4天的"Implementing SAFe®"课程。

经过认证的SPC是变革的推动者，他们将SAFe®的技术知识与变革的内在动力相结合，以改进公司的软件和系统开发流程。他们在成功实施SAFe®的过程中发挥着至关重要的作用。

众所周知，听课、通过考试与在组织中真正实施SAFe®有着天壤之别。

我们的一位同事曾经说过："我会乘坐只读了一本书并刚通过考试的飞行员驾驶的飞机吗？"对于飞行员来说，通过理论考试与真正学会驾驶飞机之间有着天壤之别。

当然，本书不仅仅适用于新获得资格的SPC。如果你是一名SPC，希望SAFe®在你的组织中发挥作用；如果你是Scrum Master/团队教练或发布火车工程师，想知道为什么SAFe®很难；如果你是产品负责人或产品管理人员，需要帮助你的团队交付产品；如果你是系统架构师，想知道自己的角色是什么；如果你是团队成员，想知道为什么要参加这些"疯狂"的活动，那么本书同样适合你。

无论你是刚接触SAFe®的新手，还是在现实世界中为如何运用SAFe®而苦苦挣扎的实践者，本书对你都非常有益。对于刚入行的敏捷教练或没有经验丰富的敏捷教练的团队来说，本书也很有帮助。

是否有任何先决条件

你应该对SAFe®有一定的了解。在本书中，我们不会介绍基础知识，我们会解释在实施SAFe®时为什么要采用某种方法。如果你已经上过"Scaled Agile Framework®"课程，或者具有在SAFe®环境中工作的经验，但仍对如何成功地将理论付诸实践或为什么要这样做有疑问，那么本书就是为你准备的。当你开始根据自己特定的工作环境调整SAFe®时，如果你不确定哪些是可以放心改变的，哪些是需要"照本宣科"的，那么本书也很有用。

本书涵盖的内容

本书分为三个部分：
- 第1部分关注团队层面。
- 第2部分关注敏捷发布火车（ART）层面的协调。
- 第3部分关注投资组合层面。

由于采用了这种结构，你在阅读本书时不必按顺序阅读。如果你是Scrum Master，那么你只阅读第1部分即可（当然，了解ART层面的协调可能也会有所帮助）。如果你是发布火车工程师（RTE），那么你肯定需要阅读第2部分（当然，了解团队层面的情况肯定也很有价值）。如果你是高层领导者或投资组合经理，那么第3部分就是为你准备的。

以下是各章的摘要：

第1章 为实施SAFe®和了解SAFe®为组织带来的价值奠定了基础。

第2章 深入探讨了敏捷团队的结构和关键角色。

第3章 介绍了敏捷团队的日常运作。

第4章 探讨了为什么待办事项列表对于浮现、优先级排序和跟踪团队工作非常重要，以及应该如何最有效地管理待办事项列表。

第5章 探讨了SAFe®活动的最佳运作方式，以及当人们尝试以不同的方式执行，甚至完全取消这些活动时，会发生什么情况。

第6章 帮助你了解在启动首个ART、恢复ART或使ART成熟时的一些关键注意事项。

第7章 介绍了如何确保ART正确运行并获得成功。

第8章 介绍了什么是ART级待办事项列表以及它与其他待办事项列表的区别。该章还讨论了如何创建和管理待办事项列表，并确保其规模适当。

第9章 介绍了每次ART迭代中发生的各种活动和事件，包括所有同步、ART板和迭代系统演示。

第10章 介绍了PI范围内发生的几个关键活动，这些活动在一次PI中只发生一次。

第11章 探讨了什么是企业战略，以及组织的企业战略如何以与团队相同的方式进行调整。

第12章 介绍了帮助构建和定义投资组合的各种工具，以及"价值流识别"的关键任务。

第13章 探讨了如何从传统的项目成本核算转向精益预算。

第14章 探讨了如何最有效地管理投资组合待办事项列表。

第15章 介绍了有助于确定投资组合中的ART是否表现良好的度量标准，还考虑了一些其他的投资组合度量标准。

第16章探讨了如何让领导者适应这种新环境。

本书涉及了人们在采用和定制SAFe®时遇到的一些常见陷阱。无论你是开发团队的成员、产品负责人（或产品经理）、发布火车工程师、系统架构师、DevOps实践者，还是其他利益相关者，本书都能帮助你理解SAFe®为何有效，以及如何根据你的需求来合理、有效地定制它。

请记住，这是一本手册，而不是参考指南，因此我们只涵盖了你日常会遇到的80%的内容。例如，我们特意没有包括大型解决方案，因为规模化的第一条规则就是"不要给出大型解决方案"！

早在2017年，达伦就曾与SAFe®领域的一位领军人物一起讲授过"Implementing SAFe®"课程。当时，该领军人物已经启动了50个ART，其中只有2个是大型解决方案（一个的确是真正的大型解决方案，另一个则是组织坚持要启动的大型解决方案火车）！我们看到过非常多的没有必要的大型解决方案的例子。

请记住敏捷原则第10条：以简洁为本（这是极力减少不必要工作量的艺术）。

规模化会带来一定程度的复杂性和协调性。如果不需要进行规模化，那么应该使实施工作尽可能简单。

我们努力用我们的集体经验和一些专业建议、真实世界的故事和注意事项来帮你应对可能遇到的最常见挑战。我们希望这些能对你的实施工作有所帮助。当然，如果你决定交付培训，也能从本书中获得一些有趣的轶事。

可下载的资源

我们在GitHub网站提供了一些与本书相关的示例文件（我们会持续对其更新）。另外，我们制作了一个与本书配套的PDF文件，其中包含本书所涉及的所有图和表格（均为彩色）[1]。

---

[1] 如果你需要这些资源，可以关注SAFe®社区的公众号"SAI SAFe规模化敏捷官网"，以获取这些资源的下载地址。——译者注

目录

第1章 在数字化时代蓬勃发展 ... 001
- 五次技术革命 ... 002
- 数字化时代的牺牲品 ... 004
- 双运营系统 ... 006
- 业务敏捷性的核心能力 ... 008
- 价值观与原则 ... 014
- 小结 ... 019

第1部分 敏捷团队

第2章 组建团队 ... 021
- 敏捷团队是什么 ... 022
- 敏捷团队的角色和职责 ... 023
- 团队类型 ... 032
- 小结 ... 034

第3章 敏捷团队迭代和PI执行 ... 035
- 迭代中的日常工作 ... 035
- PI中的日常工作 ... 043
- 小结 ... 048

第4章 团队级待办事项列表管理 ... 049
- 团队级待办事项列表 ... 049
- 用户故事 ... 051

故事类型 ··· 055
为什么有不同类型的故事 ·· 056
估算用户故事 ··· 057
故事拆分 ··· 059
用户故事优先级 ·· 061
让团队级待办事项列表流动起来 ······································· 062
看板团队故事 ··· 063
为PI规划会议准备团队级待办事项列表 ······························ 064
小结 ··· 065

第5章　团队迭代活动 ·· 066

SAFe®Scrum团队活动 ·· 067
SAFe®看板团队活动 ·· 073
团队工件 ··· 078
小结 ··· 079

第2部分　敏捷发布火车

第6章　构建敏捷发布火车 ·· 081

为什么你的ART不是你的部门 ·· 081
识别正确的价值流将如何影响ART ···································· 084
发布火车工程师、产品管理人员和系统架构师 ···················· 087
我们需要系统团队吗 ·· 098
小结 ··· 100

第7章　发布火车的日常工作 ··· 101

同步和节奏 ·· 102
持续交付流水线 ·· 104
工具 ··· 108
产品管理人员的日常工作 ·· 110

系统架构师的日常工作 ·· 113

发布火车工程师的日常工作 ·· 116

创新和规划迭代 ··· 123

小结 ·· 130

第8章　ART级待办事项列表管理 ·· 131

ART级待办事项列表 ·· 132

特性到底是什么 ··· 133

特性的规模 ··· 136

特性的优先级排序 ·· 139

PI规划会议的待办事项列表准备 ·· 144

小结 ·· 145

第9章　ART活动 ·· 146

同步 ·· 146

不要跳过ART板 ·· 155

迭代系统演示 ·· 160

小结 ·· 162

第10章　PI活动 ·· 163

PI规划会议 ·· 163

执行PI规划会议 ·· 166

I&A活动 ·· 197

小结 ·· 205

第3部分　投资组合

第11章　企业战略 ·· 207

企业战略是什么 ··· 208

何为战略敏捷性 ··· 210

企业战略与投资组合有什么不同 …………………………………… 212
小结 ……………………………………………………………………… 214

第12章　构建投资组合 ………………………………… 215

从教育领导者入手 ……………………………………………………… 217
为你的投资组合添彩 …………………………………………………… 219
价值流识别（VSI） ……………………………………………………… 223
小结 ……………………………………………………………………… 231

第13章　建立精益预算 ………………………………… 232

审视投资地平线 ………………………………………………………… 233
我们投资的是价值流，而不是项目 …………………………………… 235
参与式预算 ……………………………………………………………… 241
小结 ……………………………………………………………………… 243

第14章　投资组合待办事项列表管理 ………………… 244

投资组合级史诗 ………………………………………………………… 245
投资组合看板 …………………………………………………………… 246
精益投资组合管理事件和相关治理 …………………………………… 254
小结 ……………………………………………………………………… 257

第15章　度量进展情况 ………………………………… 258

引领指标和滞后指标 …………………………………………………… 259
小结 ……………………………………………………………………… 273

第16章　领导力协调对齐 ……………………………… 274

固定型思维模式到成长型思维模式的转变 …………………………… 275
以身作则 ………………………………………………………………… 278
领导敏捷组织 …………………………………………………………… 284
持续学习文化 …………………………………………………………… 293
小结 ……………………………………………………………………… 294

第17章　拥抱敏捷，推动转型 ·· 296

附录A ··· 298

附录B ··· 299

附录C ··· 303

术语表 ··· 304

第 1 章
在数字化时代蓬勃发展

对SAFe®5.x和SAFe®6.0带来深远影响的书籍之一是米克·科斯腾所著的《价值流动：数字化场景下软件研发效能与业务敏捷的关键》（*Project to Product*）。

在疫情后，以下这些来自他书中的金句就显得更加应景：

> "对于那些没有学会如何将业务运营与软件交付相结合的公司来说，狂热的增长期正在变成一场大规模的灭顶之灾。而那些掌握了数字化商业模式和规模化软件开发的公司将茁壮成长。遗憾的是，还有很多公司做不到这一点。"

因此，欢迎来到软件和数字化时代——一个互联、实时的世界。在这个世界里，每个行业都依赖于技术，每个组织都是一家软件公司（至少部分）。为了保持竞争力，企业需要将其运营、业务解决方案和客户体验转变为数字化的方式。许多企业面临的更大挑战是，它们当前的业务模式、组织层级和技术基础设施无法跟上快速变化的节奏。

在本章中，我们将探讨以下关键主题：

- 五次技术革命。
- 数字化时代的牺牲品。
- 双运营系统。
- 业务敏捷性的核心能力。
- 价值观与原则。

五次技术革命

在《技术革命与金融资本》一书中，卡洛塔·佩雷斯根据过去几百年间发生的技术革命，描绘了社会、工业和经济资本的演变过程。她认为，这些颠覆性趋势每隔一代人就会出现一次。

从18世纪70年代的工业革命时代开始，到19世纪初的蒸汽和铁路时代，到19世纪末的钢铁和重工业时代，再到20世纪的石油和大规模生产时代，直至21世纪的软件和数字化时代（见图1.1）。

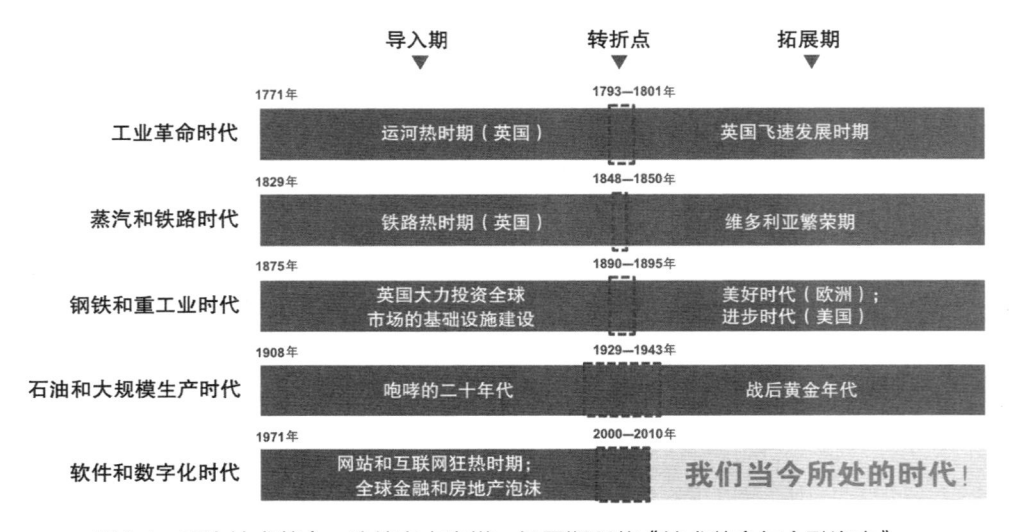

	导入期	转折点	拓展期
工业革命时代	1771年 运河热时期（英国）	1793—1801年	英国飞速发展时期
蒸汽和铁路时代	1829年 铁路热时期（英国）	1848—1850年	维多利亚繁荣期
钢铁和重工业时代	1875年 英国大力投资全球 市场的基础设施建设	1890—1895年	美好时代（欧洲）； 进步时代（美国）
石油和大规模生产时代	1908年 咆哮的二十年代	1929—1943年	战后黄金年代
软件和数字化时代	1971年 网站和互联网狂热时期； 全球金融和房地产泡沫	2000—2010年	我们当今所处的时代！

图1.1 五次技术革命，改编自卡洛塔·佩雷斯所著《技术革命与金融资本》
（Scaled Agile Inc.版权所有）

在每次技术革命中都有一个三阶段的固定顺序：

- 导入期。新技术与金融资本相结合，创造了新进入者的"寒武纪大爆发"（地质学术语，指在相对较短的时间内出现了多种多样的生命形式）。
- 转折点。现有企业要么掌握新技术，要么衰落（成为上一个时代的遗迹）。
- 拓展期。新科技巨头的生产资本开始占据主导地位。

卡洛塔还解释说，她从历史事件中发现，在导入期，虽然有金融资本涌入以支持新进入者，但随之而来的是某种形式的"崩溃"或多次崩溃。

在石油和大规模生产时代，虽然我们经历过"咆哮的二十年代"，但在1929年，我们遭遇了影响全球市场的华尔街崩盘。随后，我们遇到了历史上最长的转折点，也就是我们常说的那段政治不稳定时期。在20世纪30年代，我们看到法西斯主义在欧洲崛起，直到1945年第二次世界大战结束。那些幸存下来的企业从史上最繁荣的时期中获利丰厚，丰田等公司在汽车制造领域脱颖而出。

在软件和数字化时代，我们经历了2000年达到顶峰的互联网泡沫和2008年的全球金融风暴。2019年，卡洛塔在巴黎的索格蒂"初学者的乌托邦"峰会上就数字未来发表了演讲，她说道：

"也许我们未来还会经历一次崩溃，但在那之后，我们有可能迎来一个可持续发展的全球信息技术黄金时代。"（卡洛塔·佩雷斯，2019年）

这次演讲发生在2019年，之后发生了疫情，卡洛塔·佩雷斯仿佛很早就预测到了这一点。

> **专业建议**
>
> 观看卡洛塔·佩雷斯于2019年在巴黎的演讲视频。通过引入一段精彩的故事可帮助你更好地讲授Leading SAFe®的第一课。你可以在各大视频网站上找到该视频（搜索"Leading SAFe"）。

在疫情后，我们显然已经进入了软件和数字化时代的拓展阶段。

经常有人问我们："下一次技术革命是什么？"我们既不是未来学家，也不是预言家。但我们知道，新技术的兴起总伴随着旧技术的衰落。接下来我们会迎来一个金融资本支持新进入者的泡沫繁荣期。

如果我们密切关注当前的金融资本，那么我们将看到在人工智能（AI）、大数据和云计算领域出现的大量投资。

普华永道公司的研究发现，有72%的高管认为人工智能将是未来最重要的商业优势。

提供"数据仓库即服务"（data warehouse-as-a-service）的公司Snowflake创造了2021年最高的软件上市公司的市值，并实现了五年销售额增长819%。在云计算方面，有三四家主要供应商，据统计，在2021年，全球最终用户在公共云服务上的支出增长到3323亿美元。

未来是属于ABC（人工智能、大数据和云计算）的，这也体现在了SAFe®6.0的体系中，这三个元素都在"SAFe®大图"中得到了展示。

> **注意事项**
>
> 在一项调查中，只有9%的受访者十分确定，他们的公司拥有具备在数字化工作环境中蓬勃发展所需技能的领导者。因此，如果我们想在下一次技术革命中生存下来，我们就必须提高领导者的技能，而且这刻不容缓！

数字化时代的牺牲品

毫无疑问，疫情不仅对企业，而且对人们的生活和亲友们造成了毁灭性的影响。在这之后，我们正处于软件和数字化时代的拓展阶段。

在讲授SAFe®、举办工作坊或者与领导者交谈时，你的部分工作就是提醒他们注意一些企业受损的案例。以下的例子都是来自英国的，你可能需要找一些可以反映你所在的地区及行业的例子。

Primark是一家欧洲的线下时装店，2020年3月，在因疫情首次封城的12天后，被迫关闭了所有375家门店。由于Primark无法在网上销售，6个月都没有重新营业，据说因此损失了8亿英镑的收入。两年后（仅仅两年），在2022年10月，Primark宣布在25家门店试行"点击即取"（click-and-collect）的服务。即使仍然不具备全面的电子商务能力，但Primark已经挣扎着存活了下来。

菲利普·格林爵士（Sir Philip Green）的情况就不太一样了，他是生活在数字化世界中的"模拟人"，眼睁睁地看着自己的零售帝国变成一堆破抹布（不是双关语）。

多年来，"没有人会在网上买时装"这句话被不同的人引用，但很难找到一个单一的来源。不过，菲利普·格林爵士确实用这句话评价过英国的在线时装和化妆品零售商ASOS。

在电子商务发展的早期，许多人对在网上买时装持怀疑态度，因为他们认为，消费者在购买前希望亲自试穿。然而，随着网购的普及和技术的进步，许多人改变了看法。

2020年11月30日，菲利普·格林爵士的阿卡迪亚集团（Arcadia Group）进入破产程序（这是试图避免破产的前奏），成为疫情的早期"牺牲品"。具有讽刺意味的是，次年初，ASOS正在进行"独家"谈判，以收购阿卡迪亚集团旗下的Topshop、Topman、Miss Selfridge和HIIT品牌。但ASOS只想要这些品牌，而不是店铺。

2021年2月，ASOS以3.3亿英镑的价格收购了Topshop和Miss Selfridge品牌。

阿卡迪亚集团并非唯一的零售业牺牲者。2020年12月1日，Debenhams宣布将进行清算。2021年1月13日，受疫情的影响，它宣布关闭在英国的6家门店。2021年1月25日，Boohoo以5500万英镑的价格收购了Debenhams。此前，

Debenhams 宣布将在 2021年5月15日前关闭其所有剩余门店，包括于1778年在英国高街创立的经营了超过200年的门店。在其鼎盛时期，Debenhams曾是英国最大的百货连锁店，甚至在20世纪的大部分时间里，Debenhams都被Knightsbridge的哈维·尼克斯拥有。

Debenhams在宣布最终关闭计划的一纸通告中表示：

"在10天后，拥有242年历史的Debenhams将最后一次关闭其在高街的大门。我们希望在与高街说再见之前，能在店里见大家最后一面。"

2021年4月，Boohoo将其网站更名为Debenhams。

> **专业建议**
>
> 在软件和数字化时代的转折点上，有许多企业未能幸免于难的例子。请务必使用与你的受众及背景相关的例子。

双运营系统

多年来，我们有机会与许多初创公司的创始人或成立了新业务部门的领导者共事，我们与这些人的对话竟有着惊人的雷同，一般都是下面这样的。

创始人："我非常怀念公司还是小型创业公司的时候。我身边有一个小团队，我对所有事情都了如指掌，我能够把团队引向正确的方向，对话和合作也非常容易。后来我们取得了成功，组织不断壮大，到了必须引入层级制度的地步。虽然我意识到公司需要更'企业化'，需要层级制度来保持稳定，但在一定程度上我们还需要效率。我发现这种层级制度只会碍事。现在，要完成工作更加困难了，因为我必须在层级结构和层级结构中的职能部门间做到游刃有余，才能完成所有事情。那么，能否取消层级制度，让我像以前那样管理我的小团队呢？"

我们的回答总是一样的——"不行！"在这个阶段，我们可以从约翰·科特博士（Dr. John Kotter）的《变革加速器》（*Accelerate*）一书中找到答案："解决办法不是抛弃我们所熟悉的一切，重新开始，而是以有机的方式重新引入第二个系统——一个大多数成功企业家都熟悉的系统。"

多年来，我们一直在这样做。我们有一个职能层级结构，并在这个层级结构中创建项目团队。就其本质而言，项目团队是临时性的组织，其人员是从层级结构中的部门"借调"过来的。

在第2章中，我们将详细讨论团队的组建。现在，让我们先接受这样一个事实，当组建一个团队时，团队会经历塔克曼所说的五个发展阶段——组建、风暴、规范、执行和解散。当团队达到高绩效时，项目也就完成了，然后我们就会解散团队，让团队成员回到各自的部门，等待分配到另一个项目团队。第五个发展阶段被称为"解散"，有时也被称为"哀悼"，因为项目团队成员已经非常喜欢与该项目团队的成员共事，他们离开了一个非常棒的团队，现在可能不得不与新的、他们并不喜欢的团队成员共事，这也是一种"哀悼"。

> 解散高绩效团队比故意破坏更加糟糕：这是企业级的心理变态。
> ——艾伦·凯利，《近视项目》作者

因此，与其围绕项目创建临时团队，不如围绕产品创建长期团队。这类团队是长期、稳定、持久的团队，但也不可能一成不变，因为人员会流动，从技能和资金的角度来看，产品的性质也会在其生命周期内发生变化。当我们谈及产品时，它可以是一种产品，一种服务，甚至是一个我们通常统称为解决方案的系统。

这一概念与项目并非有天壤之别。区别在于，我们从层级结构中创建了围绕产品而非项目的长期团队。我们称这种复杂的自适应网络为价值流，而SAFe®就是这种价值流网络的运营系统（见图1.2）。

价值流网格 **传统的层级结构**

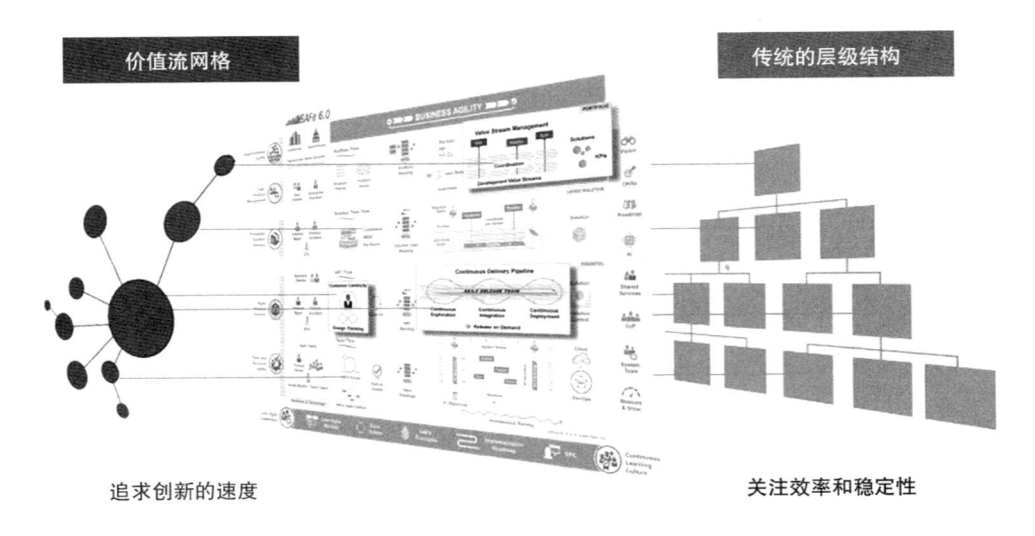

追求创新的速度 关注效率和稳定性

图1.2 将SAFe®作为第二个组织级运营系统（Scaled Agile Inc.版权所有）

用创新的业务解决方案来快速响应的能力（我们称其为业务敏捷性）是成败的决定性因素。因此，实现业务敏捷性是每个组织级领导者的关键目标。

要实现业务敏捷性，就必须具备这种双运营系统和SAFe®七大核心能力中的大量专业知识。接下来，让我们来看看这些核心能力。

业务敏捷性的核心能力

首先，我们必须承认，每个企业都是软件企业——即使像宝马这样的企业也不再把自己视为汽车制造商，而是汽车软件企业。现在，一辆豪华汽车的代码行数已超过1亿行，而一辆自动驾驶汽车的代码行数则超过了10亿行。

因此，要实现业务敏捷性，需要整个组织以及参与提供业务解决方案的每个人都采用精益和敏捷实践。

在过往的历史中，精益和敏捷方法只应用于IT团队。虽然业务敏捷性需要技术敏捷，但也需要在业务层面对产品和价值流思维的承诺。

如果团队需要4个月才能采购到产品所需的一套新设备，那么拥有超高效率的IT团队就毫无意义。如果团队需要六个月才能替换一名已离职的团队成员（该成员是团队已确定的成员之一），那么拥有超高效率的IT团队也将毫无意义。

业务敏捷性不仅需要开发和运维部门，还需要财务、人事、销售、市场及法务等部门一起采用精益和敏捷实践。要实现业务敏捷性，企业需要具备七大核心能力中的大量专业知识。虽然每种核心能力都能独立实现价值，但它们也是相互依赖的，只有当企业真正掌握了所有能力，才能实现真正的业务敏捷性。七大核心能力如下（见图1.3）：

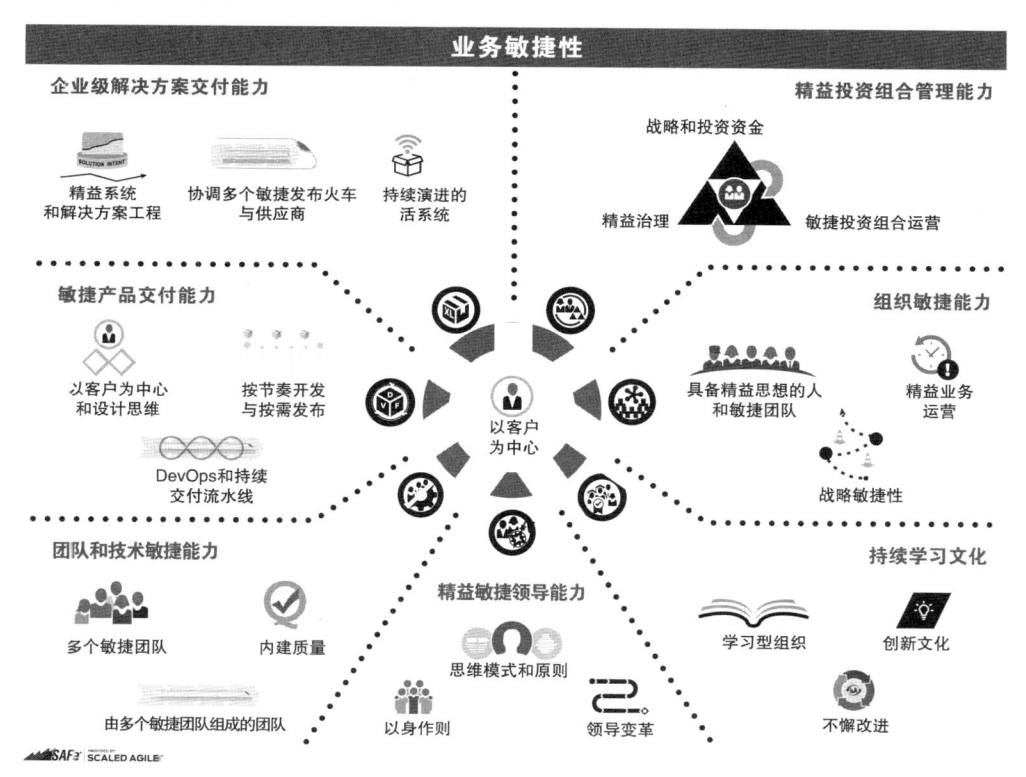

图1.3 SAFe®核心能力（Scaled Agile Inc.版权所有）

- 团队和技术敏捷能力（Team and Technical Agility，TTA）。
- 敏捷产品交付能力（Agile Product Delivery，APD）。
- 企业级解决方案交付能力（Enterprise Solution Delivery，ESD）。

- 精益投资组合管理能力（Lean-Portfolio Management，LPM）。
- 组织敏捷能力（Organizational Agility，OA）。
- 持续学习文化（Continuous Learning Culture，CLC）。
- 精益敏捷领导能力（Lean-Agile Leadership，LAL）。

每种核心能力都有三个维度。我们将简要介绍每种核心能力及其对应的三个维度。

团队和技术敏捷能力

团队和技术敏捷能力侧重于高绩效敏捷团队中解决方案的技术方面。它强调团队需要有坚实的技术基础，并有能力为客户提供高质量的、可靠的解决方案。

- 多个敏捷团队。敏捷团队是跨职能团队，具备在敏捷组织内执行工作和交付价值的全部能力、技能和行为。敏捷团队是SAFe®的核心，在推动敏捷实施取得成功方面发挥着至关重要的作用。
- 由多个敏捷团队组成的团队。敏捷团队在SAFe®敏捷发布火车（ART）的环境中运行。它是一个由敏捷团队组成的长期的自组织团队，共同定义、构建并以解决方案的形式交付价值。ART将多个敏捷团队的工作对齐到同一个使命上，是SAFe®的主要价值交付机制。
- 内建质量。所有敏捷团队都进行过必要的技术实践，以构建可靠、可维护、可扩展的解决方案。

敏捷产品交付能力

敏捷产品交付能力侧重于持续交付有价值、高质量的解决方案所需的实践和技术。敏捷产品交付能力可确保团队能够快速、可靠地向客户增量发布产品和服务，并收集反馈以进行迭代改进。

- 以客户为中心和设计思维。强调了解客户需求，提供价值，以及利用设计思维原则创建以客户为中心的解决方案的重要性。
- 按节奏开发与按需发布。重点是在可预测、有时间盒的开发周期（节奏）与按需发布软件解决方案的灵活性（按需）之间实现平衡。这一能力有助于组织确定开发节奏，并频繁、及时地向客户交付价值。
- DevOps和持续交付流水线。强调开发（简称Dev）和运维（简称Ops）实践的整合，以实现更快、更频繁的发布。它包括持续探索、持续集成和持续交付。通过DevOps和持续交付流水线，可以快速、可靠地将解决方案部署到生产环境中，以缩短产品上市时间并改善反馈回路。

企业级解决方案交付能力

企业级解决方案交付能力侧重于以协调、高效的方式交付大型复杂解决方案的能力。这项能力使组织能够调整工作量、团队和资源，在企业层面实现价值。

- 精益系统和解决方案工程。侧重于将精益原则应用于系统工程活动，以优化开发流程并交付高质量的系统。
- 协调多个敏捷发布火车和供应商。侧重于在ART与外部供应商之间建立有效的合作与协调机制。该能力通过整合和协调多个ART的活动（包括外部供应商的活动），来帮助组织优化整个价值流中价值的流动。
- 持续演进的活系统。强调持续改进和调整活系统以满足不断变化的客户需求和业务目标的重要性。这一能力的重点是通过在系统的整个生命周期内不断改善和支持系统以持续提供价值。

精益投资组合管理能力

精益投资组合管理能力侧重于通过调整战略、执行和投资决策，来优化投资组合的价值流动，从而确保业务敏捷性。

- 战略和投资资金。重点是使战略目标与投资决策相一致，从而最大限度地创造价值。这一能力可确保组织的投资决策是由对业务目标和目的的清晰理解所驱动的。

- 精益治理。重点是建立轻量级且有效的治理框架，在确保合规和风险管理的同时，促成其灵活性和责任归属。它强调要支持精益敏捷原则和价值观的治理实践。
- 敏捷投资组合运营。重点是优化跨举措的投资组合之间的价值流动，确保有效执行和交付。它涉及调整和协调ART的活动，并为推动持续改进提供运营方面的支持。

组织敏捷能力

组织敏捷能力侧重于发展可快速适应、学习和应对不断变化的市场条件、客户需求和新机遇的能力。它包括拥抱变化、促进创新以及持续改进组织实践和流程的能力。

- 具备精益思想的人和敏捷团队。重点是培养具有精益思想和敏捷能力的个人和团队。该能力旨在让员工具有精益思想，接受敏捷价值观，并通过协作有效地实现价值。
- 精益业务运营。强调在业务运营的各个方面应用精益原则，以提高效率、质量并推动价值交付，从而为企业的产品和服务提供支持。
- 战略敏捷性。重点关注企业感知和应对不断变化的市场环境、客户需求和新机遇的能力。它涉及协调战略与执行，促进创新，以及不断调整组织的战略方向。

持续学习文化

持续学习文化侧重于在组织的各个层面打造学习、协作和改进的文化。具有持续学习文化的组织认为，学习型组织能更好地适应变革和创新，并有效地实现价值。

- 学习型组织。注重在组织的各个层面营造一种重视和鼓励持续学习、改进和创新的环境。其目的是打造一种学习和适应性文化，使组织能够有效应对变革，推动可持续增长。

- 创新文化。重点是在整个组织内营造一种鼓励和支持创新的环境。应认识到创新在推动增长、获得竞争优势和应对不断变化的市场动态方面的重要性。
- 不懈改进。强调在组织运营的各个方面不断追求进步。鼓励持续反思、学习和改进的文化，以提高效率、质量并推动价值交付。

精益敏捷领导能力

精益敏捷领导能力侧重于培养能够有效指导和支持组织敏捷转型的领导者。应采用一种提倡精益敏捷开发原则，对敏捷团队和举措提供支持的领导风格。

- 思维模式和原则。重点是采用敏捷思维模式并接受支持框架的指导原则。该能力强调思维模式和价值观在推动敏捷转型成功和实现业务敏捷性方面的重要性。
- 以身作则。重点关注领导者在示范和体现敏捷组织所需的行为、价值观和实践方面的角色。应认识到，领导力在塑造团队和个人的文化、心态和行为方面起着至关重要的作用。
- 领导变革。重点是让领导者掌握在敏捷转型过程中有效领导和驾驭组织变革的知识和技能。应认识到，变革是采用新工作方式的内在要求，而有效的领导力对于成功的变革管理至关重要。

> **专业建议**
>
> 如果你正在讲授Leading SAFe®，只需简要介绍七种核心能力，因为在开篇课程之后，其他课程都会详细介绍这些核心能力。

我们将在接下来的章节中更详细地探讨这些能力，特别是第1部分介绍的"团队和技术敏捷能力"、第2部分介绍的"敏捷产品交付能力"、第3部分介绍的"精益投资组合管理能力"和"精益敏捷领导能力"。

> **⚠ 注意事项**
>
> 如果你正在讲授Leading SAFe®，那么只涉及七种核心能力中的三种——精益敏捷领导能力、团队和技术敏捷能力、敏捷产品交付能力，以及精益投资组合管理能力的一部分。因此，你需要提醒学员，考试只涉及这几个能力的内容。
>
> 不过，你应鼓励学员探索该框架中的其他能力。

价值观与原则

SAFe®是一个知识库，包含了经过验证的集成原则、实践和能力，可通过大规模实施精益、敏捷、DevOps、系统思维和设计思维来实现业务敏捷性。

SAFe®的根基是精益产品开发和敏捷开发，因此我们确实应该简要地回顾一下这些原则。

精益

在SAFe®6.0中，SAFe®精益屋被弃用，转而采用同名书籍中的精益思想（引自詹姆斯·P. 沃麦克和丹尼尔·T. 琼斯合著的《精益思想》），精益思想是信念、假设、态度和行动的组合，由五项原则概括。如果你正在讲授SAFe®课程，为了帮助你解释这些原则，我们提供了每项原则的摘要。

- 精确定义产品提供的价值。通过了解客户的需求和偏好，创造满足或超越客户期望的产品和服务，专注于为客户创造价值。
- 明确各个产品的价值流。明确价值流（交付产品或服务的整个过程），并剔除任何不能增加价值或造成浪费的步骤。
- 确保价值的流动不受干扰。通过减少可变性，加强沟通并同步活动，确保价值流动不受干扰，不出现中断、延误或瓶颈。

- 让客户从生产者处拉动价值。创建一个拉动系统，根据客户需求交付产品和服务，而不是将其推向市场或储存在仓库中。
- 追求完美。通过在价值流的各个方面不断追求完美，努力实现持续改进，利用反馈、数据分析和实验来识别并消除浪费和低效。

> **专业建议**
>
> 当谈论"足够好"时，追求完美的感觉与敏捷思想略有不符，尤其是当我们想快速得到反馈时。我试着提醒全体学员，我会将这一原则视为"不懈改进"。

敏捷

另一个具有重要历史意义的事件是，来自软件行业的17位思想领袖在2001年2月齐聚犹他州瓦萨奇山的雪鸟滑雪度假村（The Lodge at Snowbird ski resort）并发表了《敏捷宣言》。

来自极限编程、Scrum动态系统开发方法（DSDM）、自适应软件开发、Crystal、特性驱动开发、实用主义编程，以及其他赞同替代文档驱动的、重量级软件开发流程的代表们齐聚一堂，努力寻求共同点，最终形成了《敏捷软件开发宣言》（见图1.4）。

> 我们一直在实践中探寻更好的软件开发方法，
> 身体力行的同时也帮助他人。
>
> 由此我们建立了如下价值观：
>
> 个体和互动 | 高于流程和工具
> 工作的软件 | 高于详尽的文档
> 客户合作 | 高于合同谈判
> 响应变化 | 高于遵循计划
>
> 也就是说，尽管右项有其价值，我们更重视左项的价值。

图1.4　敏捷软件开发宣言

> **⚠ 注意事项**
>
> 即使是经验丰富的软件开发人员，也会因为将"高于"误读为"代替"。例如，"工作的软件"代替"详尽的文档"。
>
> 你经常会听到，"我们不做文档或计划，因为我们是'敏捷'的"。但事实显然并非如此。人们从来不注意价值观下面的最后一句话：
>
> "也就是说，尽管右项有其价值，我们更重视左项的价值。"
>
> 如果你曾经在医疗行业工作过，那么你就会知道，除非有文档支持，否则美国食品药品监督管理局（FDA）不会批准你的设备。FDA不会在意你是否用了"敏捷"的方法！
>
> 我还认为，与其他软件开发流程相比，人们在敏捷开发流程中做了更多的规划。在Scrum中，人们对每次迭代都做了规划，甚至每天都在团队同步会上做规划。

SAFe®核心价值观

SAFe®有四个核心价值观（可在SAFe®官网上搜索"core values"）。这些价值观是SAFe®实践的根本，没有它们，SAFe®框架中的实践将无法交付促使人们决定"采用SAFe®"的预期业务结果。在此简要介绍这些核心价值观。

- 协调对齐。该价值观强调，所有团队和利益相关者应在共同的目标和愿景方面保持一致。这涉及对整个组织的目标、优先事项和依赖关系达成共识。
- 保持透明。该价值观强调，组织的各层级的透明度和可见度是非常重要的。它包括营造一种环境，让每个人都能获得相同的信息，并为实现共同的目标而协同工作。
- 以人为本。该价值观强调，以尊严、信任和同情心待人的重要性。应承认，人是任何组织最宝贵的资产，人的创造力、专业知识和参与度对实现组织目标至关重要。

- 不懈改进。该价值观强调，必须不断努力改进组织的各个方面，从流程和系统到产品和服务。不懈改进的价值在于它能够推动创新，提高效率，提升客户满意度，同时减少浪费、错误和低效。

这些价值观是SAFe®有效果的关键所在。这些价值观有助于指导参与SAFe®投资组合的每个人的行为和行动。身居要职者可以通过自己的言行来体现这些价值观，从而帮助组织的其他成员接受这些价值观。

> 📝 **专业建议**
>
> 在描述这些价值观时，试着讲述你了解的一位领导者展现这些价值观的故事。

SAFe®精益敏捷原则

与《敏捷宣言》一样，SAFe®精益敏捷原则多年来没有太大变化。不过，最近有了一些演变。最初，SAFe®精益敏捷原则有9项，然后在第5版中增加了第10项，在第6版中，将原则6更改为"让价值不受干扰地流动"。完整的10项SAFe®精益敏捷原则如图1.5所示。

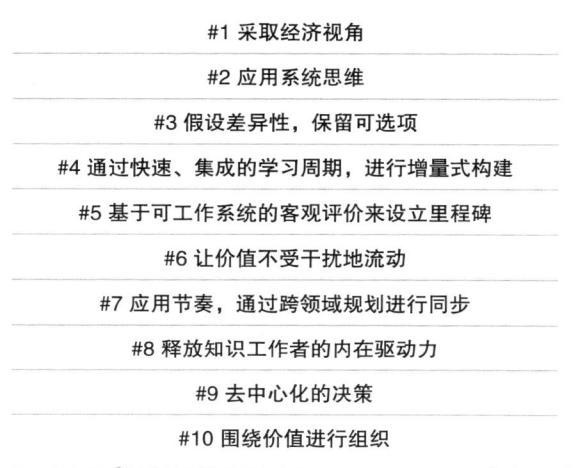

```
#1 采取经济视角
#2 应用系统思维
#3 假设差异性，保留可选项
#4 通过快速、集成的学习周期，进行增量式构建
#5 基于可工作系统的客观评价来设立里程碑
#6 让价值不受干扰地流动
#7 应用节奏，通过跨领域规划进行同步
#8 释放知识工作者的内在驱动力
#9 去中心化的决策
#10 围绕价值进行组织
```

图1.5 SAFe®精益敏捷原则（Scaled Agile Inc.版权所有）

我们不打算在本书中详述所有10项原则，而是请你参考一篇关于SAFe®框架的文章（可在SAFe®官网上搜索"lean-agile principles"）。然而，作为教练，充分理解这些原则是至关重要的，正如威廉·爱德华兹·戴明所说的那样，这些原则非常有说服力（引自《走出危机》）："全世界的管理和行政部门都有一个通病，那就是认为'我们的问题与众不同'。当然，它们是不同的，但有助于提高产品和服务质量的原则具有普遍性。"

我们认识一位经验丰富的教练，当一位发布火车工程师（RTE）新手向她询问如何应对一个特定挑战时，她总会回答："原则建议我们怎么做？"对于我们要解决的任何问题或挑战，原则都应该是我们首先想到的。

> **📝 专业建议**
>
> 有关精益敏捷领导能力的课程包含了所有的价值观，尤其是10项SAFe®精益敏捷原则，是一门很长的课程，其理论性很强。因此，作为培训师，你需要将这些原则讲解得更生动，这一点很重要。
>
> 有这样一个假设，在个人生活中，我们总是不假思索地运用这些原则，但当我们进入公司时，会突然觉得这些原则完全陌生了。在很大程度上，这要归咎于传统政策和习惯性观点（例如，"我们就是这样做事的"），而且在过去的二三十年里我们一直是这样做的。看来，我们必须为适应数字化时代而修正这些传统政策。
>
> 因此，在我讲授SAFe®精益敏捷原则时，我会将这些原则与我的一些个人经历联系起来，为课程增添一些更生动的内容。这样，学员们就可以思考如何将类似的思维方式应用到他们的组织中。

小结

在本章开头，我们介绍了很多内容，从五次技术革命到数字化时代的一些牺牲品。我们还讨论了企业的双运营系统和实现业务敏捷性的核心能力。最后，我们探讨了SAFe®的一些根源，包括精益思想、《敏捷宣言》，以及SAFe®自身的核心价值观和精益敏捷原则。

既然我们已经打好了基础，现在，就可以在第1部分中更详细地探讨团队，在第2部分中探讨ART，在第3部分中探讨投资组合了。

但在这之前，先喝杯咖啡吧。

第1部分
敏捷团队

敏捷团队是许多组织取得成功的基础。敏捷团队是由齐心协力实现共同集体目标的一群人组成的。在接下来的几章中，我们将了解什么是敏捷团队，以及如何有效建立那些最终推动组织取得成功的持久团队。

第1部分包括以下四章：

- 第2章 组建团队
- 第3章 敏捷团队迭代和PI执行
- 第4章 团队级待办事项列表管理
- 第5章 团队迭代事件

第 2 章

组建团队

在当今快节奏的商业环境中，组建一支高效的敏捷团队是成功的关键。就像在体育运动中一样，团队合作是实现目标和交付成果的关键。疫情的出现凸显了社会联系和协作的重要性，这一点在工作场所中也得到了体现。

在本章中，我们将深入探讨敏捷团队的基本组成部分、每位团队成员所扮演的角色，以及组织中可能存在的各种类型的敏捷团队。我们将探讨敏捷团队的独特之处，并研究它们如何在敏捷框架下运作。

在本章中，我们将讨论以下主题：

- 敏捷团队是什么。
- 敏捷团队的角色和职责。
- 团队类型。

此外，我们还将提供组建和管理敏捷团队的实用技巧和最佳实践，并介绍在此过程中可能出现的挑战。通过阅读本章，你将全面了解在企业中创建一支成功的敏捷团队所需具备的条件。

敏捷团队是什么

敏捷团队是一个为集体目标而工作的群体。敏捷团队通常由10位或更少的成员组成,这些成员共同拥有向客户交付价值的技能(包括定义工作、构建或完成工作、测试工作以及最终向客户发布或交付工作的能力)。

敏捷团队是跨职能团队,因为团队成员拥有完成和交付工作所需的所有技能。对于跨职能团队,人们往往认为团队中的每个人都必须能够胜任其他人的工作。然而,事实并非如此。我们需要的是团队能具备这些技能,而不是每个人都具备这些技能。

对于高绩效团队来说,我们希望个人能够在其主要专长之外的其他领域提供灵活的帮助,以确保团队的长期成功。例如,一个人可以主要负责开发代码,也可以帮助开发测试脚本或执行测试。我们认为,这种人属于T型人才。T型人才拥有渊博的专业知识和很多其他领域的知识(这些知识的掌握程度与专业知识不可同日而语)。

在组建团队时,我们希望优化团队,使其能够有效沟通,并在每次迭代中都能交付价值。通常,在组建团队时,需要来自组织不同部门的人员一起工作。这有助于改善沟通,减少交接,从而减少浪费。

在组建团队时,还需要考虑的因素是团队的自组织和自管理。这并不总是意味着团队可以随时做他们想做的事情,而是要与交付价值的目标保持一致,其组织方式可以让他们在很大程度上自给自足,并随着时间的推移实现自管理。

> **专业建议**
>
> 团队真的可以实现自组织吗?如果你还没有读过桑迪·马莫利的《创造伟大的团队:自我选择如何让人们出类拔萃》,那么我建议你将其添加到你的阅读清单中。不过,你也一定要读一读Pretty Agile公司的一篇博文 *Team Self-Selection with SAFe® and Structuring the ART*,它给出了如何通过ART实现这一目标的实际例子。

当我们组建团队时，团队成员不会从一开始就自然地无缝合作。所有团队，包括职业体育团队，都需要时间来成长、成熟，才能成为高绩效团队。塔克曼（Tuckman）定义了团队发展的四个阶段，这些阶段是团队成为高绩效团队的必经之路。后来，塔克曼在1975年完善了他的理论，并在组建期（Forming）、震荡期（Storming）、规范期（Norming）、表现期（Performing）模型的基础上增加了第五个阶段：休整期（Adjourning），如图2.1所示。这也被称为"变形"和"哀悼"。

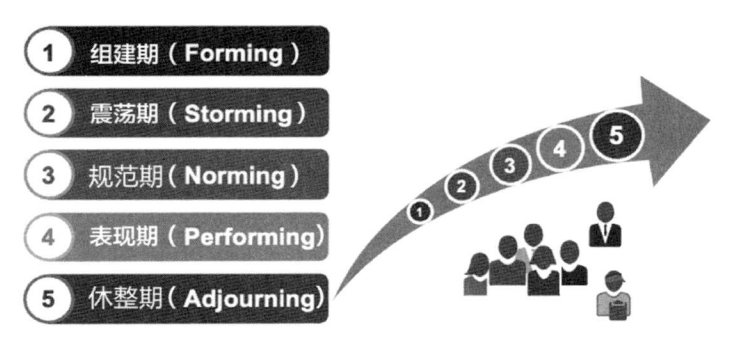

图2.1 塔克曼的团队发展阶段模型（Scaled Agile Inc.版权所有）

在高绩效团队中，团队成员彼此了解，包括各自的长处和短处，而且每天尽可能多地在一起工作。长期团队是长期成功的关键，因为这可以让团队在各个阶段持续进步，从而实现高绩效。

对于组织来说，重要的是要为团队合作营造一个工作环境。这可能涉及投资基础设施和工具，支持团队组建（例如，支持社交时间或团建活动），建立工作协议，以及奖励团队（而不仅仅是个人）。

为了确保成功，敏捷团队中有两个关键角色：产品负责人（Product Owner，PO）和Scrum Master/团队教练（SM/TC）。

敏捷团队的角色和职责

如前所述，敏捷团队有两个关键角色。这两个人通力合作，帮助团队实现高绩效，并以小批量、增量的方式为客户创造价值（见图2.2）。

Scrum Master	产品负责人
· 引导PI规划会议 · 支持迭代的执行 · 改善流动效率 · 组建高绩效团队 · 提升敏捷发布火车的绩效	· 与客户沟通 · 帮助构建愿景和路线图 · 管理团队级待办事项列表并为其确定优先级 · 支持团队交付价值 · 获取和应用反馈

图2.2　Scrum Master/团队教练和产品负责人的职责（Scaled Agile Inc.版权所有）

> **专业建议**
>
> 在SAFe®6.0中，Scrum Master角色已被变更为Scrum Master/团队教练，以反映SAFe®不仅包含Scrum，还包含看板和其他的团队执行方法。

鉴于每个角色的重要性，我们将详细介绍每个角色，并概述敏捷团队的职责。

产品负责人和敏捷团队

产品负责人（PO）是一个特别具有挑战性的角色，因为他通常需要在业务和技术这两方面都具备知识和经验。PO必须管理众多关系，包括与团队、客户及产品管理人员之间的关系。

在为敏捷团队确定PO时，你需要考虑这个角色应具备的一些关键特征。

- **愿景**。PO应为产品的愿景及其实现做出贡献。这一愿景应该与公司的目标相一致，并能激励团队为实现这一愿景而努力。
- **有效的书面和口头沟通技能**。PO必须能够与不同的利益相关者进行有效沟通。这包括敏捷团队、管理层、客户及组织的其他部门。PO应能清晰地传达想法，积极倾听，并做出适当的回应。

- **了解客户需求的能力**。PO必须深入了解客户的愿望和需求。他们应能找出客户的痛点，并优先考虑解决这些问题的用户故事。他们还应该能够将客户的反馈传达给团队。
- **良好的商业意识**。PO应对产品的业务方面有很好的了解。他们应能识别市场机会、竞争和潜在收入流。他们还应能在客户需求与业务目标之间取得平衡。
- **技术知识**。PO应对产品的技术方面有很好的了解。这包括软件开发生命周期、软件架构和设计原则等方面的知识。他们应能向团队传达技术要求。
- **良好的谈判技巧**。PO应能有效地与利益相关者进行谈判。这包括客户、团队成员和管理层。他们应能解决冲突，达成对大家都有利的协议。
- **信任**。PO应得到团队和其他利益相关者的信任。他们应能在相互尊重和信任的基础上建立并维护关系。
- **勇气**。PO应勇于做出艰难的决策。这包括做出可能不受欢迎或需要承担风险的决策。他们还应能为自己的决策结果承担责任。

> 📝 **专业建议**
>
> 通常，企业会将PO视为"员工级"职位，因为人们认为他们的工作只是编写用户故事。建议考虑前面概述的特征和后面概述的职责，并寻找目前担任管理角色的人员来担任PO。作为有效的管理者，他们很可能已经具备了我们正在寻找的特征，并且在支持和指导现有团队或个人的工作时，他们可能已经非正式地担任了这一角色。

在SAFe®6.0中，为每个角色都引入了"职责轮"。接下来，我们从图2.3的右上角开始逐个介绍产品负责人的职责。

图2.3　产品负责人的职责（Scaled Agile Inc.版权所有）

- **与客户沟通**。PO负责与客户沟通，了解他们的需要、需求和痛点。PO应收集客户反馈，并与产品管理人员一起利用这些反馈为产品战略提供信息。

- **帮助构建愿景和路线图**。PO负责为ART愿景和路线图做出贡献。PO应确保两者在优先级上保持一致，并与团队和利益相关者沟通路线图。

- **管理团队级待办事项列表并为其确定优先级**。PO负责管理团队级待办事项列表并为其确定优先级。PO应与团队合作，确保团队级待办事项列表的条目清晰、简洁、可实现。PO应根据客户需求、业务目标和技术依赖性确定团队级待办事项列表的优先级。

- **支持团队交付价值**。PO负责支持团队向客户交付价值。PO应随时回答问题，提供指导，并排除阻碍团队交付高质量工作的障碍。

- **获取和应用反馈**。PO负责从各种渠道获取和应用反馈。PO应收集来自客户、利益相关者和团队的反馈，并利用这些反馈不断改进产品。PO还应乐于接受建设性批评，并愿意根据反馈做出改变。

> **📝 专业建议**
>
> PO是一个具有挑战性的重要角色，其工作不是兼职的。为了确保取得最大的成功，我们建议为每支敏捷团队配备一名完全全职的PO。找到一名PO并确保他为成功做好准备，这对组建高绩效团队大有帮助。

Scrum Master/团队教练与敏捷团队

Scrum Master/团队教练（SM/TC）是团队的服务型领导者和教练。他们引导团队活动、流程和实践，支持团队实现价值。

Scrum Master/团队教练应具备以下几个关键特征。

- **服务型领导力**。Scrum Master/团队教练应体现服务型领导力，这意味着他们应将团队的需求置于自身需求之上。他们应积极倾听，支持团队成员，并帮助消除阻碍团队成功的障碍。

- **理解并同情他人**。Scrum Master/团队教练应深入了解团队成员的观点、优势和劣势。他们应能与团队成员产生共鸣，并营造一个安全、协作的环境。

- **鼓励并支持个人和团队的发展**。Scrum Master/团队教练应鼓励和支持团队成员的专业发展。他们应帮助团队成员识别需要改进的地方，并提供成长的机会。他们还应在团队中打造一种不断学习和持续改进的文化。

- **运用影响力而非权威**。Scrum Master/团队教练应依靠影响力而非权威来完成工作。他们应在信任和尊重的基础上建立关系，并运用自己的影响力来促进团队内部以及团队与外部利益相关者的合作与协调。

- **超越日常活动的思考**。Scrum Master/团队教练应能够思考日常活动之外的事情，关注团队的长期目标。他们应帮助团队不断改进，找出需要改进的地方，并尝试新的方法。

- **在不减少他人承诺的情况下提供帮助。**Scrum Master/团队教练应能够在不取代或减少他人承诺的前提下帮助团队。他们应在需要时提供指导和支持，但同时也应赋予团队成员权力，让他们掌握自己工作的主导权。
- **保护团队。**Scrum Master/团队教练应保护团队不受外界的干扰和打断。他们应帮助团队营造一个安全的协作环境，让团队成员能够放心地分享自己的意见和想法，而不必担心遭到报复。

> 📝 **专业建议**
>
> 在通常情况下，企业会将Scrum Master视为一个入门级职位。考虑一下职业运动队的场景——你会选择一个从未执教过的人担任主教练吗？可能不会。请一定不要忽视这一角色的重要性。许多组织都有"团队领导者"。如果这些团队领导者已经对这类角色表现出了意愿，那这些人可能就是Scrum Master/团队教练的合适人选。

Scrum Master/团队教练职责轮概述了Scrum Master/团队教练的五项关键职责，如图2.4所示。

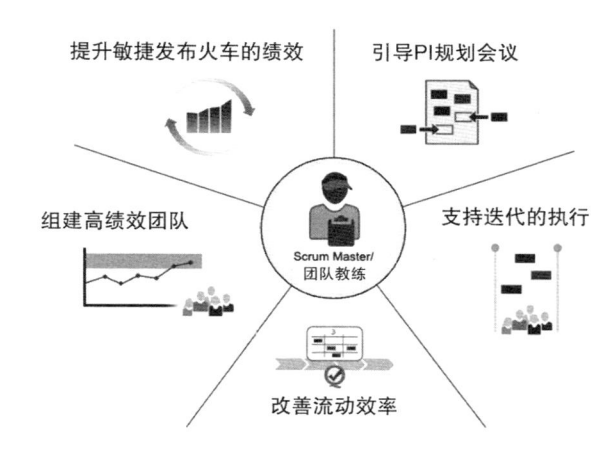

图2.4 Scrum Master/团队教练的职责（Scaled Agile Inc.版权所有）

- **引导PI规划会议。**Scrum Master/团队教练应引导PI规划会议，确保团队了解即将开展PI的目标和目的，并确保 PI的计划与整体业务战略保持一致。

- 支持迭代的执行。Scrum Master/团队教练通过团队活动来帮助团队有效地规划和执行迭代。他们帮助团队识别并解决任何可能阻碍团队实现目标的障碍。
- 改善流动效率。Scrum Master/团队教练要不断改善团队的价值流动。他们要识别并消除瓶颈和障碍，确保团队能够高效地交付价值。
- 组建高绩效团队。Scrum Master/团队教练通过开展团队建设活动，促进协作和沟通，来打造高绩效团队。他们还要鼓励团队不断改进流程和实践。
- 提升敏捷发布火车的绩效。Scrum Master/团队教练应与ART合作，不断提升绩效。他们要促进协作，与利益相关者建立信任，帮助团队检视和调整，并引导持续改进活动。

Scrum Master/团队教练对于团队的成功及其交付能力至关重要。在SAFe®中，根据团队的规模、团队的成熟度、职责和背景，可以将Scrum Master/团队教练的工作视为一项兼职或全职工作。在让Scrum Master/团队教练支持多个团队或为团队交付工作时，要考虑组织的约束条件，以及每位Scrum Master/团队教练的经验和完成培训的情况。

> 📝 **专业建议**
>
> 组织的约束条件可能影响并促使对关键敏捷角色的妥协，导致只保留PO与Scrum Master/团队教练中的一个角色，甚至让一人身兼两职。你要不惜一切代价避免一个人同时担任这两个角色。这是一种利益冲突，最终会削弱团队实现高绩效的能力。我愿意做出的妥协是培训团队成员，并让他们轮流承担Scrum Master/团队教练的职责。这样做的代价是团队无法在每次迭代中完成尽可能多的工作。随着团队成熟度的提高和长期默契的养成，对全职Scrum Master/团队教练的需求可能减少。

敏捷团队的职责

就像PO和Scrum Master/团队教练有特定的职责一样,敏捷团队也有五项关键职责,如图2.5所示。

图2.5 敏捷团队的职责(Scaled Agile Inc.版权所有)

- 与客户沟通。敏捷团队负责构建产品或提供服务,以满足客户需求。他们需要定期与客户联系,收集反馈,并将其融入工作,以确保客户满意。
- 规划工作。敏捷团队负责规划工作,将工作分解为更小、更易于管理的任务,并估算完成工作所需的工作量。他们创建工作项的待办事项列表,并与PO一起确定工作项的优先级。
- 交付价值。敏捷团队负责频繁交付价值,通常是在短迭代中小批次交付。他们需要确保自己的工作可以与其他人的工作进行集成,并符合"完成的定义"(DoD)。
- 获取反馈。敏捷团队负责从不同的利益相关者那里,包括客户、PO和组织的其他成员,获取对其工作的反馈。他们利用这些反馈来改进其工作，以确保满足客户需求。

- 持续改进。敏捷团队负责不断改进工作流程、工具和技术。他们需要找出改进的领域，尝试新的方法，并结合最佳实践来不断提高绩效。

> **专业建议**
>
> 任务切换，也被称为上下文切换，是指在不同的团队和/或任务之间进行切换的行为。对于非全职的团队成员来说，任务切换可能导致在生产力和效率方面付出高昂的代价。
>
> 团队成员切换任务的代价可能非常高。当团队成员不断在团队和任务之间切换时，可能导致以下后果。
>
> - 工作效率降低。在不同的任务之间切换并恢复到正确的思维模式需要时间。这会拖延工作进度，降低工作效率。
> - 错误增加。当团队成员不断在团队和任务之间切换时，很容易出错或忽略重要细节。
> - 压力增大。任务切换可能给人们带来压力，尤其是当团队成员感觉自己一直在兼顾多项职责，并被不同的团队拉向不同的方向时。
> - 创造力下降。当团队成员不断在团队任务之间切换时，就很难进入心流状态，也很难发挥自己的创造力。
>
> 人们往往没有意识到任务切换的代价，因此我准备了一个适合个人做的简单的练习。
>
> 请在挂图上横向写出以下内容：
>
> | 1（数字1） | A（字母表第一个字母） | I（罗马数字1） |
> |---|---|---|
> | 2 | B | II |
> | 3 | C | III |
> | … | … | … |
> | 10 | J | X |
>
> 我会为整个过程计时。然后，我要求他们做完全相同的事情，但每次只专注于一个要素：

> **专业建议**
>
> | 1 | 2 | 3 | … | 10 |
> |---|---|---|---|----|
> | A | B | C | … | J |
> | I | II | III | … | X |
>
> 我将两次练习的时间进行比较，结果非常明显。第一次做完需要 45~50 秒。第二次做完则不到 30 秒。对于一个简单的任务来说，如果不在数字、字母和罗马数字之间进行任务切换，效率就能提高 30%~40%。

既然我们已经了解了什么是敏捷团队、敏捷团队的成员构成以及敏捷团队的职责，那么让我们来看看团队的类型，以及我们如何在公司中组织团队。

团队类型

当我们创建敏捷团队时，我们希望确保团队能组织并交付价值。如马修·斯凯尔顿和曼纽尔·派斯合著的《高效能团队模式》所述，有四种主要方式来组织敏捷团队，如图2.6所示。

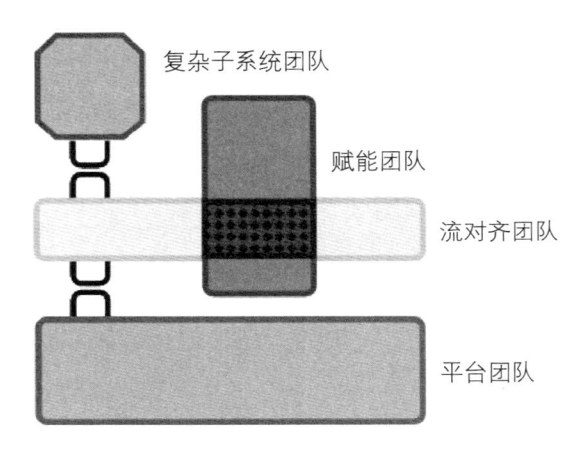

图2.6 团队拓扑结构（引自《高效能团队模式》）

- **流对齐团队**。这种团队围绕工作流组织，可以直接向客户或最终用户交付价值。这是最常见的敏捷团队类型。流对齐团队被授权尽可能快速、安全、独立地构建和交付价值。流对齐团队负责构建和交付客户价值，对其他团队的依赖最小，应为跨职能和长期团队，可以长期积累知识和提升效率。

- **复杂子系统团队**。这种团队围绕需要深厚专业技能和专业知识的特定子系统组织。他们负责构建和维护专门的系统组件、安全要求极高的系统元件、专业算法（或业务规则），或网络物理系统的某些部分。复杂子系统团队与流对齐团队合作，保持其专业水平，并对内建质量、绩效和架构稳健性负责。

- **平台团队**。这种团队围绕为其他团队提供服务的开发和支持平台来组织。他们为流对齐团队提供内部服务，减轻他们的认知负载，提高他们的自主性。平台可被视为产品，平台团队应关注可用性、增量开发以及与流对齐团队的协作。他们提供的服务应该有完备的文档，易于使用，范围足够细分并提供重复使用的机会。

- **赋能团队**。这种团队围绕为其他团队提高专业能力，熟练掌握新技术来组织。赋能团队是为其他团队提供支持和指导的团队，可帮助其他团队获得特定技术或产品管理领域的新技能及专业知识。在定期整合新实践和新技术的组织中，赋能团队属于必不可少的组织结构，因为赋能团队可以帮助其他团队尽快掌握新兴技术。赋能团队的例子包括协助敏捷发布火车（ART）团队构建和支持持续交付流水线（Continuous Delivery Pipeline，CDP）的系统团队，以及在DevOps、测试和安全等领域提供支持的专业团队。赋能团队的职责和行为包括识别改进机会、主动协作、定期沟通和提倡持续学习的文化。

在SAFe®中也有专业的敏捷团队，即系统团队，还有ART成功所需的专业角色和服务，即共享服务。接下来，我们简要探讨一下这两种团队。

系统团队

系统团队是一种专业的赋能团队，负责支持ART构建和维护支持价值交付的底层基础设施。该团队的工作重点是支持CDP，开发和部署环境，以及发布管理。系统团队有多项职责，包括构建和改进CDP，开发并维护共享的开发和测试环境，支持发布管理流程，以及识别并实施对系统架构和设计的改进。系统团队与其他ART团队密切合作，以确保底层系统基础设施的可靠性、可扩展性和安全性。有关系统团队、系统团队的职责以及如何支持ART的更多信息，见第6章。

共享服务

应认识到共享服务本身并不是一个团队；共享服务在为敏捷团队提供支持方面是非常重要的，但它不是全职的。共享服务是为团队提供专业技术或业务服务的集中式团队。共享服务有助于消除冗余，促进整个组织的一致性，让团队专注于自己的核心能力。共享服务还可以通过整合资源和标准化实践来实现规模经济，降低成本和提高质量。共享服务的例子包括人力资源、财务和法律团队。

小结

在本章中，我们了解到敏捷团队是一个由个体组成的跨职能小组，他们共同拥有实现价值所需的技能。我们发现，团队要通过不同阶段的团队发展，逐渐成为高绩效团队，而长期团队对于长期成功至关重要。

我们还了解到自组织团队的重要性，这些团队在很大程度上是自给自足的和自管理的。本章概述了产品负责人和Scrum Master/团队教练在帮助团队实现高绩效和以小批量、增量的方式交付价值方面的关键作用。

最后，我们了解了不同类型的敏捷团队，我们也对敏捷团队取得成功所需的关键要素有了全面的了解。接下来，让我们看看敏捷团队的日常工作。

第 3 章
敏捷团队迭代和PI执行

你已经有敏捷团队了，现在该怎么办？作为教练，你在团队工作中扮演着令人兴奋的角色。在很多时候，教练们会忽视团队，他们只关注ART甚至组织，而让团队"自生自灭"。

你可能对SAFe®创建者迪恩·莱芬韦尔说的这句话不陌生：

> 你无法扩展蹩脚的代码（或硬件，或其他任何东西）。

"或其他任何东西"绝对适用于你的团队。如果你的团队是蹩脚的，那么你的ART也会是蹩脚的，以此类推。

在本章中，我们将通过以下内容来了解如何确保我们拥有一个成功的团队：

- 迭代中的日常工作。
- PI 中的日常工作。

迭代中的日常工作

让我们来看看在团队层面举行的活动，因为这将为我们在ART层面大量复制相关的活动奠定基础。我们将逐个查看这些活动，以确保我们与ART团队的基本期望保持一致。

迭代活动和产品负责人

正如我们在第2章中发现的那样，产品负责人（PO）对团队至关重要。PO需要花费大量时间与产品管理人员、利益相关者和客户合作，了解ART的发展方向，然后与团队一起识别、规划和协调工作。这是一个不断平衡今天工作与明天工作的过程。

图3.1 概述了PO的主要职责。不过，还是让我们来看看PO如何通过各种团队活动来履行这些职责。

图3.1　产品负责人的职责（Scaled Agile Inc.版权所有）

在迭代过程中，PO每天都要出现在团队中并参与团队活动，这一点非常重要。

产品负责人和迭代规划会

迭代规划会是最重要的活动之一。PO帮助团队了解并选择需要完成的最重要的工作，作为回报，PO将获得团队对迭代结束时将完成的工作的承诺。

PO将澄清故事或验收标准，并与团队一起制定迭代目标。

PO需要为这一活动做好准备，准备工作是其职责的关键部分。如图3.1所示，"管理团队级待办事项列表并为其确定优先级"是一项关键职责，团队级待办事项列表是迭代规划会的主要输入。

产品负责人和团队同步会

在团队同步会（以前被称为"每日站会"或DSU）上，PO应积极参与，回答问题，澄清问题，了解何时可以对待办事项进行评审。我们鼓励PO每天都参加团队同步会，因为PO是敏捷团队的一员，扮演着特别的角色。

产品负责人和团队级待办事项列表梳理

与迭代规划会一样，待办事项列表梳理对PO也至关重要。PO要能捕捉到团队的对话和问题，然后找到这些问题的答案。PO需要对每个故事进行澄清和反馈，或者将团队与客户和/或利益相关者联系起来，以获得直接的答案。

就绪的定义（DoR）有助于PO和敏捷团队对故事的质量负责。

PO可能需要与技术负责人或系统架构师合作，共同完成"赋能型故事"，并确保正确平衡待办事项列表中"赋能型故事"与"故事"的比例（产能分配）。

> 📝 **专业建议**
>
> 如果你发现你的团队在迭代规划会上举步维艰，这表明你可能需要进行更有效的待办事项列表梳理。

产品负责人和迭代评审

在迭代评审中，PO将与利益相关者分享迭代目标，以及团队在实现该目标方面所取得的进展。然后，PO将征求利益相关者对团队工作的反馈，并分享下一次迭代计划开展的工作。

这也是PO就团队可能遇到的挑战向利益相关者寻求帮助的机会。

产品负责人和迭代回顾

PO需要参加迭代回顾，因为PO是团队的一员，也有责任帮助团队不断改进。与其他团队成员一样，PO也可以为提高团队效率献计献策。PO应帮助团队将改进事项纳入下一次迭代的待办事项列表或团队级待办事项列表。

> **专业建议**
>
> 经常有人问我："PO需要参加回顾会吗？"这表明团队内部可能存在一些挑战，最常见的是故事的质量（我们没有遵循或没有达成一致的"就绪的定义"），或者PO身兼数职，无法参加。团队通常会借此机会抱怨PO，而不是齐心协力、坚持不懈地改进。
>
> 作为教练，你经常会遇到一些看似无伤大雅的问题，但你要确保深入了解问题的真正根源。

迭代活动和Scrum Master/团队教练

Scrum Master/团队教练每天都要与团队打交道，尤其是新团队，这一点至关重要。Scrum Master/团队教练在确保团队成功和有效执行方面承担了很多重任。

图3.2概括了Scrum Master/团队教练的主要职责。与PO一样，在Scrum Master/团队教练与团队的日常互动中，细节决定了成败。

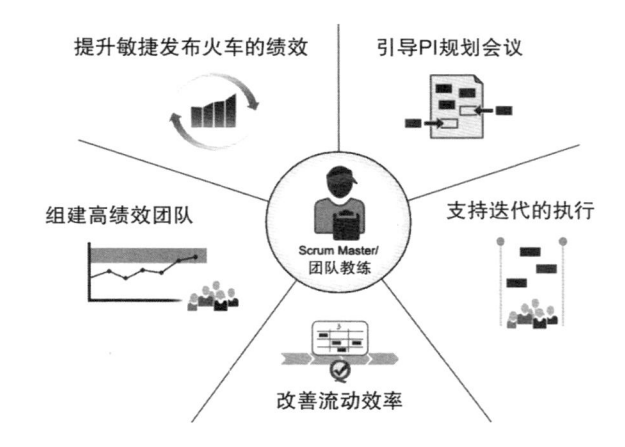

图3.2 Scrum Master/团队教练的主要职责（Scaled Agile Inc.版权所有）

Scrum Master/团队教练从来没有过过两天相同的日子。团队在不断发展，工作在不断变化，依赖关系需要解决，系统在不断更新。唯一不变的是，Scrum Master/团队教练是将这一切凝聚在一起的黏合剂。

有一种常见的误解是，Scrum Master/团队教练是团队的行政助理。这通常是因为Scrum Master/团队教练常常负责安排和引导团队活动。虽然这种说法在某种程度上是对的，但如果没有Scrum Master/团队教练的支持和不懈改进的动力，团队就会停滞不前。

Scrum Master/团队教练和迭代规划会

Scrum Master/团队教练是迭代规划会的引导者。Scrum Master/团队教练应确保PO和团队为规划会做好准备，并确定优先级明确的团队级待办事项列表。作为活动的引导者，Scrum Master/团队教练需要密切关注时间，帮助团队捕捉和跟进出现的任何新问题。

Scrum Master/团队教练通常会提前与团队合作，了解任何影响团队产能的休假计划。Scrum Master/团队教练通常需要帮助团队以确保他们不会过度计划或承诺完成超过他们能力范围的工作。

在活动结束时，Scrum Master/团队教练应确保团队对计划做出承诺。

Scrum Master/团队教练和团队同步会

Scrum Master/团队教练负责引导团队同步会（以前被称为"每日站会"或DSU）。该活动涉及的引导内容包括：

- 确保人人参与。
- 确保活动在规定时间内完成（通常为15分钟）。
- 确保团队将跟踪迭代目标的进展情况，并在必要时调整计划。
- 为团队提供在Scrum Master/团队教练不在时的运行方式。
- 为团队提供一种机制来发现障碍，并在会中和会后加以解决。

在团队同步会结束后，Scrum Master/团队教练需要引导团队提出消除障碍的方案。

Scrum Master/团队教练需要避免以下一些陷阱：
- 确保该活动不会变成状态更新会议。
- 没有跟进和解决障碍。

Scrum Master/团队教练和待办事项列表梳理

Scrum Master/团队教练与PO共同引导待办事项列表梳理。Scrum Master/团队教练要确保PO为待办事项列表梳理做好准备，帮助PO跟踪已讨论的或需要讨论的待办事项，确保问题得到记录和跟进，并在此活动期间为PO和团队提供支持。

Scrum Master/团队教练和迭代评审

Scrum Master/团队教练应确保团队做好准备，随时可以在迭代评审中展示其工作。Scrum Master/团队教练可能需要提前与团队合作，确定如何以最佳的方式展示工作成果。

Scrum Master/团队教练需要与PO合作，确定应邀请哪些利益相关者，并制定议程，突出团队已完成的工作。

Scrum Master/团队教练是这个活动的啦啦队队员，确保团队的成功会得到认可和嘉奖。

最后，Scrum Master/团队教练需要协助团队进行准备工作，并与利益相关者分享迭代指标和PI目标的进展情况。

Scrum Master/团队教练和迭代回顾

迭代回顾是发挥Scrum Master/团队教练创造力的地方，他们通过使用和创建不同的回顾来从团队中获取洞见。在回顾会上，Scrum Master/团队教练需要为团队营造一个安全的环境，让他们能够敞开心扉，分享他们所面临的挑战，并庆祝他们在上一次迭代中取得的胜利。

在每次迭代中，不应忽视捕捉和跟进改进事项的工作，Scrum Master/团队教练有责任在团队中推动这些事项。

> **专业建议**
>
> 重要的是，不要让"迭代回顾"因为一次又一次地以相同的方式进行而缺乏新鲜感。同样，你也不想让迭代回顾变得非常无趣。Scrum Master/团队教练应该把回顾的重点放在迭代中遇到的需要改进的关键领域，如人员、互动、流程、工具、假设及"完成的定义"等。埃斯特·德比和黛安娜·拉森合著的《敏捷回顾》是一本很好的参考书。

迭代活动和敏捷团队

从图3.3 中我们可以看出，敏捷团队的职责主要围绕：工作、工作对象（客户）、确定团队要做什么（规划）、开展工作、验证工作（反馈）以及对工作的持续改进。

图3.3　敏捷团队的职责（Scaled Agile Inc.版权所有）

为了确保成功，我们希望敏捷团队参与一些关键活动。无论敏捷团队以何种方式执行（Scrum或看板），每个团队都需要与自身和ART保持一致。我们将探讨迭代中的每个活动以及相关的职责和行为。

敏捷团队和迭代规划会

Scrum团队和看板团队都将参与迭代规划会。在第5章，我们将更深入地介绍这个流程。Scrum团队会在每次迭代中进行一次规划会。而对于看板团队的规划会，其举行的频率可能比Scrum团队的更高，但持续时间更短。

整个团队都需要参与规划会，以确保计划的一致性，提供意见并对计划做出承诺。

敏捷团队和团队同步会

团队成员要确保每天都参加团队同步会，并检查迭代目标的进展情况，在必要时调整迭代规划，提出任何障碍，并规划下一个24小时的工作。

敏捷团队和待办事项列表梳理

所有敏捷团队都要参与团队级待办事项列表梳理，以便了解待办事项列表的待办事项，从而在迭代中开发解决方案。这需要与PO和利益相关者进行对话，以获得足够的信息，从而将待办事项拆分成符合"完成"定义的纵向切片。

敏捷团队和迭代评审

敏捷团队主要通过迭代评审来获得利益相关者的反馈，检查成果，并将成果与其承诺的迭代目标进行比较。敏捷团队应展示已完成的、符合"完成的定义"的实际工作。这是敏捷团队庆祝成功的机会，也是识别和应对任何挑战和/或未完成的故事的机会。

> 📝 **专业建议**
>
> 避免使用 PowerPoint 演示。尝试展示团队已构建的实际解决方案。

敏捷团队和迭代回顾

为确保持续改进，敏捷团队定期进行回顾是非常重要的，当然这也包括看板团队。许多看板团队会按照与ART相同的节奏进行回顾。

所有团队成员都要参与其中，并就迭代的进展情况和如何改进提供见解和意见。团队终究要对自己负责。

PI中的日常工作

SAFe®是一种分形模型。我们在团队层面所做的一切，都会被有效地复制到ART层面，尽管频率可能不同。图3.4是我们最喜欢的SAFe®图之一，因为它显示了这种相关性。

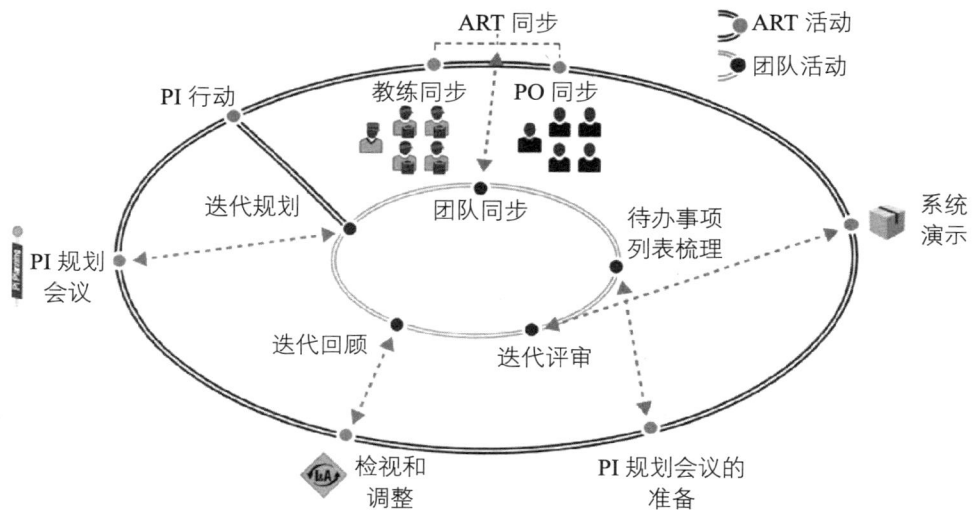

图3.4　ART活动（Scaled Agile Inc.版权所有）

在本章中，我们要探讨PO、Scrum Master/团队教练和敏捷团队如何参与这些ART活动。有关这些活动的更详细解释，见本书第2部分。当然，在阅读完第2部分后，不妨再重温一下本章。

ART活动和产品负责人

虽然PI活动本身并不会每天都发生，但在整个PI过程中都会涉及PO的活动。

产品负责人和PI规划活动

团队级待办事项列表是PO确保为PI规划活动做好准备的主要输入。在活动期间，PO是至关重要的。除了团队级待办事项列表，PO还负责确保团队与产品管理人员列出的优先级保持一致。

PO拥有团队级待办事项列表的内容权限。在团队规划工作时，经常会出现问题，尤其是对于迭代后期的待办事项，PO需要随时回答问题，找到答案，或者提供足够的信息，以便团队可以规划其工作。

PO和Scrum Master/团队教练通常会在PI规划活动中紧密合作，帮助团队推进其计划，为故事排序，并制定PI目标。

产品负责人和PO/ART同步会

PO需要参加PO同步会或ART同步会。这使PO能够帮助当前团队与其他团队保持一致，在发现新的信息或依赖关系时重新组织待办事项列表，并分享目标和承诺的进展情况。

通常，会基于上一次迭代中完成的工作，并通过PO同步会或ART同步会来为迭代系统演示列出大纲。

产品负责人和迭代系统演示

PO应做好准备并与团队合作，以确保该团队的工作可与其他团队的所有工作集成在一起。PO应做好准备，帮助团队在ART的背景下展示他们的工作，并确保产品管理人员了解团队正在完成的工作，以及团队需要利益相关者或客户提供的反馈。

PO和团队应考虑在每次迭代后需要哪些反馈，或者需要分享哪些工作成果。这也会成为迭代规划会中的一个好话题。

产品负责人和PI系统演示

PO负责确保将团队的贡献集成到PI系统演示中。PO甚至可能被要求或者与其团队一起展示他们在解决方案背景下交付的工作。

与迭代系统演示的方式相同，PO和团队可以事先确定他们希望强调或收到的关键功能或反馈，然后，PO可以与产品管理人员合作，确保将其纳入演示。

产品负责人和创新与规划（IP）迭代

在创新与规划（IP）迭代期间，PO可能参与下一次PI的愿景和路线图的最终调整，其中包括ART级待办事项列表梳理。

IP迭代是PO与相关人员协调特性的最后一次机会，然后，团队就可以在团队级待办事项列表中创建用于PI规划会的候选故事。

PO还可以与团队一起开展黑客马拉松，甚至与团队一起参加培训。

ART活动和Scrum Master/团队教练

尽管Scrum Master/团队教练每天都与团队一起工作，但在规模化的环境中，Scrum Master/团队教练还会参与其他关键活动和互动。

Scrum Master/团队教练和PI规划活动

对于Scrum Master/团队教练来说，PI规划活动是一项极其繁忙的活动。我们列出了Scrum Master/团队教练通常会参与的一些关键工作，虽然列出的这些工作并不全面，但有助于活动的成功。

在筹备PI规划活动时，Scrum Master/团队教练应完成以下工作。

- 根据最新的团队速率，并考虑计划中的节假日/休假，计算出PI中每次迭代的团队产能。
- 布置团队活动的空间，配备适当的物料。
- 与PO一起准备团队级待办事项列表和故事。
- 帮助RTE以确保活动成功。

这是Scrum Master/团队教练在PI规划活动期间应该做的事情。

- 保持团队的参与度和进度。
- 参与教练同步会。
- 遵守时间盒。
- 保持各级"板子"（团队板、ART规划板和风险板）的更新。
- 管理依赖关系。

这是在PI规划活动结束后，Scrum Master/团队教练应该做的事情。

- 帮助清理活动空间。
- 确保计划已被记录在敏捷工具或你使用的任何方法中。

Scrum Master/团队教练必须为活动做好准备，了解活动流程、自己的职责，以及如何帮助ART取得成功。

Scrum Master/团队教练和迭代系统演示

Scrum Master/团队教练应帮助团队确保在每次迭代中将该团队的工作与ART中其他团队的工作集成在一起。Scrum Master/团队教练应与PO合作，确保团队成员出席并参与迭代系统演示，确保团队完成的工作被纳入迭代系统演示，并且团队可从迭代系统演示会中获得所有反馈。

Scrum Master/团队教练和教练/ART同步会

Scrum Master/团队教练应与其他Scrum Master/团队教练或ART成员会面并分享当前PI目标的进展情况，讨论团队之间的依赖关系以确保一致性，提出并帮助解决任何障碍。

Scrum Master/团队教练和检视与调整（I&A）

通常，RTE会要求Scrum Master/团队教练协助开展各种I&A活动。

与迭代系统演示一样，Scrum Master/团队教练也希望与PO合作，以确保团队的工作在PI系统演示会得到展示。此外，Scrum Master/团队教练可能需要协调演示的试运行时间表，确保团队做好准备，并与团队一起庆祝成功。

RTE可能要求Scrum Master/团队教练提取和汇总各种指标，这些指标将在定量和定性指标部分得到介绍。Scrum Master/团队教练还可以帮助团队进行能力的评估。

Scrum Master/团队教练通常是引导其中一个团队开展"解决问题工作坊"的最佳人选。我们建议的成功模式是，RTE在活动前与Scrum Master/团队教练一起引导一次工作坊，以便Scrum Master/团队教练了解自己在工作坊中的角色，以及如何以最佳方式引导活动。

> **专业建议**
>
> 当Scrum Master/团队教练协助引导"解决问题工作坊"时，他们往往没有机会充分参与问题和解决方案的讨论。作为一项建议，如果你的组织内还有其他ART，可以考虑选择其他ART的Scrum Master/团队教练来协助引导，这样，现任的Scrum Master/团队教练就可以充分参与其ART的"解决问题工作坊"了。

创新与规划（IP）迭代和Scrum Master/团队教练

Scrum Master/团队教练将与PO和团队一起帮助团队开展活动，无论是举办黑客马拉松，组织或参加培训，还是解决技术债务问题。

此外，他们还将支持 RTE 为PI规划会议做最后的准备工作，包括确保PO和团队为PI规划会议准备好团队级待办事项列表。

ART 活动和敏捷团队

当我们扩大规模时，需要确保我们保持着一致性。在PI期间，团队会参与一些事件和活动。让我们来看看这些关键活动。

敏捷团队和迭代系统演示

团队将与其他团队合作，确保其工作在每次迭代系统演示中得到集成和展示。团队成员也应出席并参与迭代系统演示，以了解其他团队并与之保持一致。这是团队直接听取利益相关者的意见并获得对整个解决方案实时反馈的绝佳机会。

敏捷团队和PI系统演示

与迭代系统演示相同，团队需要集成并演示他们在PI过程中完成的工作。参与这一活动很有必要，这将持续在整个ART中建立一致性和信任。

创新与规划（IP）迭代和敏捷团队

在创新与规划（IP）迭代期间，敏捷团队经常会参与各种与交付没有直接关系的活动，但这些活动都是为了提高团队的生产力和效率。一些典型的活动包括：

- 对新兴技术进行研究，为未来决策提供依据。
- 评审和完善团队流程。评审并调整"完成的定义""就绪的定义"、团队公约等。
- 参与团建活动，改善团队成员之间的合作与交流。
- 通过培训和教育来发展和提高技能及知识。
- 在PI规划会议期间与其他团队和利益相关者合作。
- 举办黑客马拉松来创建原型或概念验证，以确认假设或探索新想法。
- 解决已识别的技术债务或其他可能需要改进的地方。

团队应与Scrum Master/团队教练和PO紧密合作，以识别和确定自己在IP迭代期间要开展的活动。

小结

我们发现，无论ART中的团队类型如何（Scrum、看板等），为团队安排基于节奏的同步活动都是非常重要的。这些活动可作为团队进度的检查点，对于高效交付和实现高绩效都是至关重要的。我们深入研究了迭代规划会、团队同步、待办事项列表梳理、迭代评审、迭代回顾和迭代系统演示等活动。我们还了解了SAFe®Scrum和SAFe®看板团队。最后，我们了解了PO、Scrum Master/团队教练和敏捷团队如何参与ART活动，包括PI规划会议、IP迭代、PI系统演示和同步会。

第 4 章
团队级待办事项列表管理

正如我们已学到的，产品负责人（PO）负责持续管理团队级待办事项列表并确定其优先级。然而，事情远不止这些。在本章中，我们将了解以下主要内容。

- 团队级待办事项列表。
- 用户故事。
- 估算用户故事、故事拆分和用户故事优先级。
- 让团队级待办事项列表流动起来、看板团队故事和为PI规划会议准备团队级待办事项列表。

让我们开始吧！

团队级待办事项列表

团队级待办事项列表是敏捷团队为改进或交付解决方案而可能开展的所有工作的有序列表。它包括"用户故事""赋能型故事""改进故事"和所有其他工作项。与迭代待办事项列表不同，团队级待办事项列表代表的是一个需求列表，允许团队灵活自主地确定交付顺序和时间线。虽然PO对团队级待办事项列表负责，但任何团队成员都可以为待办事项做出贡献（进行细化、改进，确定其优先级）。

如图4.1所示，团队级待办事项列表有3个主要输入：ART级待办事项列表、团队贡献和利益相关者的要求。

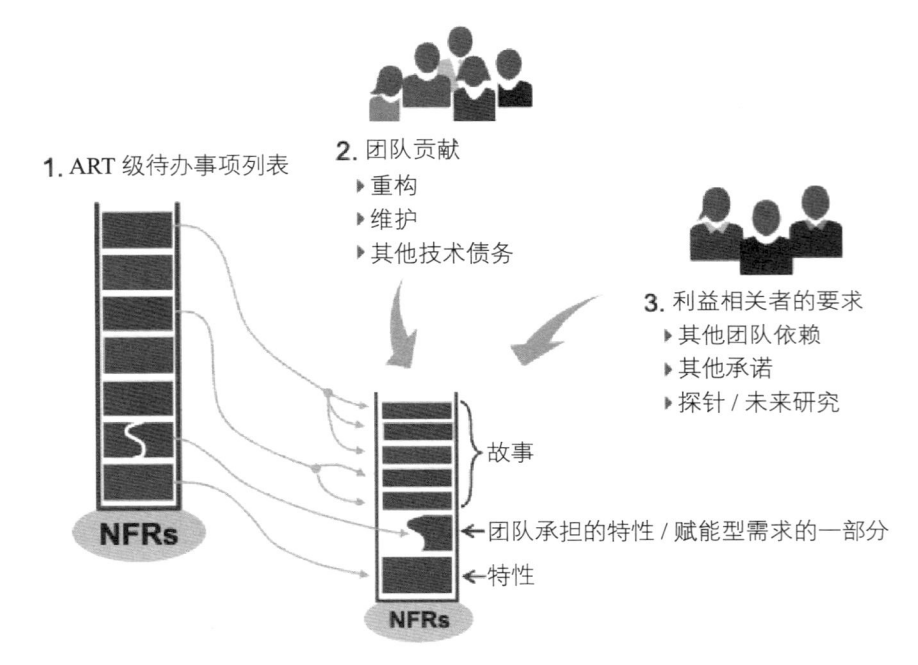

图4.1 团队级待办事项列表的输入来源（Scaled Agile Inc.版权所有）

ART级待办事项列表是一个重要的输入，因为其特性可被分解为团队级待办事项列表的用户故事和赋能型故事。

团队可通过捕捉与重构、维护或减少技术债务相关的故事，为团队级待办事项列表做出贡献。

另一方面，利益相关者可能要求团队开展工作，这对PO提出了重大挑战，其中可能包括依赖关系、对支持ART及其PI目标的承诺、系统演示的反馈或探针和未来研究。

此外，在团队级待办事项列表底部的非功能性需求（Non-Functional Requirement，NFR）也是团队必须考虑的每个待办事项的约束或限制条件。为确保这些需求不被忽视，团队可以自动测试NFR，并将这些需求纳入"完成的定义"（DoD）。

迭代待办事项列表（Iteration Backlog）是团队级待办事项列表（Team Backlog）的一个子集，记录了团队已确定用于当前迭代的已承诺工作。在整个迭代过程中，团队会有条不紊地完成并交付已承诺的故事。

> 📝 **专业建议**
> 在很多时候，PO的待办事项列表就是一个长长的列表（团队级待办事项列表），PO会不断地对其重新排序。通过创建一个看板来帮助你的PO，这个看板可以模仿投资组合看板来跟踪用户故事的成熟度。

用户故事

我们将"用户故事"定义为"从用户视角撰写的一小部分所需功能的简短描述，由敏捷团队以垂直切片的形式实施，可在几天或更短的时间内完成"。但这究竟意味着什么呢？

用户故事是从极限编程（Extreme Programming，XP）发展而来的，是对传统软件开发方法的不足进行的一种回应。XP强调开发人员与客户之间协作的重要性，使用频繁反馈和迭代的开发方法。XP通过识别用户故事来获取客户需求。XP的理念是对用户需求进行简短的非正式描述，重点是用户想要实现什么，而不是软件将如何实现。通常会将用户故事写在索引卡上。这种实践已经历经多轮演变并被其他敏捷方法所采用。

在索引卡的正面，常常可以看到以我们所说的用户故事格式书写的描述（见图4.2）。

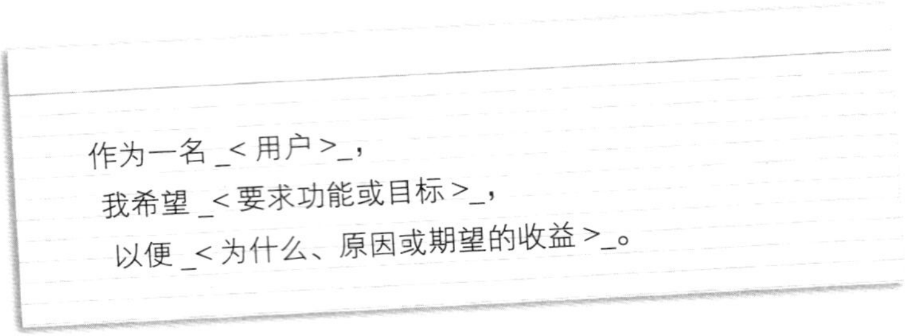

```
作为一名 _<用户>_,
我希望 _<要求功能或目标>_,
以便 _<为什么、原因或期望的收益>_。
```

图4.2　用户故事索引卡示例

这种格式有助于我们了解需求来自谁，以及他们想要实现什么。在用户故事中，最重要的部分是"为什么"或原因，因为它为我们提供了需求的背景、他们打算如何使用它或预期的收益。

> **专业建议**
>
> 有时，你可能发现很难从用户或客户的角度来表述故事。我们发现，从执行人的角度来思考问题很有帮助。例如，如果你需要更改数据库，以满足在时间跟踪数据库中跟踪志愿者工作时间的需求，你可以编写以下故事：
>
> 作为一名员工，我希望能够提交志愿者工作时间申请，并迅速获得经理的批准，以便我能有时间来支持慈善基金会。

对话可能是编写"用户故事"时最重要的部分，这样团队才能对要完成的工作有充分的了解。团队、PO和利益相关者之间的对话可以确保在客户需求、范围定义以及任何潜在的障碍或挑战方面保持一致。

在索引卡的背面，我们记录了验收标准。根据一组验收标准（有时也被称为AC）来进行"确认"，只有达到这些标准，用户故事才被认为是完整的，才能被PO或客户验收。

在编写验收标准时，我们要注意以下要素。

- 条件。必须满足的具体要求或条件。

- 行动。为了测试条件而采取的行动的描述。
- 预期结果。行动的预期结果的描述。

图4.3给出了用户故事和验收标准的示例。

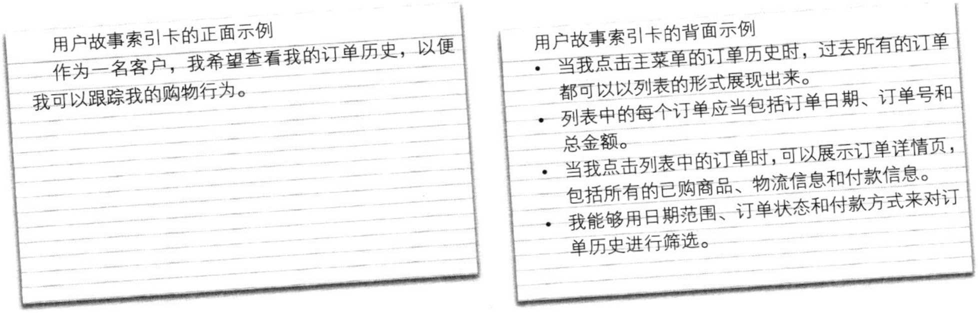

用户故事索引卡的正面示例
作为一名客户，我希望查看我的订单历史，以便我可以跟踪我的购物行为。

用户故事索引卡的背面示例
- 当我点击主菜单的订单历史时，过去所有的订单都可以以列表的形式展现出来。
- 列表中的每个订单应当包括订单日期、订单号和总金额。
- 当我点击列表中的订单时，可以展示订单详情页，包括所有的已购商品、物流信息和付款信息。
- 我能够用日期范围、订单状态和付款方式来对订单历史进行筛选。

图4.3 用户故事和验收标准示例

总之，索引卡、对话和验收标准（也被称为确认）统称为用户故事的3C。

- 卡片（Card）。
- 对话（Conversation）。
- 确认（Confirmation）。

真实世界的故事

我曾与一个团队合作，他们的用户故事中没有"以便"这一项。让我们来看看他们的用户故事。

用户故事：作为管理员，我希望能够从系统中删除用户。

验收标准：

- 当我进入应用程序的用户管理页面时，我应该能看到所有用户的列表。
- 列表中的每个用户条目都应包括用户姓名、电子邮件地址和用户角色。

- 当我从列表中选择一个用户并单击"删除"时，应该显示一个请我确认的对话框。
- 如果我确认删除，该用户就会从系统中被删除，用户列表也会同步更新以反映这一变化。
- 如果我取消删除，该用户不会从系统中删除，用户列表应保持不变。

根据已掌握的信息，团队在数据库中添加了一个字段，表明用户的访问权限已被删除，从而完成了用户故事。团队认为这是一个很好的解决方案，因为在需要时可以很容易地恢复访问权限，而无须从备份中恢复数据库。

团队不知道的是，用户数据库变得越来越"笨重"，而这个用户故事的目的是提供一种方法来清理需要清除的旧记录。团队在这个用户故事上所做的工作最终变成了浪费，仅仅是因为他们不明白提出这个要求的原因是什么。

团队跳过了用户故事的两个关键部分——"以便"和"对话"。

既然已经了解了用户故事的结构，那么我们来看看怎样才能写出一个好的用户故事。

可以看到，要写出一个好的用户故事，我们需要从多个角度来考虑，当然，让整个团队都参与进来也很重要。我们还可以对用户故事应用INVEST原则。

INVEST原则是比尔·威克提出的，好的用户故事描述应具备以下属性。

- 独立性（I）：在其他故事中。
- 可协商（N）：运用灵活的意向声明，而非合同。
- 有价值（V）：为客户提供有价值的垂直切片。
- 可估算（E）：规模小且可协商。
- 小的（S）：在一次迭代内可以完成。

- 可测试（T）：足够了解，知道如何测试它。

你需要花时间与团队和PO一起编写用户故事。将其作为团队回顾的一部分，讨论那些写得特别好的用户故事和那些写得不够好的用户故事，然后挑战团队（在下一次迭代中写出更好的用户故事），以此作为一种改进。

> 📝 **专业建议**
>
> 互联网上有很多资源和用户故事写作工作坊。根据团队的具体需求和遇到的挑战，不要犹豫，使用这些资源来帮助你的团队提高。迈克·科恩做了一个很棒的工作坊，题为"更好的用户故事"。你可以在山羊软件公司的官网（可在搜索引擎中搜索"mountaingoatsoftware"）上找到该工作坊。

故事类型

在SAFe®框架内，我们对故事类型进行了区分：

- 用户故事是我们表达所需功能的主要方式。
- 赋能型故事是记录实现用户故事所需的架构和基础设施的故事。

你可能还会看到其他类型的"赋能型"故事，例如：

- 重构故事（Refactoring Stories）。记录了改进代码或组件的内部结构（或操作）所需的活动，而不改变其外部行为
- 探针故事（Spike Stories）。记录了探索、架构、基础设施、研究、设计和原型开发等活动，目的是获取必要的知识以降低风险，更好地理解需求或提高估算的可靠性。
- 技术债务故事（Technical Debt Stories）。记录了维护和修复快速开发的代码所需的工作，这些代码需要得到长期重新优化。

最后一类故事是改进故事。改进故事或待办事项是我们在不断改进的过程中要确保完成的工作。有些团队会将这些待办事项保存在团队级和迭代待办事

项列表中；还有些团队则会创建一个单独的待办事项列表。无论待办事项放在哪里，都要确保对其进行跟踪。

> **专业建议**
>
> 　　以用户故事的格式编写"赋能型故事"通常没有意义。只说明"是什么"和"为什么"会更清晰。例如，如果我们需要升级服务器上的一个软件，那么将用户故事写成"将xCode从1.2版升级到1.3版，以修复已知的安全漏洞"比写成"作为服务器管理员，我想将xCode从1.2版升级到1.3版，这样黑客就无法访问我们的数据库"更简单明了。
>
> 　　底线：不要过分纠结于每个故事都必须以用户故事的格式编写，尤其是如果用户采用的是另一个系统，或者故事的重点是改进底层技术，而不是为最终用户添加新的功能或特性。

为什么有不同类型的故事

　　我们经常被问到这个问题，或者"我为什么要关心它是赋能型故事、用户故事还是技术债务故事？"简单的答案就是产能分配。产能分配是按工作类型分配工作。虽然我们通常只考虑ART级待办事项列表的产能分配，但我们也想了解它对团队级待办事项列表的影响。

　　通过查看团队级待办事项列表（或迭代待办事项列表）中不同类型的故事，我们可以确保在交付客户价值与改进系统架构之间保持平衡。

　　如果我们只关注新功能，那么我们可能不会考虑解决方案的长期可持续性，这可能导致速率随时间的推移而降低。然而，当我们关注提供基础架构时，如果客户得不到新的特性和功能，就可能转投别人的"怀抱"。

> **📝 专业建议**
>
> 作为一名教练，当我第一次启动ART时，我往往不会担心团队正在处理的故事类型（赋能型故事或用户故事），因为我的首要任务是让他们开始以团队的形式合作，并采用新的敏捷工作方式进行增量交付。在PI中，我将与产品管理人员、RTE和系统架构师合作，对故事进行评审并捕捉故事类型。
>
> 在下一次PI中，我将与PO和Scrum Master/团队教练一起评审已添加类型的故事，然后让他们与自己的团队一起为将在下一次PI中规划的故事添加类型。
>
> 循序渐进地引入这种做法可以提供真实的示例，让大家从整体上更好地理解这种做法的重要性，并为改进故事编写实践创造更多的机会。

估算用户故事

估算用户故事是一项重要的工作，可以让我们预测将要完成的工作。估算用户故事的目的是了解每个故事的复杂性和规模，同时考虑团队可能掌握的知识和不确定性。

需要指出的是，估算工作应由正在开展工作的团队来完成，而不是由经理、架构师甚至个人来完成（因为这样做会抵消团队对工作的共同理解以及通过纳入所有观点来提高估算准确性所带来的好处）。

估算用户故事有不同的技术和方法。最常见的有以下几种。

- 故事点。这种技术基于与其他用户故事相比完成一个用户故事所需的相对复杂度和工作量。团队会根据每个故事的复杂度、工作量和风险为其分配一个数值（如1、2、3、5、8或13）。
- T恤尺寸。这种技术使用T恤的尺寸（如XS、S、M、L、XL）来估算用户故事。团队根据完成一个用户故事所需的工作量和复杂度,并与团队级待办事项列表中的其他用户故事进行比较,来分配尺寸。
- 规划扑克牌。这种技术是指通过团队讨论和建立共识来估算用户故事。每位团队成员根据各自对故事复杂度和工作量的评估,为故事分配一个数值,然后团队讨论并调和任何分歧,最终得出一个共同的估算值。

> **专业建议**
>
> 我们使用修改后的斐波那契数列来估算用户故事或待办事项的相对规模。该数列从1开始,接下来的数字是2,随后的每个数字都是前两个数字之和。这种模式一直持续到13,之后的数字是20、40和100。完整的数列是1、2、3、5、8、13、20、40和100。通过使用这些数字,敏捷团队可以衡量工作的相对规模或工作量。

无论使用哪种方法来估算用户故事的规模,都必须考虑验收标准、复杂度和依赖性。为了改进估算,可以使用相对规模来将用户故事与之前估算过的其他用户故事进行比较,并根据感知的工作量和复杂度来分配规模。

例如,如果你的团队将一个用户故事估算为3个点,那么类似的用户故事也可以估算为3个点,而不管所涉及的绝对工作量是否相同。相对规模是有用的,原因如下:

- 与以小时或天为单位来估算绝对值的方法相比,这种方法更快、更不易出错。
- 在处理不确定性和不完整信息时,可以进行更准确的估算。
- 在估算过程中鼓励团队协作和讨论,从而对要完成的工作达成共识。

归一化故事点在SAFe®中至关重要。它提供了一种方法,可估算相对于其他任务的工作,可用于没有敏捷开发经验或缺乏真实数据的团队。

通过使用归一化故事点,可使故事和速率都具有商定的起始基线,具体如下:

- 在两周的迭代中，给团队中的每位开发人员和测试人员8个点（每个理想工作日计为1个点，减2天的一般开销）。
- 每位团队成员的休假日和节假日减1个点。
- 针对一个小型故事，用半天时间编码，用半天时间测试和验证。将其计为"1"个点。
- 根据"1"来估算其他每个故事。

例如，假设有一个由3位开发人员、2位测试人员和1位PO组成的6人团队，不考虑休假日或节假日，那么估算的初始速率=5×8个点=40个点（每次迭代）。（注：如果其中一位开发人员和测试人员兼任Scrum Master/团队教练，则可能需要略微调低速率。）

一旦团队掌握了一些有关其绩效的真实数据，就不应该再使用归一化故事点，因为随着时间的推移，以及待办事项的变更，它们的准确度也会降低。此时，团队需要放弃归一化故事点，转而根据已完成的工作项来跟踪速率。

相对估算用于比较两项工作，以确定一项任务的工作量比另一项任务多了多少。这样，我们就能快速确定完成待办事项列表中的待办事项需要多长时间，而无须逐一衡量每个待办事项（这样做耗时过长，结果也不准确）。

> **专业建议**
>
> 我经常看到一些组织根据这个公式假设1个故事点需要8小时的工作量，然后团队开始估算开发（10小时）、测试（6小时）和部署（2小时）故事需要的时间。将合计的小时数（18小时）除以8，然后向上取整，计算出故事点（3个点）。切勿掉进这个陷阱。

故事拆分

在定义"用户故事"时，要声明，我们能够在几天内完成它。这意味着团队应该能够进行设计、构建、测试和部署，以满足该用户故事的 **DoD** 要求。这也意味着团队必须重新思考他们通常应如何接收需求和分解工作。

这种分解并不意味着团队要写一个故事来弄清楚他们要做什么，写一个故事来完成工作，写一个故事来测试工作，再写一个故事来部署工作。如果这样做，我们就没有一个垂直的工作切片。

垂直切片是一个用户故事，它贯穿系统的所有层级，从用户界面到数据层。垂直切片需要端到端进行开发和测试，为系统提供可工作的和易用的工作增量。

为了让团队能在几天内完成垂直切开的用户故事，我们通常需要拆分特性甚至其他故事。正如《敏捷软件需求》（迪恩·莱芬韦尔著。——译者注）中所述，我们在拆分故事时通常会考虑以下几种技术。

- 工作流步骤。可以根据特定工作流中涉及的步骤来拆分故事，这样团队就可以一次专注于一个步骤，并逐步实现价值。

- 业务规则变化。可根据业务规则的变化拆分故事，让团队分别处理特定的业务规则，避免开发单一、复杂的故事。

- 主要工作量。可根据主要工作量拆分故事，让团队首先关注故事中最重要、最有价值的方面。

- 简单/复杂。可根据简单性或复杂性对故事进行拆分，让团队先处理故事中较简单的部分，然后再处理故事中较复杂的部分。

- 数据变化。可根据数据的变化来拆分故事，这样团队就可以分别处理特定的数据变化，避免开发单一、复杂的故事。

- 数据输入方法。可根据不同的数据输入方法拆分故事，让团队分别专注于每种方法，逐步实现价值。

- 延迟的系统质量。可根据延迟的系统质量拆分故事，让团队在开发周期的后期以单独的故事解决这些质量问题。

- 操作。可根据特定操作（创建、读取、更新、删除，即 CRUD）拆分故事，让团队分别关注特定的操作，并逐步实现价值。
- 用例场景。可根据用例场景拆分故事，让团队分别关注特定的场景，并逐步实现价值。
- 拆分探针。探针代表一项简短、集中的调查，目的是回答问题或解决技术上的不确定性。可以将探针故事拆分为不同的故事，让团队分别解决特定的技术问题，避免开发单一、复杂的故事。

通过拆分故事，我们可以避免开发大型、复杂的故事，因为这样的故事需要很长时间才能交付，而且可能不会带来太多的价值。通过拆分故事，我们可以专注于交付小规模的增量式改进，随着时间的推移，这些改进会带来显著的进步。

> **注意事项**
>
> 在拆分故事时，要避免陷入这样一个陷阱：原本估算为8个点的用户故事在被拆分后，仍然需要8个点。在拆分用户故事时，你需要重新估算这些故事，将它们相互独立开来，并与待办事项列表中的其他故事相比较。你可能惊讶地发现，原本8个点的用户故事现在变成了两个3个点的用户故事。

用户故事优先级

要实现持续的价值流，就必须在最短的可持续交付周期内按正确的顺序交付价值最高的待办事项。为了实现这一点，PO会定期根据延迟成本对待办事项进行排序，并在待办事项列表梳理和迭代规划期间将交付顺序告知团队。因此，在考虑团队级待办事项列表的优先级时，由于团队继承了"特性优先级"中的优先级，因此我们可有效地对工作进行排序，此后我们会将其称为优先级。

确定待办事项列表的优先级对PO来说尤为困难，因为PO必须平衡以下所有因素：利益相关者和客户的需求、特性与赋能型特性的优先级、架构跑道和技术债务、里程碑和交付成果，等等。

当我们对团队级待办事项列表进行优先级排序时，可实现更高的专注度和一致性，并获得以下好处。

- 我们确保最有价值的待办事项优先交付。
- 为团队绘制路线图，明确下一步的工作方向。
- 当优先级发生变化或有新的请求时，我们能够做出更好的决策并了解权衡成本。
- 由于我们最终消除了不必要的工作，减少了浪费，从而提高了效率。

在确定待办事项列表的优先级时，先定义优先级标准可能有所帮助。请考虑哪些因素对团队最重要。这可能包括业务价值、特性优先级、风险缓解、依赖性和排序。

MoSCoW是另一种常用的技术，你可以把故事分为以下四个类别。

- 必须有（M）。
- 应该有（S）。
- 可以有（C）。
- 不会有（W）。

可以考虑将MoSCoW与故事映射等其他技术结合使用。

无论你使用哪种技术，都要记住：优先级排序是一个持续的过程，需要团队和利益相关者之间的持续沟通和协作。重要的是，要定期评审并调整团队待办事项列表，以确保优先交付最有价值的工作。

让团队级待办事项列表流动起来

管理包含数百个故事的团队级待办事项列表需要大量的工作和努力。通过在看板系统中记录团队级待办事项列表，你可以获得一致性和可见性，从而使管理变得更加简单。"The Team Backlog Framework"一文建议使用与投资组合看板类似的结构。图4.4展示了团队看板的示例。

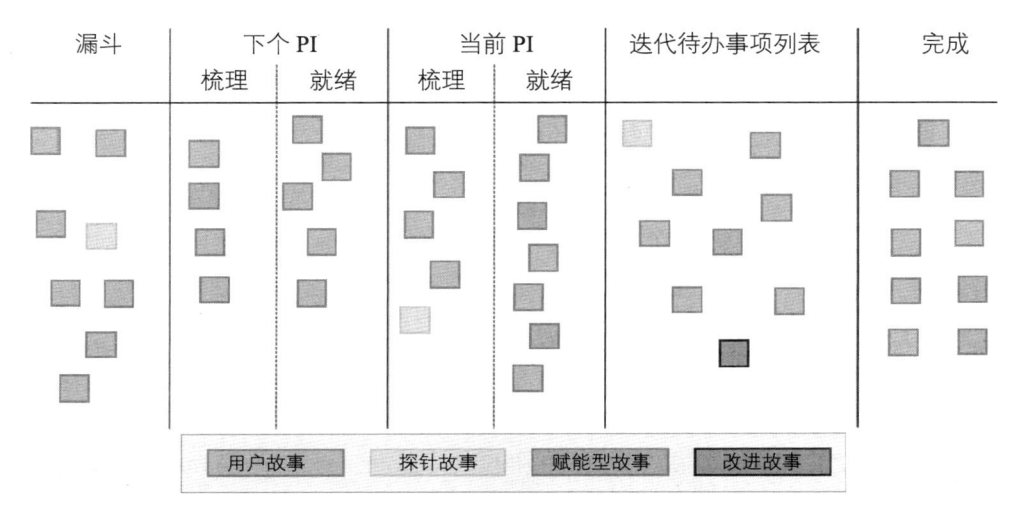

图4.4　团队看板示例

在设计团队级待办事项列表看板时，关键是能快速、轻松地识别哪些待办事项已准备好可让团队处理，能有效地确定优先级，并能直观地显示待办事项的当前状态。此外，还必须考虑为每种状态设定"在制品"（WIP）限制，并制定待办事项何时可以进入下一阶段的规则。团队应根据需要定义和调整WIP限制及规则，以确保工作在系统中顺畅流动，并随着时间的推移不断发展，以满足不断变化的需求。

看板团队故事

在看板中，我们通常使用"工作项"（work item）而不是"故事"（story）。在SAFe®中，我们理解团队应该有自主权，但实际上他们并不是完全自主的。因此，只要我们能使用一种简化的工作语言，就能更容易地与其他团队沟通。为此，在SAFe®团队看板（见图4.5）中，我们也使用相同的故事语言。

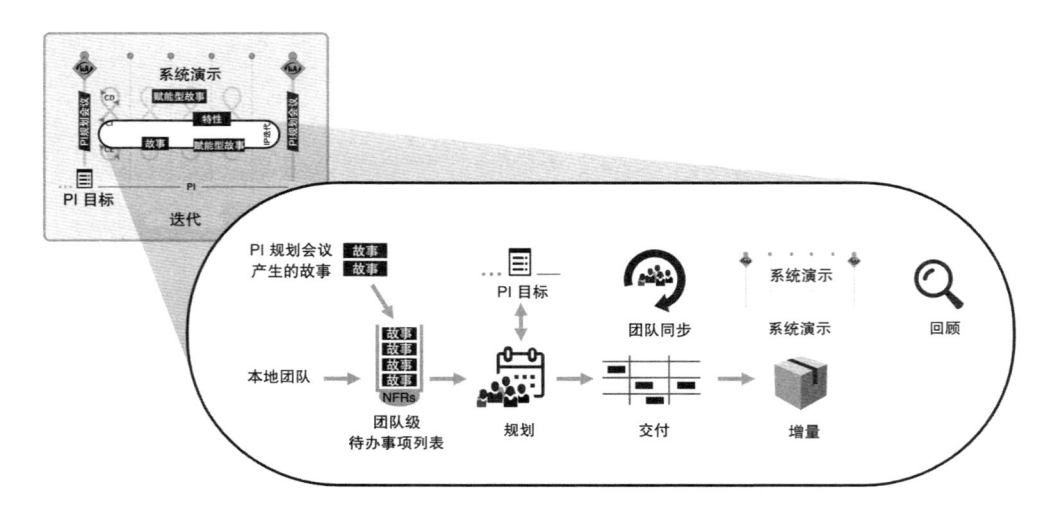

图 4.5　SAFe®团队看板方法概览（Scaled Agile Inc.版权所有）

当待办事项的规模大致相同时，计算流动指标会容易得多，而且我们总是希望进行小批量的工作。请确保有明确的就绪定义（DoR）和DoD规则，并且始终进行横向比较。

为 PI 规划会议准备团队级待办事项列表

为PI规划会议准备好团队级待办事项列表是非常重要的，因为这可以让团队专注于依赖关系，确保与愿景、架构和路线图保持一致。在整个活动中，团队有时间和空间与其他团队合作，满怀信心地制订计划，并起草PI目标。

每个团队需要为PI规划会议做的准备都不尽相同。我们发现，一些成功的团队都是在PI规划会议之前就已经确定了下次PI的故事，并对其进行了大致的估算。即便这些故事（除了那些可能在第一次迭代中完成的故事）没有得到很好的梳理，也不符合DoR的要求。

在进行PI规划会议时，不要让团队在会前就完善和调整好待办事项列表（哪些故事将进入哪些迭代），否则他们在会上会无所事事。你甚至可能发现，他们会过分执着于自己的计划，而不愿意在必要时根据其他团队和利益相关者的反馈对计划进行修改。对于团队来说，重要的是要在准备工作与接受反馈和调整之间取得平衡。

小结

我们发现，团队级待办事项列表是团队可以开展的工作的集合，其中包括用户故事和赋能型故事。PO对其负责，但任何团队成员都可以为其做出贡献。我们了解到，用户故事是敏捷团队在几天内可实现的一小部分预期功能。验收标准是用户故事必须满足的条件，只有满足这些条件，用户故事才算完成。

我们还了解了由团队对用户故事进行估算的重要性，并简要介绍了拆分用户故事和确定其优先级的几种技巧，同时提醒大家要始终考虑相对规模。最后，我们了解了看板团队的待办事项列表，以及如何为PI规划会议做准备。

接下来，让我们看看团队要执行哪些活动。

第 5 章
团队迭代活动

无论你的团队属于哪种类型，团队定期举行的活动和同步都不容忽视。如果没有这些检查点，团队将很难切实有效地完成任务，也很难达到高绩效。

在本章中，我们将了解SAFe®Scrum团队的各项活动，包括以下主要内容：

- 迭代规划。
- 团队同步。
- 待办事项列表梳理。
- 迭代评审。
- 迭代回顾。
- 迭代系统演示。

除了SAFe®Scrum团队，我们还将了解SAFe®看板团队的活动，包括以下主要内容：

- 规划。
- 团队同步。
- 回顾。

此外，我们还将介绍有助于确保团队成功的关键工件：
- 完成的定义。
- 就绪的定义。
- 工作协议。

让我们带领团队一起从迭代规划开始吧。

SAFe®Scrum 团队活动

由于SAFe®已提供了大量有关在Scrum框架下如何执行和引导活动的内容，因此，我们在本节中将只分享我们的主要收获、经验和技巧，而不是如何具体执行或引导每项活动。

我们鼓励并建议你访问SAFe®Studio（以前被称为社区页面），并从SAFe®Studio 工具包中下载以下"引导者指南"：

- SAFe®引导者指南——迭代规划。
- SAFe®引导者指南——团队同步。
- SAFe®引导者指南——待办事项列表梳理。
- SAFe®引导者指南——迭代评审。
- SAFe®引导者指南——迭代回顾。

迭代规划

迭代中的第一个活动是迭代规划，由Scrum Master/团队教练引导。在此过程中，团队成员要完善已在PI规划中定义的故事，以满足"就绪的定义"的要求。在两周的迭代中，这一活动的最长时间通常为4小时，但一般很少需要这么久。收益递减规律是真实存在的，超过一定时间后，花费更多时间并不会提高准确性。在迭代规划会期间，包括产品负责人（PO）在内的所有团队成员都要在场。

待办事项列表准备

重要的是，要确保PO带着准备充分的团队级待办事项列表参加此次活动，其中应包括从上一次迭代中遗留下来的任何工作。从优先级的角度来看，PO拥有决策权，可以排除会延续到下一次迭代的工作。不过，需要考虑一些权衡因素，如工作的关键性、排序、依赖性和任务切换的成本。

产能

我们经常看到团队花费多达30分钟的时间来计算迭代的产能，他们努力计算着1小时的工作开销，而无法确定日程安排。让团队理解，日程安排只是为了接下来的两周而做的，事实上这项工作不应超过5分钟。你可以考虑，如果所需产能少于4小时，就不应该调整计划，因为这对产能的影响可以忽略不计。

故事的选择、分析和估算

待办事项列表的准备工作可确保这项活动顺利进行。待办事项列表梳理所花费的时间可以在规划会中都弥补回来。既然我们已经准备好了团队级待办事项列表，那么只需从待办事项列表的顶层开始，逐个评审故事，获得所需的补充说明，验证要点是否仍然准确，并在团队一致认为可在下一次迭代中完成的情况下，将故事移到迭代待办事项列表中。

重复这一过程，确保不超过团队认同的产能，并且在接近产能时，确保团队同意他们可以完成当前迭代待办事项列表中的所有工作。这也意味着所有故事都将符合"完成的定义"（DoD）。

准备好"完成的定义"通常对团队很有帮助。如果团队有物理的办公空间，请将DoD张贴出来；如果办公场所是虚拟的，请确保所有团队成员都知道DoD在哪里，并能定期查询。

需要指出的是，团队不一定要按照产能来规划工作。例如，如果团队的产能是25个点，而团队对23个点达成一致，认为这是他们所能承诺的最多工作，那么团队就没有义务从待办事项列表的底部找到两个1个点的故事或一个2个点的故事来完成。

此外，团队还可以决定：虽然他们的产能是25个点，但他们希望在这次迭代中根据他们选择的故事完成26个点。团队的共识、承诺和一致意见比达到或超过预估产能更重要。

任务拆解

并非所有团队都会为他们的故事创建任务。但是，我们发现这种做法在许多团队刚开始成熟时很有帮助。它有助于团队了解交付故事所需的工作。要鼓励团队思考开发、测试和部署任务以外的事情。任务不必过于详细，可以是"编写API以检索XYZ数据"这样的简单任务。鼓励团队保持简短的描述。

在进行任务拆解时需要保持平衡，一般的经验法则是，一项任务应能在4小时或更短的时间内完成。当然，也不要将任务拆得太小，平衡的原则是，任务（拆解后的）的耗时不要小于15分钟。

可使用任务来识别我们不想错过的重要步骤。有些团队会为DoD中的关键条目创建任务。

归根结底，任务拆解的价值在于让团队成员对工作有共同的理解，因为每个人都能看到需要自己完成哪些工作，以及这些工作如何融入整个故事。此外，在进行任务拆解时可能发现一些被忽视的问题，使团队能够在做出承诺之前调整他们的迭代规划。

迭代目标

迭代目标常常被许多团队忽视。然而，迭代目标发挥着重要作用，因为这有助于团队保持专注。

> **📝 专业建议**
>
> 可以考虑的一种做法是，将迭代目标写成带有标签和社交媒体文风的"推文"。然后，我们用这些推文向其他团队传达正在进行的工作。下面是一个例子：
>
> "通过文本实施MFA，改进登录流程。#登录 #MFA #复仇者团队。"
>
> 你甚至可以创建标准的标签，以便快速搜索通信工具（Slack、Teams等）中的标签。曾经，有一个组织为每个特性都创建了标签。尽情挥洒创意吧！

承诺

这是迭代规划会的结束条件。获得承诺的方法有很多，包括"五指拳"、口头同意或简单的"是"/"否"表决。无论采用哪种方式，都要确保每个人都参与其中，并听取他们的意见。

团队同步

团队同步（前身为"每日站会"或"DSU"）是一个15分钟的会议，可以附带一个"会后会议"来解决或讨论任何问题。重要的是，团队中的每个人都要参与其中，不要让会议变成状态汇报会。

团队同步对于团队与正在进行的工作保持一致，以交付他们在迭代中承诺的故事非常重要。

> **📝 专业建议**
>
> 作为Scrum Master/团队教练，你要确保每个人都有机会发言并积极参与活动。一个简单的方法是传递发言令牌（如球或指挥棒）；当令牌传递（或抛）给你时，就轮到你来发言了。

鼓励团队积极发言，甚至在团队同步中将他们正在做的任务或故事移到板子上对应的一列。跟踪并确保待办事项不会停留在某个状态太久（如超过一天）。有些团队甚至会讨论他们预计完成某个待办事项的时间，并将其记录在工具中。

可为"会后会议"分配一个时间盒，允许团队进一步讨论团队同步过程中出现的任何问题或主题。确保"会后会议"的待办事项是可记录和可见的，以便团队成员快速确定是否需要参与。

待办事项列表梳理

待办事项列表梳理为团队提供了一个机会，可识别和处理潜在的阻碍和依赖关系，估算故事，并对故事的顺序和重要性提供意见。

> **专业建议**
>
> 我看到团队犯的最大错误就是，没有在待办事项列表梳理会中投入足够多的时间。通常，我在团队（和ART）中实施的第一项措施就是，每周强制进行2小时的待办事项列表梳理。我知道这似乎有点极端，但团队很快就会发现，花在梳理工作上的时间会减少花在规划上的时间，还能提高可预测性，并全面提升士气。

我们鼓励对待办事项列表梳理采用滚动式方法，即跟踪已完善的故事，并快速检查这些故事是否需要调整，然后再将团队级待办事项列表向下延伸至需要更多信息和对话的故事。

请务必在待办事项列表梳理过程中记录与故事相关的对话信息，包括任何图示、图表等。

通过滚动式方法，团队最终应该能够让他们的待办事项列表包含一个PI加一次迭代的工作价值，并且完备程度呈递减趋势。表5.1展示了一个示例，供读者参考。注意，这里没有硬性规定，团队需要一些时间（通常至少需要一个PI）才能达到这些推荐的实践水平。

表 5.1　用滚动式方法梳理待办事项列表

迭代	完备程度
下一次迭代	95% 以上的故事符合就绪定义
下两次迭代	85% 的故事符合就绪定义
下三次迭代	50% 的故事符合就绪定义
下四次迭代	25% 的故事符合就绪定义
下五次迭代	故事有描述，大多数验收标准已定义
下六次迭代	故事已确定，有一些描述和验收标准

迭代评审

迭代评审（有时也被称为迭代演示）对于团队向主要利益相关者展示他们的工作成果以及评估他们在实现PI目标方面的进展非常重要。遗憾的是，团队的这种评估往往会被错过或跳过。

我们经历过无数次迭代评审会，有好有坏。在评审团队完成的所有故事时，我们建议采用以下两种模式之一。要么按照待办事项列表的故事顺序逐个评审每个故事，要么按照故事的自然顺序（如果有）来评审故事。我们建议不要采用经办人逐个演示的模式。当我们让个人而不是团队来完成一个故事时，这种模式很常见。

请记住，迭代评审是评审团队所有有进展的故事的机会，而不仅仅是评审那些已经完成的故事。确保团队能利用这个机会讨论并演示在未完成的故事中已完成的工作。概述剩余工作有助于团队不断改进，并可作为迭代回顾会的输入。

最后，这个活动也是讨论团队级待办事项列表并根据利益相关者和团队的反馈进行调整的机会。确保PO和团队记录下每个调整项，并将其作为迭代规划或待办事项列表梳理活动的输入。

迭代回顾

迭代回顾是一次迭代的巅峰时刻。迭代回顾强化了SAFe®不懈改进的核心价值观。

确保团队了解回顾会的重要性，并确保它不会过时。根据参与团队的不同，可以更换不同类型的回顾会。《敏捷回顾》一书提供了确保有效回顾会的绝佳资源。

确保将团队识别出的改进项记录下来。许多团队或ART会使用改进的待办事项列表或将其记录为改进故事。

在每次回顾会开始时，评审上次回顾会中的改进项，以确定其有效性，以及团队是否要继续或停止这些改进项。

迭代系统演示

我们将在第2部分详细介绍迭代系统演示。不过，我们想先提醒大家，团队可以出席并参与演示。请确保各团队将此活动列入日程并参加活动。这是衡量进度和保持整个ART协调一致的关键活动。

SAFe® 看板团队活动

看板（Kanban）这一概念起源于日本，现已成为被全球各行业广泛使用的生产计划框架。20世纪40年代初，日本丰田汽车公司引入看板，作为改善库存管理、减少浪费和优化工作流的一种手段。Kanban一词可被翻译为"视觉信号"或"卡片"，指的是用于管理生产和库存的视觉提示。其原则包括在供需之间建立平衡、减少生产过剩和持续改进。自问世以来，看板的应用早已不局限于最初的制造业，现被广泛应用于软件开发、医疗保健和教育等领域。看板的简单性和有效性使其成为许多组织简化工作流程的重要工具。

SAFe®是一个基于流动的系统，我们在各个层面广泛使用看板来可视化我们的工作。图5.1展示了一个团队看板示例。在看板的最左列，是记录所有想法的漏斗。列的顺序反映了我们完成待办事项的步骤。

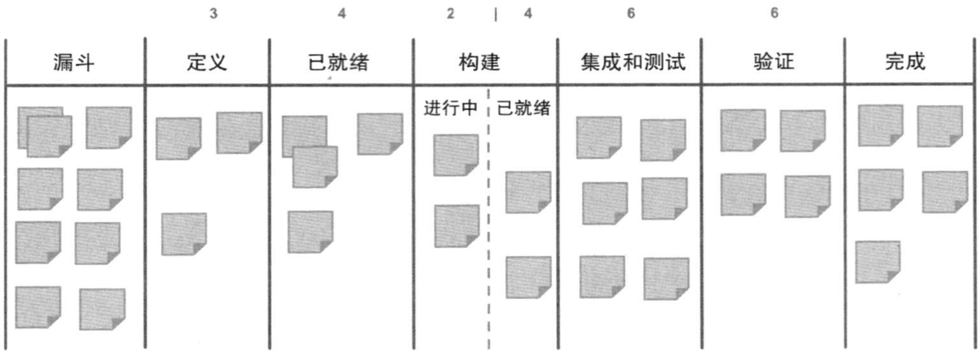

图5.1 团队看板示例（Scaled Agile Inc.版权所有）

看板上方的数字代表在制品（WIP）限制。顾名思义，这就是通过限制每列中的待办事项来创建一个基于拉动的系统。这样，我们就可以停止"开始"和开始"完成"。

在图5.1中，我们可以看到"集成和测试"的WIP限制为6，而该列中已有6个故事。强制执行WIP限制意味着，在为故事腾出地方之前，我们不能将任何故事从"构建"列中移入。如果没有WIP限制，开发人员很可能会再拉入一个故事，增加系统中未完成工作的数量，我们认为这就是运营债务。不过，在这种情况下，我们会鼓励开发人员协助进行集成和测试，从而使故事更接近完成。

> 📝 **专业建议**
>
> 在大多数情况下，图5.1展示了一个很好的起点。不过，你需要定制看板以反映流程中的步骤。当我在一些组织中实施看板时，我发现领导者，有时是PMO，会强制要求每个人在看板上使用相同的状态，以便于汇报。
>
> 你需要考虑如何集成ART看板上的特性，但也要确保它能以对团队有意义的方式体现工作。

规划

SAFe®看板团队的规划会与SAFe®Scrum团队的略有不同，因为看板团队关注的是持续流动。通常，看板团队使用这种方法是因为他们很难提前两周制订计划。为此，看板团队通常每周或按需召开会议，以便为未来一周制订计划，并处理依赖关系和瓶颈问题。

虽然我们希望团队拥有自主权，但他们并非是完全自主的。因此，看板团队必须以可视化的方式分享他们的规划工作。他们通常会在看板上展示他们的工作，可以是实物展示，也可以是数字化展示。

作为ART的一部分，看板团队还通过发布迭代目标和依赖关系的进展情况来分享他们在实现PI目标方面的进展，以便与ART中的其他团队保持一致。

团队同步

与大多数敏捷团队一样，看板团队也会定期聚在一起，以确保工作正常运行。看板团队通常会像Scrum团队一样每天开会，不过看板团队的团队同步更类似迭代评审。在鼓励协作与打断专注工作之间，总是需要权衡利弊。

看板团队通常会与"火车"的其他团队的同步会保持同步。在周中开始和结束迭代是很常见的。在疫情过后，人们在周二到周四会更多地待在办公室，面对面交流时效率更高。

团队同步涵盖了很多我们在迭代评审中通常会讨论的相同主题：

1. 流动指标和障碍。
2. 评审并验收故事。
3. 后续的依赖关系。
4. 迭代目标和PI目标的进展情况。

> **专业建议**
>
> 我经常看到团队同步时间过长。我曾经指导过一个团队，他们努力将同步时间控制在1小时以内！请确保你的更新切中要害，并将重点放在其他团队成员需要了解的内容上。有备而来，尽快让大家离开。

回顾

看板团队还会优先考虑回顾活动，以确保随着时间的推移持续改进。在回顾活动中，团队成员会反思他们最近的工作，并找出改进流程、协作和成果的方法。

以下是一些有助于良好回顾活动的关键要素（注意，这些要素也适用于 Scrum 团队）。

- 心理安全感。在回顾活动中，应营造一种环境，让团队成员感到安全，可以表达自己的观点，分享自己的经验，提出自己的疑虑，而不必担心受到评判或报复。这样可以鼓励团队成员进行开诚布公的交流。

- 专注学习。好的回顾活动强调从过去的经验中学习。鼓励团队分析成功与失败，找出哪些地方做得好，哪些地方可以做得更好。重点应放在持续改进上，而不是指责个人。

- 明确目标。为回顾活动定义明确的方向和目标。可以是识别需要改进的领域，庆祝成功，应对具体挑战，也可以是增强团队活力。有了明确的目标，讨论就会更聚焦，以确保取得有意义的成果。

- 结构化的格式。利用结构化的格式或技术来指导回顾活动。有多种框架可供选择，如"开始、停止、继续"法，"愤怒、悲伤、愉悦"技术或"5 Why"法。结构化的格式为讨论提供了框架，有助于防止对话失去焦点。

- 包容性参与。确保所有团队成员都积极参与，并有机会做出贡献。要鼓励那些比较沉默或内向的人分享自己的想法和观点。这种包容性能促进团队内部的自主性和协作精神。

- 可操作的见解。在回顾活动中，应产生可操作的见解和具体的改进步骤。鼓励团队提出切实可行的想法，并制订实施改变的行动计划。为后续行动分配责任并设定期限。

- 跟进和担责。确保对回顾活动中识别的行动项进行追踪和跟进。让团队成员对自己的承诺负责，并根据需要提供支持或资源。定期重新审视回顾成果，评估进展情况并做出进一步调整。
- 持续改进。好的回顾活动不是一次性的，而是一个持续过程中的一部分。最好在每个重要的里程碑或迭代后，鼓励团队定期反思。强调持续改进的重要性，在团队中培养学习和适应的文化。

专业建议

与一支在创新实验室从事绝密项目的小团队一起进行的回顾活动，是我参加过的最棒的回顾活动之一。我们面临着来自高层领导者的巨大压力，必须证明一个主张的价值，因此时间至关重要。

在回顾过程中，我们集思广益，想出了改进团队的办法。当我们问其中的一位主题专家时，他说："伙计们，这个项目让我很不舒服。我已经好几周没有睡觉了，我觉得我做不下去了。"

接下来发生的事情是团队合作的一个很好的例子。我们不仅承认让他产生这种感觉是不对的，而且立即提出了增强团队活力的切实可行的解决方案。我们并不喜欢走到这一步，但我们庆幸我们的专家有了心理安全感，可以坦诚地说出他的感受。

这支团队是我共事过的最好的团队之一，不仅因为我们建立了真诚的关系，还因为我们后来开发出了一款产品，创造了数百万美元的收入。

以人为本，其他的事情就会迎刃而解。从回顾活动中获得切实的改进是至关重要的，否则，人们就会认为回顾活动是在浪费时间。请记住，每支团队都是独一无二的，适合一支团队的方法不一定适合另一支团队。根据团队的偏好和需求调整回顾活动的流程，并乐于尝试不同的技术或方法。然后找到最有效的那个。

团队工件

我们希望确保有几个关键工件是不会被忽视的。在你的团队中，可能也有其他经常使用的工件。但请记住《敏捷宣言》的价值观，我们认为工作的软件比详尽的文档更重要。

完成的定义

完成的定义（DoD）是团队为确保完成工作而制定的清单。团队的DoD会随着团队的发展而变化，通常还会随着持续交付流水线的不断成熟而变化。

我们鼓励团队定期回顾DoD（回顾活动是一个很好的机会），并确保DoD易获取，看得见，可被团队用于完成他们的故事。

> 📝 **专业建议**
>
> 我们经常看到新团队的DoD中包含这样的内容：将故事部署到生产环境中。这会导致团队忽视DoD。随后，我们就会看到质量问题蔓延至系统。我们应该利用可扩展的"完成的定义"，帮助团队、ART和领导层了解在不同层级或阶段应该和不应该包含哪些内容。

就绪的定义

就绪的定义（DoR）可以帮助团队完善待办事项列表。DoR应该足够简短，并概述一个故事在被Scrum团队拉入迭代或被看板团队处理之前必须满足的标准。

团队通常把以下一些条目包括在DoR里。

- 故事有明确的验收标准。
- 已识别出故事的依赖关系。
- 已对故事进行估算。
- 已与团队一起评审了故事，未决的问题都得到了解答。

通常，你可能发现，如果一支团队在迭代中难以交付他们承诺的所有故事，那么花一些时间创建DoR或更新DoR，这可以推动改进。

工作协议

工作协议有时也被称为团队规范或团队章程，它为团队成员建立了关于如何合作的共识。这一工件可以帮助团队快速进入高绩效阶段。

工作协议明确了团队应如何沟通、协作、决策和解决问题，有助于减少低效工作。工作协议能促进团队内部的透明、尊重、信任和担责。

应定期评审团队工作协议，在团队工作协议中添加新条目，删除不再需要的条目。

小结

我们了解到，无论哪种类型的团队，进行定期活动和同步活动都非常重要。这些活动是团队进度的检查点，对于实现有效和高效的交付以及高绩效都至关重要。我们探讨了各种团队活动，如迭代规划、团队同步、待办事项列表梳理、迭代评审、迭代回顾和迭代系统演示。我们还研究了有助于团队成功的关键工件，包括DoD、DoR和工作协议。

第2部分
敏捷发布火车

敏捷发布火车（Agile Release Trains，ART）是团队活动的聚合，或者说是多个团队共同完成解决方案的聚合。在你开始组织敏捷团队时，这种理解至关重要。

第2部分包括以下五章：
- 第 6 章 构建敏捷发布火车
- 第 7 章 发布火车的日常工作
- 第 8 章 ART级待办事项列表管理
- 第 9 章 ART活动
- 第 10 章 PI活动

第 6 章

构建敏捷发布火车

启动敏捷发布火车（ART）是一项艰巨的任务。在构建ART时，有许多事情需要考虑，包括以下几点：

- 为什么你的ART不是你的部门（ART的结构和组成）。
- 识别正确的价值流将如何影响ART（为什么必须使ART与价值流对齐）。
- 发布火车工程师、产品管理人员和系统架构师（ART中的关键角色）。
- 我们需要系统团队吗（什么是系统团队）。

无论你要首次启动ART、恢复ART，还是提高ART的成熟度，我们都将逐一分析这些领域，并帮助你了解一些关键的注意事项。

为什么你的 ART 不是你的部门

许多组织在构建ART时最先犯的一个错误就是将其与现有的组织结构对

齐。毕竟，我们的组织已经发展为一个行之有效的系统。我们不断完善（重组）组织结构，以确保组织结构达到最佳状态。然而，你是否静下心来思考过，我们一直处于重组状态的原因是什么？

我们应该如何构建ART

我们先定义一下什么是ART。ART是一个由5~12个长期敏捷团队组成的虚拟组织，这些团队由50~125人组成，致力于按节奏交付共同的解决方案。成功的ART都与共同的使命或愿景保持一致。

既然知道了什么是ART，我们就需要确定是否需要它。

许多组织常犯的一个错误是，认为自己"需要"一个ART，并为已开展的每个项目都设立一个ART。组织先确定项目，然后寻找"资源"来开展项目。

在使用SAFe®时，我们采取了不同的方法，为开发价值流创建团队和ART（见第12章）。这自然而然地使我们能够对齐ART，使其适用于特定的领域，应将工作带到ART中，而不是随着项目的启动和停止而构建和拆除ART。

跨职能

在构建ART时，我们的目的是让ART能够自我支持。这意味着我们希望ART在组织上是跨职能的。ART需要来自组织各部门的人员，包括业务、工程、测试、运营、安全、合规等。我们经常会遇到这样的情况：组织中的这些部门通常不会每天一起工作，而且有各自的层级制度甚至文化。

在启动ART的过程中，我们很可能无法通过一次尝试就正确地确定ART的组成，这没关系，它会不断演进。这样做的目的是尽量减少交接和后续延迟。非筒仓式跨职能团队将在DevOps的支持下，结合强大的持续集成/持续交付（CI/CD）流水线来推动这项工作。第7章提供了有关CI/CD和持续交付流水线（CDP）的更多信息。

请注意，即使是跨职能的ART，也需要与组织的其他部分对接，而且需要一个系统团队，并很可能依赖于共享服务团队。

全职和长期

ART应有全职的团队成员。这意味着要将个人百分之百地分配给ART及其团队。我们希望最大限度地减少任务切换，并在合理的范围内尽可能长时间地让团队成员在一起。

> 📝 **专业建议**
>
> 在构建ART时，如果让我选择一场必胜之战，那就是配备全职的团队成员。在很多时候，我看到组织将一个人的25%的时间分配给ART。在这25%的时间里，团队成员参加了各种活动，但实际用于完成故事的时间只剩下一两小时。一两小时又能完成多少故事呢？

沟通无处不在

ART需要能够跨越组织边界进行自由且有效的沟通。来自业务部门的人员需要能够定期与IT部门的人员交流，随后与运营部门、营销部门及整个组织的人员交流。这种沟通必须是有机的，而不是沿着组织架构图进行的。

康威定律

康威定律指出，组织的产出与其内部沟通方式直接相关。我们发现，这些沟通层级往往是流动的主要阻碍。拥有成功ART的组织已经弄清了双重运营系统的本质，并明白ART应围绕社会结构（我们如何交谈、聊天和进行非正式的相互协作）而不是组织层级来构建。

成熟度

ART会不断成熟并不断演进。正如第2章对团队的解释那样，ART与团队一样，也遵循塔克曼模型的组建期、震荡期、规范期和表现期四个阶段。作为教练和/或发布火车工程师（Release Train Engineer，RTE），你的梦想是将你的ART打造成高绩效团队。需要牢记的一点是，由于规模的原因，ART将比团队成熟得更慢。

> **专业建议**
>
> 　　如果把ART的成熟度与一个孩子进行类比，每个PI就像孩子成长的一年。当ART处于第一个PI时，我把它当作一个新生儿。它需要被不间断地照顾和喂养。
>
> 　　第二个PI就像一岁的孩子。也许照顾的需求会少一点，但还是需要喂养。它可能刚刚学会爬行。
>
> 　　第三个PI就像两岁的孩子，总是在问"为什么"。
>
> 　　到了第五个PI，ART就像幼儿园的小朋友了。它可以自己穿衣服，但衣服很可能不配套，鞋子也可能穿错了脚。
>
> 　　在大约2年后，当处于第九个PI或第十个PI时，ART就能基本完成所有的日常活动了，但对于规模大的待办事项可能仍需协助与支持。
>
> 　　ART的成长和成熟需要时间。ART保持稳定的时间越长，其执行和交付能力就越强。

　　如果ART不善于沟通，不能跨职能工作，不尽职尽责，不是长期存在的且不具有较高的成熟度，那么它会很低效。ART会受到公司政治的困扰，其成员数会随着每个预算周期的变化而增减。与项目制一样的人员变动和公摊成本的不稳定性也会带来浪费。

识别正确的价值流将如何影响 ART

　　停顿片刻，问问自己，我的公司提供的产品或解决方案是什么？现在，请考虑一下，与你合作的团队和ART是否直接支持该产品？是否每个人都齐心协力，确保每天都能成功交付产品？在很多时候，你会发现公司的核心竞争力是××，但不一定是团队和ART试图打造的。

　　我们以一家航空公司为例。其产品是将乘客从A点送往B点。它还有可预订机票、更改预订、办理登机手续等的移动应用和网站。与大多数公司一样，它的组织架构也是按层级划分的，以便为乘客提供支持。然而，当该公司接受了双运营系统的概念，并将其ART与正在创建的产品（如移动应用与飞机维护调度应用程序）进行社会化对齐时，这些ART本身就与其价值流保持了一致。

> **专业建议**
>
> 作为教练，我建议利用SAFe®价值流识别工作坊来识别价值流和ART。这是信誉良好的SPC可以使用的一个宝藏资源。

我们应该如何识别价值流，以及如果不识别又将怎样

简单来说，应该将ART与我们试图交付的产品或解决方案对齐，而这些产品或解决方案通常又与我们的开发价值流相一致。

SAFe®建议我们应先识别运营价值流，然后再明确哪些系统可支持它。接下来，我们要识别支持这些系统的开发价值流，然后为其识别ART（见图6.1）。

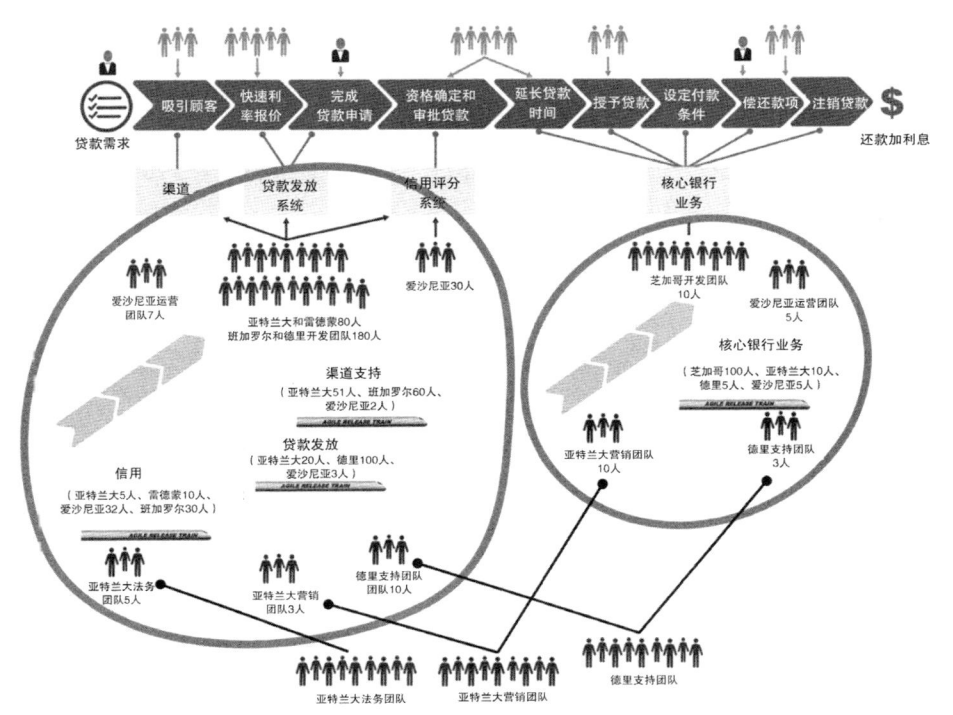

图6.1 价值流识别工作坊识别的价值流和ART示例（Scaled Agile Inc.版权所有）

如果我们不能与开发价值流紧密对齐，那么持续按节奏交付工作的能力就会受到严重影响。团队往往会受到依赖关系和/或重复的架构工作的影响，使得学习能力受限。

组织的规模越小，这种情况对你的影响就越小（因为你的规模较小）。如果我只有一个ART，甚至只有两个ART，那么比起15个ART来说，不一致的影响要小得多。

> **专业建议**
>
> 如果无法重新对齐ART，则应努力减少系统中的延迟（或使其最小化）。利用价值流映射找出最大的瓶颈，然后从这里入手。

我们主要的意图是让工作在我们的系统中有效流动。这就像水在管道中流动一样。如果我们的管道笔直、通畅、角度合适，水流就会很顺畅。任何弯曲、高低变化，甚至堆积物都会减缓水流的速度。我们要努力消除堵塞、弯曲和不适当的坡度。

归根结底，如果没有合适的对齐，我们就无法从敏捷中获取我们想得到的收益。如果不将ART与开发价值流对齐，我们就会不断面临依赖关系、缺乏整体对齐、重复工作等问题，并在投资组合领域面临巨大挑战，尤其是在确定投资组合待办事项列表的优先级以及投资组合的资金和预算时（见第13章）。

> **专业建议**
>
> 价值流识别和价值流映射是两项不同的活动。价值流识别用于确定你的价值流是什么，然后确定需要哪些团队和ART来支持已识别的开发价值流。请参阅SAFe®工具包中的价值流识别工作坊。
>
> 价值流映射包括查看开发价值流中的各个步骤。在SAFe®的DevOps课程中涵盖了这项活动，并提供了价值流映射工作坊的工具包。

发布火车工程师、产品管理人员和系统架构师

由发布火车工程师（RTE）、产品管理人员和系统架构师组成的被授权的高层级功能团队对ART的成功至关重要。我们经常把这个团队称为"三驾马车"，即负责ART成功的三人小组。

三驾马车

什么是三驾马车（troika）？

对此，牛津词典是这样解释的：由三个人组成小组一起工作，特别是在政治或管理方面。

我们的三驾马车由RTE、产品管理人员和系统架构师组成，他们共同领导和指导ART的工作。他们共同确保各团队在正确的时间、正确的质量水平和正确的对齐下开发正确的产品，从而确保ART的成功。

在成功的ART中，"三驾马车"的影响力至关重要。他们共同影响着整个组织。

我们期待产品管理人员对以下人员产生影响。

- 负责史诗的领导者。
- 交付产品的团队。
- 执行愿景的PO。
- 推动技术发展的架构师。

我们期待系统架构师对以下方面产生影响：

- 跨ART和潜在组织层面的对齐。
- 与发布管理合作。
- 参与系统演示会，解释赋能型需求和非功能需求（NFR）的价值。
- 参与/引导架构同步会。
- 推动系统团队和ART团队构建架构跑道。

- 与企业架构愿景保持一致。

我们期待RTE对以下方面产生影响。

- 跨团队和组织层面的对齐。
- 领导者在关键事件中的参与度。
- 团队的持续协作、成长和成熟。
- 确保团队和ART成功所需的前提。
- 消除阻力和障碍。

如果"三驾马车"中的成员缺乏足够的影响力，甚至没有足够的权威，你很快将发现ART的进度会停滞不前。

"三驾马车"做出的决策可能对组织产生长期影响。他们不仅需要参与团队的日常工作，还需要参与有关整个业务的战略决策。

> **专业建议**
>
> 避免许多组织所犯的错误，认为这些角色是员工级别的角色。成功的组织会认可这些角色的价值。通常，这些角色由总监及以上级别的人员担任。

明确且足够强大的"三驾马车"对于ART提供高质量、已承诺的价值至关重要。"三驾马车"中的每位成员都在确保ART取得成功方面发挥着重要作用，要想取得成功，"三驾马车"都要付出努力。

> **专业建议**
>
> 作为教练，你必须确保担任这些关键角色的个人取得成功。你可能需要帮助识别和推荐担任每个角色的人员。

让我们从RTE开始，深入了解"三驾马车"中的每位角色。

发布火车工程师（RTE）

RTE就像橄榄球队的四分卫。他负责指挥比赛，让球员们齐心协力，并确保ART通过交付价值来实现目标。

有一种观点认为，RTE不过是ART的Scrum Master/团队教练。虽然理论上这是正确的，但RTE的角色超出了人们对一般Scrum Master/团队教练的期望。RTE是终极的服务型领导者。成功的RTE通常都有丰富的管理经验和领域知识。

在遴选RTE时，应寻找可以做以下事项或拥有以下能力的人。

- 营造尊重和相互影响的环境。
- 理解和共情他人。
- 具有很强的倾听能力。
- 善于发现问题和做决策。
- 教练和领导他人。
- 欣赏他人并善于利用支持。
- 条理清晰，勤于跟进。
- 在充满挑战和不断变化的环境中持续成长。
- 有能力与组织的各个层级人员和不同受众进行合适的沟通。
- 能够预测未来发生的事情。

RTE不仅经常与ART打交道，还经常与利益相关者、客户和组织的高管打交道。RTE的行为举止、冷静的头脑和口才都至关重要。

虽然有许多不同的职业发展路径可以通往RTE，但大多数人都应具有管理背景，曾担任过项目/项目群经理、Scrum Master/团队教练或精益敏捷教练。

RTE需要能够掌控全场，不会被一大群人吓倒。RTE要幽默风趣，寓教于乐，成为聚会的主角，尤其是PI规划会议。

真实世界的故事

我曾经与一位新上任的RTE共事过。她曾是一名出色的Scrum Master，当有机会晋升为RTE时，她自然而然地成了合适的人选。在处理ART的日常事务时，她表现得游刃有余，但在第一次PI活动开始时，当她要在150人面前主持时，她整个人都蒙了。她低头看着自己的脚和笔记，几乎不与观众进行眼神交流，说话的声音也极其单调。她的一位同行Scrum Master安慰了她并帮助她完成了PI活动剩余部分的引导工作。

此后不久，我开始与她一起工作，我们讨论了她站在一大群人面前时的恐惧和挑战。在接下来的几个月里，我们一直在努力解决这个问题，我们尝试的活动之一是大声朗读儿童读物，并使用大量变化的语调。

我们一同练习，读给宠物、侄子侄女、同事的孩子听，甚至在学校的集会上朗读。当我们进行下一次PI活动时，RTE认为，如果她能给一群孩子读一本书，她就能主持好下一次PI活动。事实上，她做得非常出色。

虽然这种方法看起来有点离经叛道，但确实对她有用。此后，我将这一方法用于帮助其他人，尤其是PO，他们经常在系统演示会上发言，但缺乏感染力，因此他们不仅失去了听众，往往也失去了来自客户的洞察和反馈。

通过练习代入角色的声音来朗读故事书，他们在讲述团队完成的工作成果和系统的功能时，也会自然而然地开始在声音中加入更多的语气变化。

自己也试试看吧——这也许能帮到你！

有时，做过项目群或项目经理的人也可以成为优秀的RTE。但是，必须摆脱指挥和控制的模式，并树立严格遵守时间表的观念。我们需要强调的是，当RTE从这些角色转变而来时，他们需要从根本上转变自己的行为和工作模式。

SAFe®概述了RTE需要从一种行为到另一种行为的各种转变：

- 从协调团队的活动和贡献到教练团队如何协作。

- 从截止日期到目标。
- 从追求具体结果到关注ART的整体绩效。
- 从知道答案到向团队寻问答案。
- 从指挥团队到让团队自我组织并大踏步前进。
- 从解决问题到帮助他人解决问题。

发布火车工程师的职责

RTE的职责不应被低估。确保每件事和每个人都得到对齐并步入正轨是一项全职工作。这是一项极端困难的工作（如同"放猫"一样）。

RTE还需要了解和运用各种教练方式，以决定何时参与，何时让团队和个人经历一些挑战以促进其学习和成长。

RTE主要有以下五个职责（见图6.2）。

图6.2　RTE的职责（Scaled Agile Inc.版权所有）

RTE还需要确保自己不会被各种做法所束缚。扎实理解原则并保持一致性是十分关键的。过于死板的做法，以及不知道何时和在多大程度上灵活运用已知的成功做法，也是RTE需要极力避免的。

对于RTE，一个常见的误解是他们负责发布正在开发的系统/解决方案。虽然RTE参与了发布工作，但不会指望他们管理和协调发布工作，也不会指望他们是唯一负责解决所有问题的人。RTE在很大程度上依赖系统团队、产品管理人员、系统架构师和团队来发布系统。RTE将帮助协调各项活动，确保消除障碍和阻塞因素或适当地将其上报，但RTE不应该是那个按下发布按钮的人。

产品管理人员

产品管理人员由一个人或一组人构成，负责了解需要构建什么并确保ART能够以增量的价值单元交付解决方案。产品管理人员负责产品愿景，要有效地实现这一愿景，则需要定期接触客户以提供支持。

在许多ART中，产品管理部门只有一个人。然而，在高度复杂和/或分布式的环境中，则需要几位具有专业知识的人员来定义产品。在这种场景下，我们建议由一个人负责总体的最终决策和领导工作。

产品管理人员需要平易近人，易于合作。在选择产品管理人员时，应寻找具备以下素质的人。

- 具有良好的市场和领域知识。
- 受到同行和同事的信任。
- 具有传递复杂信息的经验。
- 了解如何在市场中定位解决方案。
- 在达成共识方面取得过成功。
- 具有前瞻性思维，对客户需求充满好奇。
- 能够平衡相互竞争的优先级。
- 当解决方案不符合假设时，能够承认并适当调整。

产品管理人员的行为举止、冷静的头脑和口才都至关重要，因为他们要与整个组织以及客户和顾客进行沟通和合作。

产品管理人员必须与许多角色合作。他们要与组织的各个层级中的人员进行大量对话，并经常与客户会面，了解他们对所开发产品的见解和反馈（见图6.3）。

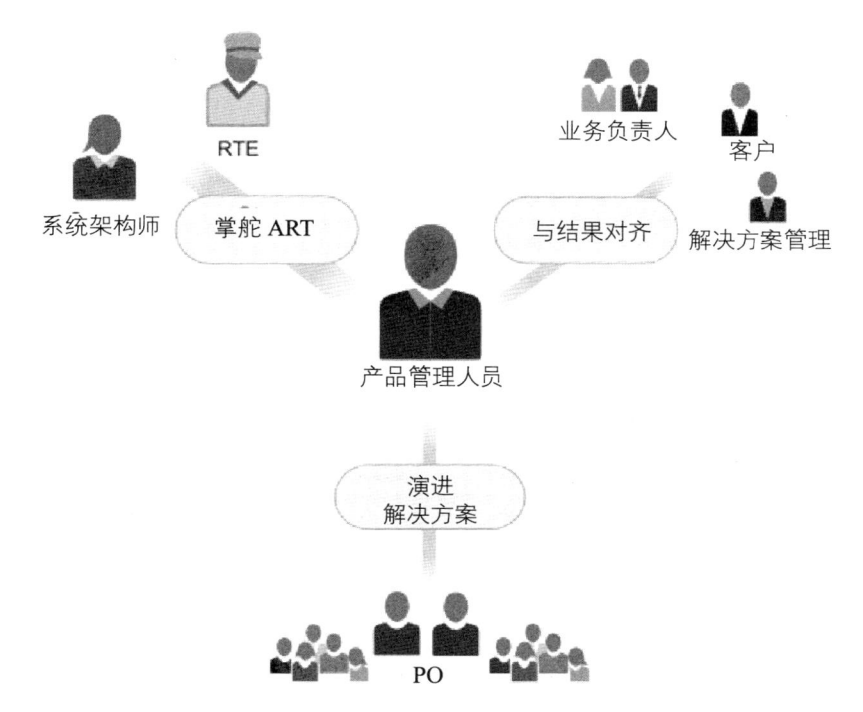

图6.3　产品管理人员参与的关键合作（Scaled Agile Inc.版权所有）

成功的产品管理人员有许多不同的职业路径，但大多数人都有管理和产品开发的背景。有些人曾是产品经理、领域专家、营销分析师、主题专家或PO。

由于这些频繁的互动，产品管理人员往往会被ART的日常工作职责压得喘不过气来。这时，PO和产品管理人员之间的关系就显得很重要。

产品管理人员的职责

SAFe®概述了产品管理人员的五个职责（见图6.4）。

```
                交付价值              探索市场与用户



管理 ART 级待办事项列表                          与客户沟通
    并为其确定优先级       产品管理人员



                      制定产品战略、
                      愿景和路线图
```

图6.4　产品管理人员的职责（Scaled Agile Inc.版权所有）

产品管理人员的角色特别具有挑战性，找到合适的人往往是最大的挑战之一。产品管理人员需要在产品的长期愿景与短期ART交付成果之间取得平衡。合适的人选应具备必要的软技能、产品知识和领导素质，以推动产品向前发展，为客户和组织创造价值。

真实世界的故事

我与一位客户合作，重新启动了一个ART。当时，距离第三次PI规划会议还有两周时间。产品管理人员虽然是该领域的专家，但没有充分准备好待办事项列表，因此很难帮助PO确定下一次PI的工作。产品管理人员知道他想要的最终产品是什么，但很难将其分解成各个团队可以使用和逐步交付的"切片"。

我与产品管理人员会面后，很快了解到，他正试图一步一步地定义和构建产品。举个例子，如果我们要建立亚马逊的网站，我们会先制作完整的主页，然后创建所有的单个产品页面、用户配置文件、订阅服务和音乐，最后才创建购物车（用于结账）。

我与PO迅速合作，为执行下一次PI的团队确定了一些关键的探针。我将系统视为一个整体，并从每个功能区中识别出较小的部分，这将使我们能够看到整个系统的工作流。

在PI期间，我和产品管理人员与PO和系统架构师一起努力工作，开发出了一条涵盖所有关键组件的系统路径。我们称其为"直通线"。不过，有些人可能认为这是"快乐路径"。然后，产品管理人员就可以在一次又一次的迭代中添加不同的功能并提高复杂度，直到系统完善到可以发布为止。

产品管理人员向我们分享，通过分解工作并先识别最简单的路径，而不是根据流程一步一步地构建出所有东西，他能够更好地管理利益相关者和客户的期望。他承认，如果按照原来的路线进行下去，根本无法完成产品，多年的工作和数百万美元就会被白白浪费掉。

作为教练，确保ART能够带来增量价值是非常重要的。虽然产品管理人员有责任识别增量价值，但许多产品管理人员都是新手，他们都在拼命了解如何在这种没有大量前期设计和顺序设计的环境下工作。如果你能提供任何可帮助他们了解系统的简单路径，他们将不胜感激。

系统架构师

系统架构师是ART的技术权威。系统架构师不仅负责整体架构，还要确保遵循一致的工程实践。

系统架构师的背景和知识差异很大，这取决于所构建的解决方案。例如，如果我们正在构建一个软件解决方案，我们可能希望系统架构师曾是软件工程师。但是，如果我们要建造潜艇，我们可能需要具有动力工程背景的系统架构师。

系统架构师需要能有效地与他人沟通和合作。图6.5显示了系统架构师要参与的一些关键合作。

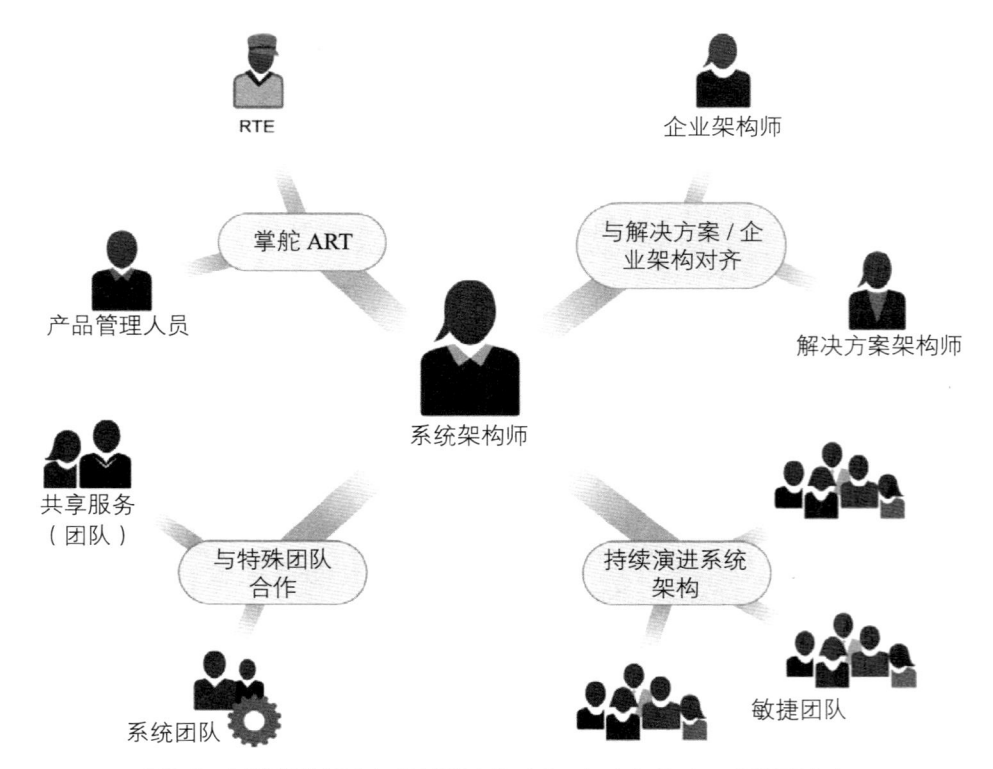

图6.5　系统架构师参与的关键合作（Scaled Agile Inc.版权所有）

考虑到系统架构师工作的广度和范围，寻找和确定系统架构师是一项巨大的挑战。通常，系统架构师需要具备丰富的行业经验，条理清晰，思维缜密，为人亲切，平易近人，并了解团队合作的重要性。

系统架构师负责推动整个系统的设计，而产品管理人员则负责阐明需要构建的系统。系统架构师需要确保底层架构和基础架构能够得到简化，并加速构建和交付具有内建质量的特性。

系统架构师的职责

系统架构师的五个职责如图6.6所示。

支持 DevOps 和持续交付流水线　　　使架构与业务优先级保持一致

促进内建质量并参与 NFR　　　　　　定义并沟通架构愿景

系统架构师

与团队一起持续演进系统设计

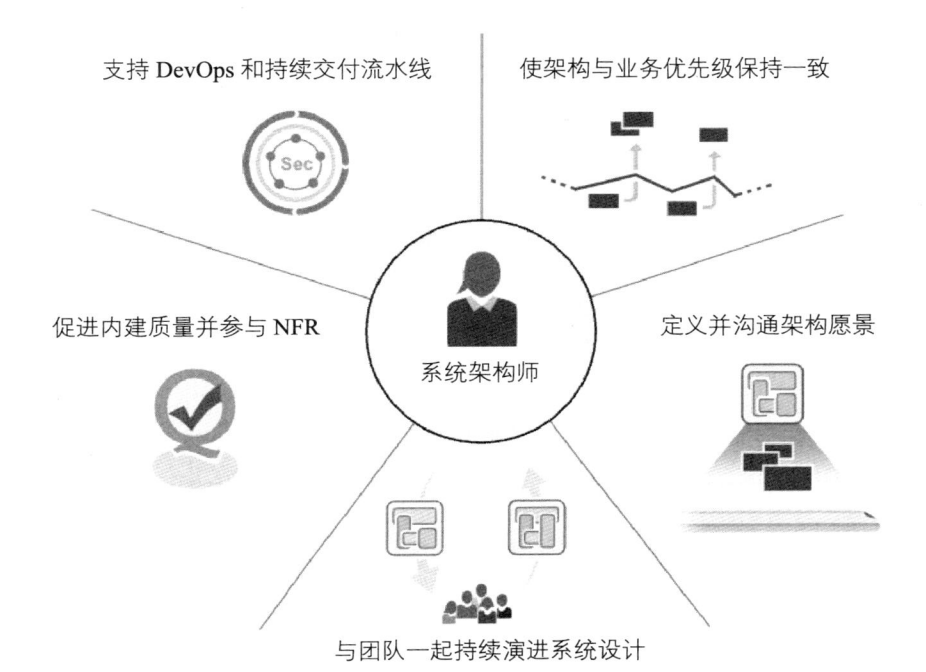

图6.6　系统架构师的职责（Scaled Agile Inc.版权所有）

系统架构师在ART中扮演着重要角色，而且在ART中并不孤单。系统架构师在很大程度上依赖系统团队来提供成功交付ART所需的工具。他们还依赖团队来确保遵循内建质量的实践，以最大限度地减少技术债务，并平衡赋能型需求和特性的交付。

> 📝 **专业建议**
>
> 我遇到过一些客户，他们试图将自己的职位和角色对应起来，尤其是在架构方面。我强烈建议避免这种做法，并利用好双运营模型。我鼓励你做一件事——确保你的组织了解系统架构师角色，请注意，这个角色远比人们预期的更重要。

既然我们已经了解了"三驾马车"的角色和职责，那么我们再来看看系统团队及其在ART中扮演的角色。

我们需要系统团队吗

答案很简单——是的，尽管你可能知道，甚至可能经历过没有系统团队ART也能取得成功的情况。在这种情况下，很可能存在一支没有正式定义的系统团队，它没有与ART对齐，但基础设施已经建立，甚至可能存在完整的ART专门负责建立和维护你的ART所使用的基础设施。

什么是系统团队

系统团队是一个由几个人组成的负责支持团队交付系统的小组。支持的系统越大，对系统团队的需求就越大。系统团队创建并管理那些支撑持续集成、自动构建和自动测试的基础设施和环境，如DevOps流水线。

系统团队的五个职责如图6.7所示。

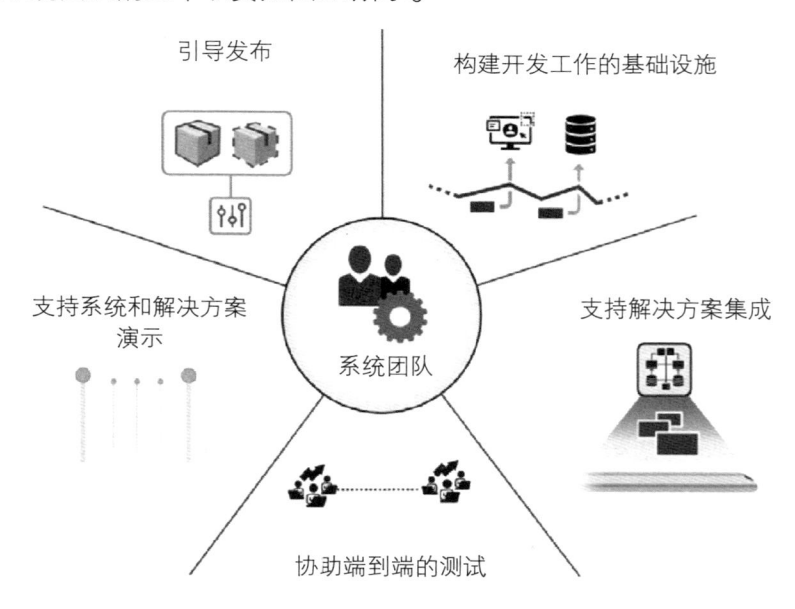

图6.7　系统团队的职责（Scaled Agile Inc.版权所有）

根据这些职责，我们可以看到系统团队在帮助ART持续交付价值方面具有关键作用。

理论上，虽然ART可以在没有系统团队的情况下运作，但ART中很有可能有人正在承担这个角色。许多ART的管理人员认为，已有的基础设施足以支持ART的工作，因此不想投资系统团队。另外，还有一种看法认为，团队中的团队成员具备构建流水线并确保其安全和稳定的技能及能力。

建立一支正式的系统团队，表明对ART及其交付能力的投入和支持。请记住，系统团队没有责任完全负责解决方案的集成，这是与团队通过合作实现的。

系统团队有助于提升ART的成熟度并在团队和其他ART之间共享知识。随着基础架构的建立，系统团队将确保知识共享，并使其成为既定的工作方式。

> **专业建议**
>
> 在SAFe® ART准备工作手册中，有一个条目是："是否已经识别并组建系统团队？"在我启动的第一个ART中，我无法用"是"来回答这个问题。现在，如果没有系统团队，我是不会启动ART的。

正如你所看到的，系统团队为ART带来了很多好处。他们肩负着关键职责，而这些职责往往在团队和ART的日常工作及执行中被忽视。一定要有系统团队吗？不一定。但是，如果没有系统团队，ART的交付能力将受到影响，提升ART成熟度的效率将降低，工作（有效和高效地保持"火车"在轨道上运行）的可见性将被掩盖，并最终导致ART崩溃。

> **专业建议**
>
> 作为教练，我最初并不认为系统团队在启动ART时有多么重要，但在启动过几个举步维艰的ART后，我正式组建了系统团队。现在，系统团队已成为我最先确定的团队之一。
>
> 即使没有正式确定的系统团队，你也应知道谁在做这项工作。

小结

在本章中，我们介绍了构建ART时需要考虑的结构和关键属性。我们了解了让ART与价值流对齐的重要性，以及如果不这样做可能遇到的一些挑战。我们讨论了ART中的关键角色，包括RTE、产品管理人员和系统架构师，这三个角色共同组成了"三驾马车"。我们了解了"三驾马车"的重要性及其对ART的影响。最后，我们了解了系统团队对ART的重要性，以及我们不应该忽视这个团队的原因。

第7章
发布火车的日常工作

你已经构建了ART，现在该怎么办？这就是乐趣所在。ART中每天都会发生很多事情，很容易让人不知所措。如何对齐所有事情，以及由谁来负责管理ART的日常工作，都是一项挑战。我们在上一章中讨论过的"三驾马车"发挥着重要作用。在本章中，我们将介绍ART中发生的日常活动，以及ART主要角色（包括RTE、产品管理人员和系统架构师）的活动和行动。

在本章中，我们将介绍以下主题。

- 同步和节奏。
- 持续交付流水线。
- 工具。
- 产品管理人员的日常工作。
- 系统架构师的日常工作。
- 发布火车工程师的日常工作。
- 创新和规划迭代。

同步和节奏

ART成功的关键之一是同步和节奏。如果你上过SAFe®课程，你一定会多次听到对这两个条目的讨论。这两个条目在对齐团队和引导沟通方面发挥着关键作用，为ART的整体成功做出了重大贡献。

作为教练，一项重要职责是协助RTE，以确保ART内的所有团队合理安排活动。通过协调活动，团队可以有效处理依赖关系，促进跨团队协作。

同步和节奏能给我们带来以下几个好处：

- 改善沟通。通过为规划、开发和交付建立一致的节奏，可使团队能够更有效地协同工作。这将促进更好的沟通，促进跨团队协作，从而营造一个更有凝聚力的工作环境。
- 可预测性和可见性。保持固定的节奏有助于团队建立可预测的交付模式，从而更容易进行规划和预期管理。这种可预测性提高了整个组织的可见性，使利益相关者能够预测结果并做出更明智的决策。
- 快速反馈和快速学习。同步可确保ART内的所有团队协同工作，使他们能够共享知识，相互学习并更快地适应。这一过程可加快反馈循环，促进持续改进，从而提高整体绩效。
- 高效的依赖关系管理。通过对齐ART内的团队，同步有助于更有效地管理依赖关系。这种对齐使团队能够及时识别、沟通和处理依赖关系，从而降低延误风险，确保更顺利交付。
- 更高的质量。当团队遵循一致的节奏时，他们可以更好地规划工作和分配资源，从而获得更高质量的交付成果。同步还能让团队更快地发现并解决问题，从而提高产品质量。
- 更强的适应性。有固定的节奏能让企业更有效地应对不断变化的市场环境或客户需求。通过保持整个ART的同步，团队可以快速适应新的需求，确定工作的优先级，并确保提供最有价值的功能。这种灵活性对于企业在动态业务环境中保持竞争力和响应速度至关重要。

当企业发展到必须扩大规模的阶段时，实施额外的模式对于保持团队之间的联系就变得至关重要。为了促进并保持同步和节奏，我们将团队活动扩展到ART活动。

我们将深入探讨每个ART级别的活动，需要记住的重要一点是，ART活动类似团队活动，但规模更大。图7.1说明了团队活动（内圈）与ART活动（外圈）之间的相关性。例如，我们可以看到，PI规划会议相当于团队迭代规划的规模化ART活动。同样，教练同步、PO同步和ART同步与团队同步相对应。

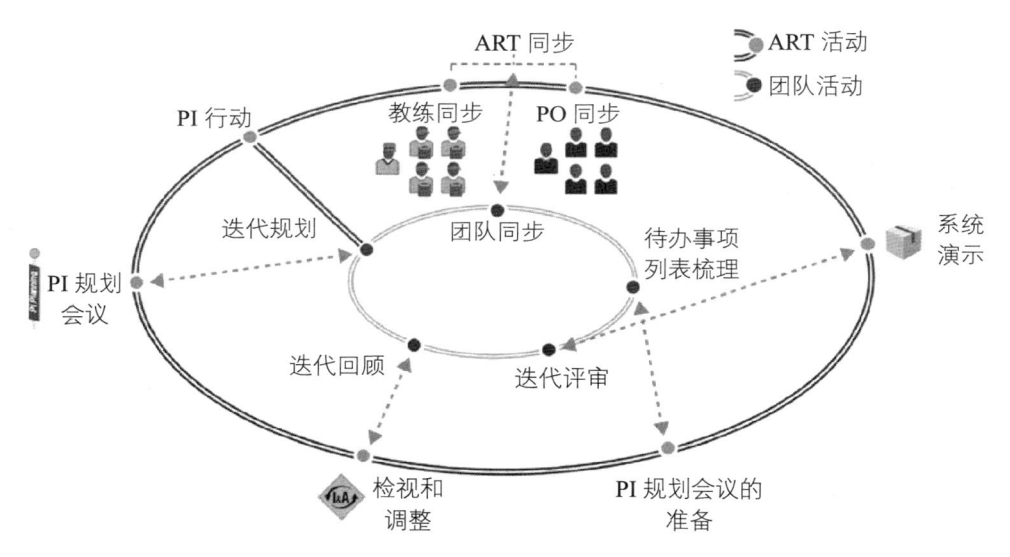

图7.1 团队活动与ART活动的相关性（Scaled Agile Inc.版权所有）

在接下来的几章中，我们将逐一检视通常由 RTE 引导的ART活动，以及我们寻求实现的有助于保持同步和节奏的成果。然而，我们还需要关注ART中与ART活动没有直接关系的其他几个方面，如持续交付流水线。

> **专业建议**
>
> 作为教练，你需要确保ART中的团队正在执行相应的团队活动，并且ART正在执行相关的ART活动。
>
> 虽然SAFe®本身只是一个框架，且并不具有规定性，但通过确保这些活动定期发生并取得预期结果，你将取得更大的成功。

持续交付流水线

持续交付流水线（CDP）是ART不可或缺的组成部分（见图7.2）。

持续交付流水线

敏捷发布火车（ART）

持续探索　　　持续集成　　　持续部署

按需发布

图7.2　持续交付流水线（Scaled Agile Inc.版权所有）

什么是CDP

CDP促使ART遵循原则而非做法，尤其是以下SAFe®精益敏捷原则：

- 原则4：通过快速、集成的学习周期，进行增量式构建。
- 原则5：基于可工作系统的客观评价来设立里程碑。
- 原则6：让价值不受干扰地流动。

> 📝 **专业建议**
>
> SAFe®6.0更新了SAFe®精益敏捷原则的原则6：让价值不受干扰地流动。在此之前，该原则是可视化和限制在制品（WIP）、减少批量大小和管理队列长度。将这三个条目合并执行后，强化了价值流动，这与精益思想的原则3直接相关。

CDP是一个由四个部分组成的系统，代表了一个想法成为价值发布所必需的工作流、活动和自动化。这四个部分如下：

1. 持续探索（Continuous Exploration，CE）。CDP的这一部分主要关注需要构建什么。产品管理人员和系统架构师在这一领域共同花时间定义需要交付的产品。我们利用最小可行产品（MVP）和/或最小可销售特性（MMF）进行探索，然后根据探索结果继续开发或转向。创建的待办事项构成了ART的待办事项列表。

2. 持续集成（Continuous Integration，CI）。CI是一种软件开发实践，包括定期自动构建、测试和将代码变更集成到共享代码库中。CI的目标是在开发过程中尽早发现错误和问题，以便快速、有效地解决它们。有了CI，开发人员就能频繁地将代码变更集成到共享代码库中，从而触发自动构建和测试。这可确保代码变更与解决方案的其他部分兼容，并能快速发现和解决任何问题。

3. 持续部署（Continuous Deployment，CD）。CD是一种软件开发实践，涉及在代码变更经过测试和批准后，自动将其部署到生产环境中。在成熟的CD中，代码变更一旦通过自动测试和其他质量检查，通常就会自动部署到生产环境中，无须任何人工干预。

4. 按需发布（Release on Demand，RoD）。由业务部门选择何时向客户提供解决方案或部分解决方案。发布的方式有很多种，包括一次性发布或分期发布。通过允许选择发布时间，业务部门可以确保适当的市场时机，ART也可以继续按正常节奏工作。

CDP不是一个线性流程，信息可在CDP的所有四个部分之间不断流动。

谁对CDP负责

答案很简单，每个人。根据CDP的不同部分，有些角色和团队在支持CDP中发挥着更大的作用。

在CE部分，产品管理人员和系统架构师在定义应构建的内容方面发挥着关键作用。随后，在CI部分，他们要确保他们希望构建的内容正在被构建。

系统团队通常负责维护和完善DevOps流水线，以便敏捷团队能够在遵循系统架构师概述的架构和工程实践的同时，不断集成和部署他们的解决方案。

敏捷团队在利用DevOps实践构建解决方案的同时，还允许业务部门选择发布时间。在软件开发中，特性开关是一种通用的实践。

> **专业建议**
>
> 　　特性开关，也被称为特性切换或特性标志，是一种软件开发技术，允许在不部署新代码的情况下打开或关闭某些特性和功能。
>
> 　　特性开关通常用于逐步推出新功能，例如，让一小部分用户测试新特性，或者暂时禁用导致问题或错误的特性。
>
> 　　特性开关的工作原理是用条件语句来包装特定的代码段，以确定是否应启用或禁用相关特性。当某一特性被禁用时，与该特性相关的代码不会被执行，应用程序在运行时就好像该特性不存在一样。当启用特性时，与该特性相关的代码将被执行，用户可以使用该特性。
>
> 　　特性开关是创建更灵活、更有弹性的软件的重要工具，它允许开发人员控制新特性的推出，并快速响应问题或错误。不过，特性开关也会给代码库带来复杂性，需要谨慎管理以避免产生技术债务。

为什么需要 CDP

　　在我们的职业生涯中，有幸，也可能是不幸，帮助过许多不同的组织进行 ART 恢复。这些组织有敏捷团队，有 ART，一切都在正常运行，但组织没有得到想要的结果。在大多数情况下，这是由于 CDP 的性能低下造成的。

　　作为教练，你很可能遇到想要"真正敏捷"的组织。组织会对员工进行敏捷实践培训，让他们加入敏捷团队，开始编写用户故事，使用敏捷工具（如 Jira）来跟踪工作，创建 ART，举办 PI 规划会议，但没有投资用于交付解决方案（与以往不同的）所需的技术和开发技能。

　　对于汽车发烧友来说，这就好比，我们做了车身设计，让汽车看起来像玛莎拉蒂，但没有升级任何机械部件，包括发动机——来自一台老式的福特平托。这就像给猪涂口红。

尽早且频繁地进行集成

对于大多数组织来说，集成多个团队（甚至个人）的工作是最难做的事情之一。我们听到过很多次："在我的机器上运行得好好的。"节奏、CDP和DevOps强调了频繁集成的重要性。正如西奥多·罗斯福所说：

"世界上没有任何东西或任何事情值得拥有或值得做，除非它意味着努力、痛苦和困难……"

建立频繁集成、频繁部署和按需发布的模式会从根本上改变组织文化。"我们一直都是这样做的"是一个很难改掉的习惯。

开发人员需要学习新的工作方式，包括但不限于测试驱动开发（Test-Driven Development，TDD），确保低耦合和高内聚。他们需要利用模块化和测试替身。环境和工具可能也需要得到改进和升级，以支持这些新的工作方式。

> 📝 **专业建议**
>
> 迭代系统演示为团队按固定节奏集成起到了强制作用。因为它很"难"，所以很多ART都试图跳过或不按固定节奏执行，或者只在PI结束时才执行。
>
> 请注意，我们将在每次迭代中进行的系统演示称为迭代系统演示会，以避免与PI系统演示会混淆，而后者在PI结束时进行。

作为教练，你必须挑战现状，推动组织在技术和人才发展方面进行必要的投入。

> 📝 **专业建议**
>
> 确保迭代系统演示会不被跳过，并与产品管理人员合作，展示多团队的无缝演示，而不仅仅是每个团队演示他们在上一次迭代中完成的工作。

CDP是推动ART优先考虑原则而非实践的关键因素。它是一个由CE、CI、CD和 RoD四个部分组成的系统。这种非线性流程使信息在四个部分之间不断流动。虽然每个人都在CDP中发挥作用，但某些角色和团队在特定方面承担着更大的责任。执行良好的CDP可以为组织带来更好的结果，而执行不力则会阻碍进度。为确保CDP取得成功，必须对技术和开发技能进行投资，并建立频繁集成、频繁部署和按需发布的文化。再次强调，教练必须挑战现状，推动组织在技术和人才发展方面进行必要的投入。

工具

我们不会告诉你什么工具是最好的，我们更喜欢什么工具，甚至不会给出一个详尽的工具清单。我们已经列出了一些常用的行业工具，以提供背景和对齐的帮助。你需要知道的是，每个人都讨厌自己的工具，但它们又是必要的，在后疫情时代的分布式工作环境中更是如此。

在考虑支持CDP的工具套件时，你需要确保你的工具能够协助完成以下几个关键事项：

- 工作量管理。
- 自动化测试。
- 内建质量。
- 自动化部署。
- 度量。

工作量管理

工作量管理工具对于保持团队和ART的对齐至关重要。常见的工作量管理工具包括 Jira、Rally、Target Process 和 VersionOne。

自动化测试

根据开发语言的不同，支持自动化测试的工具也大相径庭。Selenium和

Watir是两种常见的软件套件。你还需要在多个层面利用自动化测试，包括单元测试、集成测试和用户界面功能测试。

内建质量

该领域的工具旨在帮助开发人员改进已编写的代码。我们通常关注测试的代码覆盖率，但也有其他工具可以查找重复的代码，并确保文档和格式的正确性。常见的代码质量工具有SonarQube。

自动化部署

Jenkins是最常见的自动化部署工具之一。自动化部署是团队快速、轻松地将代码从一个环境移动到另一个环境，并确保执行适当的自动化测试的关键。通过自动化部署，我们可以最大限度地降低人为错误的风险，减少文档的数量，缩短所需的时间，让开发人员腾出时间来进行开发。

度量

提到敏捷中的度量指标，人们往往会关注团队速率和燃尽图。有关度量的更多信息，见第 15 章。然而，还需要考虑许多其他指标。CDP中的工具都有自己的指标集，包括（但不限于）以下指标：

- 代码覆盖率。该指标可量化自动化测试覆盖的代码百分比，表明代码库的被测试程度及其整体质量。
- 部署指标。这些指标度量部署流程的效率和效果，包括部署频率、部署时间和部署成功率。
- 测试执行指标。这些指标跟踪测试流程的表现，如执行测试的次数、测试通过率和测试失败率。
- 处理时间。该指标度量的是完成一项任务或流程所需的时间，有助于识别工作流中的瓶颈和低效环节。
- 前置时间。该指标记录从最初请求到交付已完成的特性或产品所耗费的时间，有助于深入了解开发流程的整体响应能力。
- 延迟时间。该指标计算任务或流程在执行前在队列中等待的时间，有助于识别工作停滞或资源利用不足的领域。
- 完整和准确百分比。该指标评估工作项的准确性和完整性，用于展示交付成果的质量以及返工或额外工作的需要。
- 系统运行/不可用时间。这些指标跟踪系统的可用性和可靠性，突出显示基础设施、应用程序的稳定性或影响系统性能的其他因素的潜在问题。
- 利用率。这些指标度量的是积极投入工作的可用资源（如团队成员或设备）的百分比，有助于深入了解资源分配和效率。

在使用指标时，必须避免过于关注单一指标。相反，应运用SAFe®精益敏捷原则的第一条：采取经济视角。然后，考虑一套平衡的指标，以了解整体绩效并做出明智决策。

> **专业建议**
>
> 作为教练，你需要确保组织选择的工具能够收集到提升ART成熟度所需的指标。
>
> 你需要与团队合作，指导并影响跟踪的内容和频率。
>
> 重要的是要警惕指标滥用，即指标被乱用或曲解，从而导致负面后果或团队受到惩罚。
>
> 最后，配置工具并不是一劳永逸的事情，你需要对工具套件进行持续检查、改进和更新，使其与行业实践保持同步。

既然我们已经了解了CDP的重要性，那么让我们换个角度来看看推动ART成功的人员及其日常的职责和活动。

产品管理人员的日常工作

虽然产品管理人员经常将大量时间花在展望未来、规划和协调未来规划间隔（PI）的工作上，但他们在当前的PI中仍负有职责。

ART活动和产品管理人员

产品管理人员要参与许多定期发生的ART活动。

产品管理人员和PI规划会议

产品管理人员制定ART的愿景，并对ART的特性进行优先级排序。产品管理人员需要随时回答可能出现的问题。他们参与管理评审和问题解决，参与为团队目标分配业务价值的工作，并就业务负责人对计划的接受程度提供咨询。

产品管理人员和ART同步

在ART同步活动中，产品管理人员应积极参与，帮助解决和消除任何问题，并与团队讨论各种机会。

产品管理人员和 PO 同步

虽然PO同步活动可以由RTE或产品管理人员引导，但我们发现，如果由产品管理人员主导和引导，活动往往会更有效。这一活动可确保PO和产品管理人员将正在开发的工作与下一次迭代的内容对齐。

产品管理人员和迭代系统演示

迭代系统演示（不是I&A中的PI系统演示）是产品管理人员获得当前解决方案反馈的重要机会。成功的迭代系统演示由产品管理人员主持，他们可以围绕团队正在交付的产品来讲好故事。它强调并展示了所有团队交付的所有工作的集成。

产品管理人员和检视与调整（I&A）

产品管理人员是I&A的关键角色，通常负责PI系统演示。产品管理人员必须积极参与定量和定性度量，以及回顾和问题解决工作坊。产品管理人员需要确保将改进项纳入下一次PI。

> **专业建议**
>
> 计划并预演PI系统演示。虽然我们并不鼓励对每个演示进行预演，尤其是团队迭代演示，但PI系统演示值得格外关注，因为这往往是一些关键利益相关者参加的唯一一次演示。

产品管理人员和ART级待办事项列表的梳理

产品管理人员需要不断梳理ART级待办事项列表，就像PO梳理团队级待办事项列表一样。

> **专业建议**
>
> 鼓励产品管理人员每周留出专门的时间来处理待办事项列表。大多数产品管理人员每周至少需要3~4小时的专门时间来提前准备ART级的待办事项。

梳理工作的一部分包括与PO一起合作，以便将特性和赋能型需求分解为具有适当验收标准的团队故事。

产品管理人员和PI规划会议的准备

产品管理人员需要确保为PI规划会议准备好适当的演示文稿。这包括设定和更新产品愿景，确保为PI规划会议准备好特性和赋能型需求并为其确定优先级，与PO合作确保将特性分解为故事并与团队一起梳理。

> **专业建议**
>
> 作为教练，你需要确保产品管理人员参与ART的日常工作。我们经常会遇到这样的问题：产品管理人员没有投入必要的时间和精力，从而导致ART陷入困境。

产品管理人员的持续活动

除了参加ART级活动，产品管理人员还有五个关键职责（见图7.3）。

图7.3　产品管理人员的职责（Scaled Agile Inc.版权所有）

作为教练，你需要为产品管理人员提供支持，指引他们在这个角色的各个领域和方面都发挥作用。产品管理人员会被卷入很多事情中，他们往往很难找到足够的时间来管理ART级待办事项列表并确定其优先级，尤其是在他们还是新手的阶段。

> **专业建议**
>
> 我鼓励产品管理人员养成一种习惯，在他们的日程表上明确预留出时间，用于处理待办事项列表、开展市场调研、会见客户和更新路线图。这有助于确保关键活动不会因为紧急活动而被跳过。

系统架构师的日常工作

与产品管理人员类似，系统架构师也要展望未来，并随时了解ART当前的执行情况。

ART 活动和系统架构师

让我们来看看系统架构师参加或引导的一些ART活动。

系统架构师和PI规划会议

系统架构师在PI规划会议活动中发挥着关键作用，即准备和分享架构愿景的介绍。系统架构师是管理评审和问题解决的关键人物，并在估算业务价值和验收计划方面对业务负责人施加影响。

系统架构师和ART同步

在ART同步活动中，系统架构师需要积极参与，帮助解决和消除任何障碍，并讨论特性和赋能型需求的开发机会。这也是评审质量指标的好机会。

> **专业建议**
>
> 虽然SAFe®没有明确定义技术同步（Technical Sync），但我发现，教练同步（以前的 Scrum of Scrums）和PO同步也能起到类似的作用，而且团队通常都配有一个技术负责人，大部分是非正式的。我成功地将这一角色正式化，并建立了由系统架构师领导的技术同步，就像RTE或产品管理人员分别领导教练同步或PO同步一样。
>
> 这就为共享有关团队技术挑战、架构设计模式、基础架构讨论等方面的信息创造了一个类似的且可扩展的环境。系统架构师在紧跟不断变化的技术、安全威胁、合规需求和性能要求方面发挥着举足轻重的作用。
>
> 如果你的ART决定进行技术同步，请务必邀请RTE参加。

系统架构师和迭代系统演示

在迭代系统演示中，系统架构师可以看到整体的进展，因为他们可能无法参加每个团队的迭代演示。系统架构师通常会利用这个机会向团队提出有关技术实践和赋能型需求进展的问题。

系统架构师和检视与调整（I&A）

系统架构师应积极参与PI系统演示，并经常赞扬产品管理人员，分享已开发系统的一些技术基础。系统架构师必须积极参与定量和定性度量、回顾以及问题解决工作坊。

> **专业建议**
>
> 作为教练，确保系统架构师每天都参与ART工作是很重要的。这包括积极出席和参与ART活动。
>
> 根据我的经验，系统架构师往往有点内向，很可能不理解对这一角色的全部期望，因此需要进行一些额外的手把手的指导和教练。

系统架构师的持续活动

除了在各种活动中为ART提供支持，系统架构师还有五个关键职责（见图7.4）。

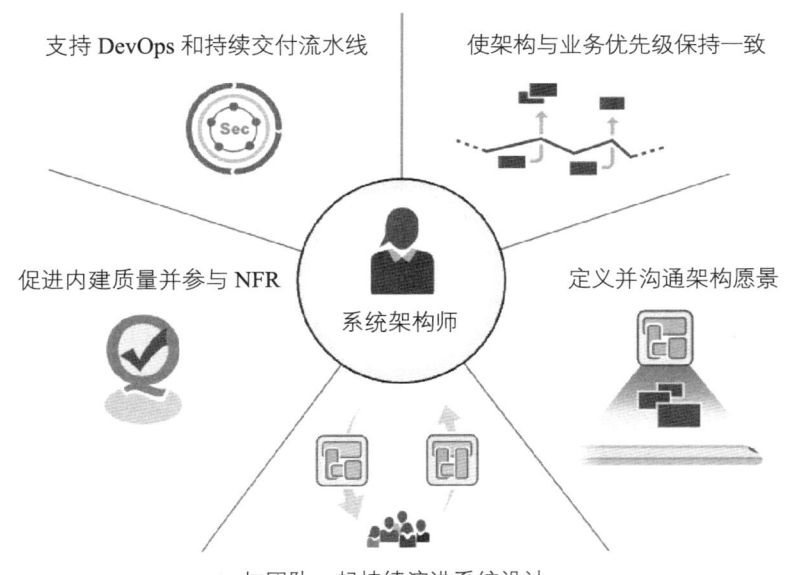

图7.4 系统架构师的职责（Scaled Agile Inc.版权所有）

系统架构师的工作非常繁忙，需要不断与团队和组织合作，以交付高质量的解决方案。

在根据业务优先级调整架构，促进内建质量和关注NFR的同时，系统架构师还需要与产品管理人员一起不断完善ART级待办事项列表。他们可能需要与

PO密切合作，将业务特性和赋能型特性分解为可供团队使用的故事。

> 📝 **专业建议**
>
> 作为教练，鼓励系统架构师每周留出专门的时间处理待办事项列表。大多数系统架构师每次迭代至少需要3~4小时的专门时间来提前准备ART级的待办事项。通常，系统架构师和产品管理人员会在每次迭代中留出时间，除了独立工作，还一起处理待办事项列表中的工作。

发布火车工程师的日常工作

对于发布火车工程师（RTE）来说，每天的工作都是不同的。如果要列出RTE每天应该做的事情，那么一写出来就会立刻过时。在本节中，你将了解到RTE定期开展的一些典型活动。请注意，根据ART和组织成熟度的不同，这些活动可能有很大差异。

让火车（ART）保持正轨

人们用很多谚语来描述RTE的工作，包括"让火车保持正轨""保持盘子转动""放猫""保持球在空中飞行"。我甚至听说过把RTE称为"ART妈妈"。不管你怎么描述，也不管你怎么称呼，RTE的工作对于确保成功都是不可或缺的。

RTE的大部分工作是确保协调和对话的顺利进行。他们与产品管理人员和系统架构师合作，展望未来，并确保各团队执行日常工作。

RTE负责消除已上报的障碍，使团队持续创造价值。RTE是一名教练，帮助团队不断成长和提高成熟度，成为高绩效团队。

只要ART需要帮助、支持或指导，RTE就会出马。

引导活动

RTE负责在整个迭代过程中引导ART级别的活动。这些活动可作为检查点，帮助RTE确保ART能按计划进行。根据ART的需要，可能没有必要进行所有三个同步活动（ART同步、教练同步和PO同步）。

RTE 和ART同步

进行ART同步与其说是一个刻板的规定性流程，不如说是一门艺术。在ART同步活动中，RTE在引导对话、确保对话富有成效且重点突出方面发挥着至关重要的作用。

在ART同步活动中，RTE利用PI规划会议的ART规划板来跟踪和评估已认可的承诺及有依赖关系的交付物的进展情况。这有助于保持对当前状态的清晰了解，并识别任何重大计划偏差。

这一活动提供了一个机会，可评审和解决PI规划会议期间发现的风险，还可讨论任何可能出现的新风险。通过营造开放和协作的环境，在ART同步活动中鼓励分享见解和解决问题的策略，以帮助降低这些风险并保持发展势头。

此外，ART同步还提供了一个平台，可讨论和解决单个团队无法独立克服的障碍。通过汇集ART的集体知识和经验，该活动使参与者能够针对挑战制定出创造性的解决方案，并消除可能阻碍进展的任何路障。

ART同步是一项充满活力的重要活动，它使 RTE 能够引导有效的沟通，确保对齐，并推动ART中的各团队解决问题。通过掌握ART同步的技巧，组织可以保持ART的良好协调性和高绩效，最终及时、高效地为客户创造价值。

RTE和PO同步

PO同步是产品管理人员和PO与其团队保持对齐并促进合作的重要活动。该活动由RTE或产品管理人员主持，为讨论进展、应对挑战以及确保团队的目标和目的与整体愿景对齐提供了机会。

在PO同步期间，各PO会聚在一起，分享各自团队工作的最新情况，检查团队之间的依赖关系，并确定需要处理的任何潜在风险或障碍。这一活动还为讨论优先级、调整待办事项列表以及协调对整体计划的必要调整提供了机会。在PO同步期间交流信息和见解有助于对状态和方向建立共同的理解，促进整个ART的统一性和一致性。

RTE 和教练同步

教练同步以前被称为Scrum of Scrums，是Scrum Master/团队教练以及其他特邀成员和主题专家（SME）讨论团队面临的挑战并开展合作的重要论坛。此外，它还提供了一个分享（对团队产生积极影响的）成功经验和最佳实践的机会。这一活动在促进整个ART的持续改进和知识共享方面发挥着至关重要的作用。

教练同步为RTE提供了一个绝佳的平台，可以为Scrum Master/团队教练提供指导、支持和教练服务。通过积极参与这些讨论，RTE对团队的日常运作有了宝贵的见解，从而能够更好地了解他们的需求和挑战。

在教练同步期间，参与者可以分享他们的经验，讨论共同的问题并通过集思广益来提出解决方案，这些解决方案可以应用于整个ART。这种协作环境鼓励人们从彼此的成功和失误中学习，从而更有效地解决问题并实施改进。

此外，教练同步还能帮助参与者识别团队挑战的模式和趋势，使 RTE 能够解决可能影响多个团队的系统性问题。这种主动发现和解决问题的方法可确保ART高效运作，最终为客户创造价值。

教练同步是促进ART内Scrum Master/团队教练之间的交流、协作和学习的重要活动。通过积极参与这些活动，RTE 可以提供有价值的教练，识别趋势和模式，深入了解团队面临的日常挑战，最终为ART的整体成功做出贡献。

> **📝 专业建议**
>
> 并非所有ART都需要全部三个同步活动：ART同步、PO 同步和教练同步。我发现，这三个活动通常对新的ART有帮助，因为人们可以在如何以敏捷的方式相互沟通方面了解更多。

RTE和三驾马车同步

你不会在SAFe®中找到这个活动，但我们发现，它是ART领导层聚集在一起，就ART履行承诺的状况进行坦诚对话的关键活动。我们建议，在每次迭代中至少进行一次同步对话（通常为30分钟）。一种行之有效的形式是将该活动分为三个10分钟的对话，由三驾马车成员（RTE、产品管理人员和系统架构师）分别就各自相关的议程主题和讨论来主持对话。

> 📝 **专业建议**
>
> 我曾与一些ART合作过，他们发现这是一个非常重要的活动，因此RTE、系统架构师和产品管理人员将其视为每日站会，并每天举行，以确保对齐。

RTE和技术同步

如果你的系统架构师进行技术同步活动，那么RTE应积极参与，倾听ART可能遇到的技术挑战，以及需要列入未来PI的待办事项列表的工作项。

RTE和迭代系统演示

根据产品管理人员的成熟度和能力，RTE在迭代系统演示活动中的角色因ART而异。至少，RTE 会确保演示活动被妥善安排，邀请合适的与会者，并根据产品管理人员的反馈更新议程。

RTE的一般职责

图7.5概述了RTE的五个主要职责。我们在前面提到了一些关键的引导活动，它们虽然没有被明确列在这里，但这些活动在ART刚启动时尤为重要。

> 📝 **专业建议**
>
> 作为教练，确保成功启动和执行ART至关重要。第一印象极为关键，特别是对于PI规划会议。确保为首次PI规划会议做好充分准备，并不断改进。

作为教练，你可能发现自己要花费大量时间来帮助 RTE 启动ART，并使其保持正常运行。RTE的工作很繁重，工具和准备工作是关键根基和工作范围。

不懈改进　　　　　　　引导 PI 规划会议

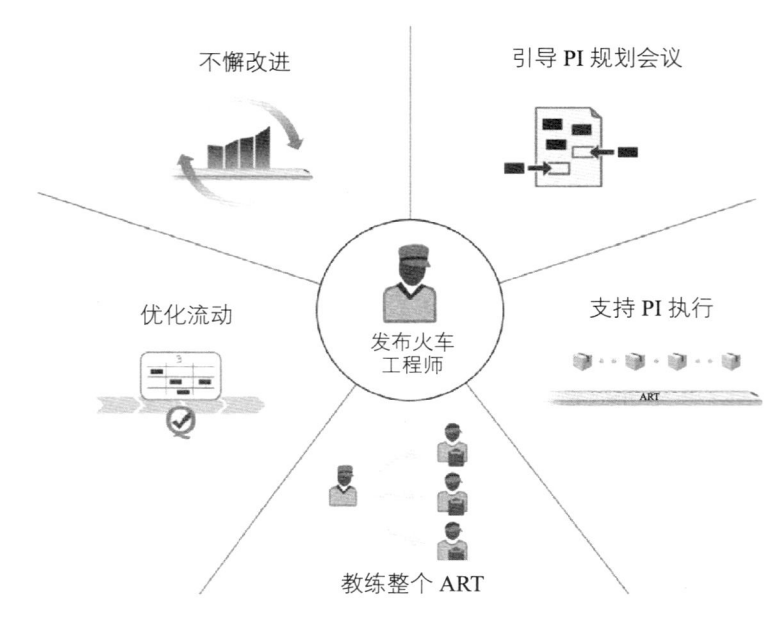

优化流动　　　发布火车工程师　　　支持 PI 执行

教练整个 ART

图7.5　RTE 的职责（Scaled Agile Inc.版权所有）

RTE 和敏捷工具

RTE应该定期（每天）检查敏捷工具中的ART指标，并在必要时帮助Scrum Master/团队教练更新工具的状态。如果领导者不熟悉敏捷工具，那么RTE可能会成为了解ART当前"状态"及其进展的信息来源。

RTE和PI 规划会议的准备与I&A

RTE 的一项重要工作是为每10～12周一次的I&A和PI规划会议做准备。一个优秀的RTE会在上一个PI规划活动结束后立即开始为PI规划会议做准备。虽然我们将在后续章节中深入探讨PI规划会议和I&A的内容，但我们不想忽视RTE在PI期间为准备这些活动所做的大量工作和努力。

在附录A中，我们提供了一张表格，将PI规划会议和I&A中的大型可交付成果分解为更小的活动，并提供了交付各种活动的建议时间表。

寻求帮助

RTE 必须做的一件重要事情是，确保自己不会独自完成所有活动的规划、协调和执行。我们经常看到RTE试图大包大揽。RTE应向产品管理人员和系统架构师以及Scrum Master/团队教练和敏捷教练寻求帮助。

日历！日历！日历！

RTE的最乏味的工作之一就是处理日历和日程表。这涉及许多因素。让我们来看看RTE负责的一些关键日历/日程表。

PI日历

RTE负责制定PI日历。他们需要与组织协调，以便与其他ART保持一致，或者确保PI活动不与常规市场节奏相冲突。

RTE应维护一个滚动的PI日历，根据每个PI的长度，可能需要进行调整（例如，延长PI的时间），以避开主要节假日。通常，我们建议将PI日历设置为至少一年，平均可容纳4~5个PI。

> **专业建议**
>
> 在全球疫情前，许多 RTE 发现自己需要一个 1.5~2 年的PI日历。这使他们能够找到并安排可容纳整个ART活动的时间，以进行PI规划会议。虽然疫情迫使虚拟PI规划会议成为可能，但考虑到组织早晚会回到面对面的PI规划会议，即使当前团队是远程的，也可能需要延长日历。

活动日程表

RTE负责建立和安排ART级活动。随着ART的启动，可能很难找到时间来安排这些活动。我们发现最好的办法是按节奏来安排这些活动，并在活动结束后进行调整。通常，冲突发生在已有类似功能的会议上。建立新的保持一致的关系需要付出努力。

RTE需要安排的活动如下：

- PI规划会议。请注意，此活动可能包含多个邀请，请参考专业建议。
- ART同步。
- PO同步。请鼓励产品管理人员安排此活动。
- 教练同步。
- 迭代系统演示。
- I&A。请注意，此活动也可能包含多个邀请，请参考专业建议。
- 三驾马车同步。
- 技术同步。如果进行此活动，请鼓励系统架构师安排此活动。

> **专业建议**
>
> 为PI规划会议和I&A发送多封邀请函有助于确保关键利益相关者在适当的时间出席会议。通常，高管无法全程参加为期两天的PI规划会议。除了常规邀请函，你还可以针对高管必须出席的特定时间段发送邀请函，如业务背景和愿景部分、计划宣讲和管理评审。
>
> 同样，对于I&A，你可能希望PI系统演示会的受众更广，然后向ART成员发出定量和定性测量及问题解决工作坊的邀请。

作为教练，你需要与RTE和Scrum Master/团队教练密切合作，设置并调整所有日历、日程表和活动。这对于ART的启动尤为重要。

> **专业建议**
>
> 我曾成功地取消了很多不必要的会议。要做到这一点，需要与Scrum Master/团队教练会面，检查并确定团队中每个人都要参加的所有会议，包括PO。任何与活动无关的会议都必须经过协商才能举行。我们有效地制定了会议预算，并审慎地控制会议开支。

团队日历/日程表

虽然RTE并不直接负责安排和引导团队活动，但RTE（作为教练）必须确保团队活动取得适当的成果。

真实世界的故事

我受邀帮助一个失败的ART恢复工作，该ART的交付进度已经落后了三个季度，预计至少还需要四个季度才能完成工作。如果你已经认为这是一种非常瀑布式的思维模式，那你还真说对了。关于这个ART和组织的工作，我也许可以写一整本书，但那是后话了。

对于这个ART，我关注的一个方面是他们的基本做法，包括团队活动。我很快发现，这些团队并没有开展我们期望的基本活动，而且他们开展的活动也不符合我们的意图。

大多数团队只进行了30分钟的迭代规划，没有安排待办事项列表梳理，团队同步活动的时间超过1小时，迭代评审活动被完全跳过，而且他们的迭代回顾不规范，没有任何行动项。

ART确实包含一个迭代系统演示。但是，它是作为所有团队的迭代演示组合而执行的，每个团队都要展示各自独立完成的工作。

RTE身兼数职，无法深入了解各团队的日常工作。雪上加霜的是，有几位Scrum Master/团队教练都是新手，他们没有接受过正规培训，却要为多个团队提供支持。

虽然我指导团队将原则置于实践之上，但这显然是一个缺失基本要素的例子，我们重新引入了标准的ART和Scrum活动，ART很快变得更可预测，并开始逐步交付。

如果活动执行不力，RTE需要了解各团队正在进行的工作、各团队的活动，并以ART教练的身份确保团队可以有效执行。

既然我们已经了解了产品管理人员、系统架构师和RTE在PI期间负责哪些日常活动，那么让我们来看看PI的最后一次迭代。

创新和规划迭代

创新和规划（IP）迭代发生在每个规划周期（PI）的末尾，有许多种作用。根据团队和个人的需求及其成熟度，IP迭代为他们开展以下活动提供了专门的时间。

- 创新。创新为团队提供了研究新技术、尝试新创意的时间和空间，并为将来推动更好的解决方案创造了思维空间。团队通常通过举行黑客马拉松、运用设计思维、寻找技术问题的解决方案等方式来实现这一点。
- 持续教育。团队应努力学习新技术，或者加强和提高现有技能。他们可以参加培训课程，并努力扩展自己的T型技能。
- 团队/ART建设活动。通过团建活动来加强团队之间的协作。此外，他们还可以共同更新和完善各种就绪的定义、完成的定义和工作协议。
- 为实现PI目标的缓冲。收尾特性，重构和/或微调上一次PI期间交付的工作。这可能还包括减少一些技术债务。
- 提高DevOps和CI/CD流水线的成熟度。这是升级基础设施、系统、工具、补丁等的大好时机。
- 度量与增长。完成度量和增长的评估，并与之前PI的结果进行比较。常见的评估包括团队和技术敏捷能力评估以及敏捷产品交付评估。
- PI规划会议的准备。团队聚在一起，起草最初的用户故事，确保特性得到梳理，并帮助创建和设置规划空间。

在IP迭代期间会发生两个关键活动，需要为其预留时间。

- 检视和调整。通常，在迭代中会预留一天的时间用于检视和调整工作坊。
- PI规划会议。PI规划会议通常需要在IP迭代中消耗 2 个整天的时间。如果涉及远程会议、分布式团队或出差，可能需要预留更多的时间。

> 📝 **专业建议**
>
> 黑客马拉松是一种活动，通常持续几小时至几天不等，在这种活动中，一大群人（通常具有不同的背景和技能组合）聚集在一起，共同协作完成软件或硬件项目。黑客马拉松的目标通常是，在有限的时间内为特定的问题或挑战创建功能原型、解决方案或概念验证。

IP 迭代时间表

大多数ART采用周三至周二的迭代时间表。这种时间表避开了许多主要节假日，而且大多数团队成员都会在周二、周三和周四到办公室参加重要活动。让我们来看一些活动时间表的示例。

表 7.1 是线下PI规划会议的IP迭代时间表示例。如有必要，周一和周五可用于出差。

表 7.1　线下 PI 规划会议的 IP 迭代时间表示例

周三	周四	周五	周一	周二
剩余工作的缓冲				检视和调整工作坊
创新				
PI 规划会议的准备				
持续教育				
度量与增长				
在周一出差（如有必要）				
		PI 规划会议的记录和跟进		
PI 规划会议第一天	PI 规划会议第二天	创新 持续教育 在周五出差（如有必要）		

表 7.2 是远程PI规划会议的IP迭代时间表示例。使用相同的小时数，但分

散在多天中,以尽量减少"使用Zoom等在线工具带来的疲劳"。该时间表也可用于工作时间重合有限的分布式团队。

表 7.2 远程 PI 规划会议的 IP 迭代时间表示例

周三	周四	周五	周一	周二
剩余工作的缓冲		检视和调整工作坊	PI 规划会议第一天	PI 规划会议第二天
创新				
PI 规划会议的准备				
持续教育				
度量与增长				
		PI 规划会议的记录和跟进		
PI 规划会议第三天	PI 规划会议第四天	创新 持续教育		

度量与增长评估

度量与增长评估是一个关键的、经常被忽视的工具,团队和ART可以利用它来反思自己的不足,并确定需要持续改进的领域。我们不会在这里深入探讨使用度量与增长评估所带来的好处、学习成果和机遇,但我们确实需要谈谈它的价值。

我们鼓励你将IP迭代作为与团队一起进行评估的常规节奏。然后，你可以将评估结果纳入I&A的定量和定性度量，或者将其作为问题解决工作坊的潜在输入。

我们不建议团队在每次PI中都进行所有评估。我们建议最多选择一至两项，并以指导和引导对话的方式执行，以确保陈述得到理解，对话得到鼓励。

考虑在每次PI中使用团队和技术敏捷能力（TTA）进行自我评估，然后轮流选择其他评估指标，这有可能获得ART在某些方面（你希望ART在这些方面提供更多的见解，或者业务敏捷性评估在这些方面的得分特别低或特别高）的反馈。

度量与增长评估涉及的核心能力与SAFe®核心能力是一致的，其评估的问题也与SAFe®核心能力的各个维度相一致。SAFe®核心能力和相应评估如下：

- 组织敏捷能力（OA）。
- 精益投资组合管理能力（LPM）。
- 企业级解决方案交付能力（ESD）。
- 敏捷产品交付能力（APD）。
- 团队和技术敏捷能力（TTA）。
- 持续学习文化（CLC）。
- 精益敏捷领导能力（LAL）。

> 📝 **专业建议**
>
> 作为教练，我们经常需要证明教练所产生的成本/分摊成本是合理的。利用度量与增长评估工具可以证明这一点。你可以从指标的稳定性和增长方面展示教练对ART的影响。

IP迭代中的职责

ART的所有成员都有责任确保IP迭代取得成功。

RTE在IP迭代中的职责

在IP迭代期间，大多数RTE几乎没有时间喘口气。他们要确保为I&A和PI规划会议做好一切准备。要消除混乱，使所有工作都准备就绪。

产品管理人员在IP迭代的职责

产品管理人员需要确保PO与他们的团队一起完成最后时刻的工作项，为PI系统演示做好准备，并确保已为PI活动准备好他们的介绍。产品管理人员也会领导一次黑客马拉松活动。

系统架构师在IP迭代的职责

除了为PI活动的介绍做准备，系统架构师还在与团队的合作方面发挥着至关重要的作用，以确保对即将到来的PI中的赋能型需求有透彻的理解。这包括与系统团队密切合作，协调他们的工作，并就他们正在执行的工作提供指导。系统架构师还通过解决任何悬而未决的问题，确保所有必要的工作都已完成，来为PI的成功收尾做出贡献。

系统架构师还有机会与PO合作，组织和领导黑客马拉松。黑客马拉松是一种专项活动，跨职能团队聚在一起，共同应对特定的问题或挑战，通常涉及创新、问题解决或流程改进。通过与PO合作，系统架构师可以帮助团队确定黑客马拉松可能带来收益的领域，使活动目标与产品的整体愿景保持一致，并确保黑客马拉松的成果有助于ART的成功。

在黑客马拉松活动中，系统架构师和PO可以引导协作，提供指导，并为团队提供专业技术知识。在这种协作环境下，可以快速开发有创造性的解决方案，探索新思路，促进团队的参与并提高士气。此外，黑客马拉松还能为系统架构师和PO提供宝贵的学习经验，让他们深入了解团队动态、个人技能和潜在的改进方面。

Scrum Master/团队教练在IP迭代的职责

Scrum Master/团队教练可帮助进行PI规划会议的准备，确保团队为所有活动做好准备。一个经常被忽视的事项是，计算下一次PI中每次迭代的产能。请确保不要跳过这一点。Scrum Master/团队教练通常会带领团队进行度量与增长评估。他们将为团队准备规划活动的空间，并确保在活动结束后将计划记录在敏捷工具中。Scrum Master/团队教练还可能需要为IP迭代期间的其他活动提供便利，如黑客马拉松、培训或团队建设等。

PO在IP迭代的职责

PO需要确保团队为PI规划会议做好准备。通常，PO会在最后一刻进行大量的梳理工作，并确保完成PI的所有工作。PO还将与产品管理人员密切合作，确保成功地做好介绍，并经常帮助Scrum Master/团队教练准备团队活动空间以及引导活动。

团队成员在IP迭代的职责

团队成员应全面参与所有的总结工作、新技能的开发、活动的准备和执行。作为教练，要鼓励团队成员识别他们希望在IP迭代中执行的工作。

我们不需要IP迭代

作为教练，你在与每个ART合作时都会遇到的挑战之一是IP迭代的问题。这和挑战往往源于对IP迭代期间发生的事情的误解。

在PI规划会议期间，我们要求团队不要在该迭代中规划任何故事或工作。因此，人们常常误以为团队没有工作。毕竟，我们是以完成的故事来度量团队的，不是吗？

你可能需要证明并保持IP迭代的完整性。通常，教练会说使用它可以减少技术债务，避免倦怠和提高可预测性。虽然这些都是要尽力做的，人们也都认同它们的重要性，但它们仍不足以消除人们的疑虑。

我们建议与"三驾马车"合作，识别团队在IP迭代期间要开展的具体活动，并在PI规划会议之前安排好这些活动，然后将其作为故事纳入PI规划会议。这就改变了在团队板上没有迭代活动的情况。这表明团队仍在参与并仍在"干活儿"。还有一种思路是，根本不为IP迭代设置团队板。

> 📝 **专业建议**
>
> 作为教练，成功实施IP迭代至关重要。与你的组织一起努力，确保这一关键活动得到执行。

小结

ART的日常活动侧重于对齐和同步。CDP使ART能够实现价值，如果CDP不能得到持续完善，则会成为一个重大障碍。驱动CDP和ART的工具对于跟踪ART的进展非常重要。在本章中，我们探讨了产品管理人员、系统架构师和RTE在PI期间的活动和人们对他们的期望，因为他们对ART的成功负有主要责任。我们还介绍了IP迭代，以帮助你了解IP迭代的内容和重要性，以及ART中的每个人在迭代中的职责。

第 8 章
ART级待办事项列表管理

ART级待办事项列表（以前的Program待办事项列表）是ART即将推出的特性和赋能型需求的保存区域。产品管理人员负责管理和维护此待办事项列表。

确保ART级待办事项列表得到完善和维护是ART成功的基础。在本章中，我们将了解什么是ART级待办事项列表，以及它与其他待办事项列表的区别。我们将深入研究特性和赋能型需求，确保待办事项列表为PI规划会议做好准备，并深入探究WSJF。

在本章中，我们将讨论以下主题：

- ART级待办事项列表。
- 特性到底是什么。
- 特性的规模。
- 特性的优先级排序。
- PI规划会议的待办事项列表准备。

ART 级待办事项列表

ART级待办事项列表是管理ART工作的看板系统。产品管理人员负责其管理和维护。ART级待办事项列表包含特性和赋能型需求。

ART级待办事项列表与团队级待办事项列表的不同之处在于，前者的待办事项跨越整个ART，并在规划间隔（PI）期间开展工作。另外，与投资组合级待办事项列表相比，ART级待办事项列表的粒度更小。投资组合级待办事项列表通常包含多个开发价值流的工作，并跨越多个PI。

虽然产品管理人员对管理ART级待办事项列表负有主要责任，但主要贡献者和合作者还包括系统架构师、业务负责人和PO。

ART级待办事项列表中的工作应来自投资组合史诗和投资组合赋能型需求。投资组合史诗被拆分为ART能够在PI或更短时间内交付的特性和赋能型需求（见图8.1）。

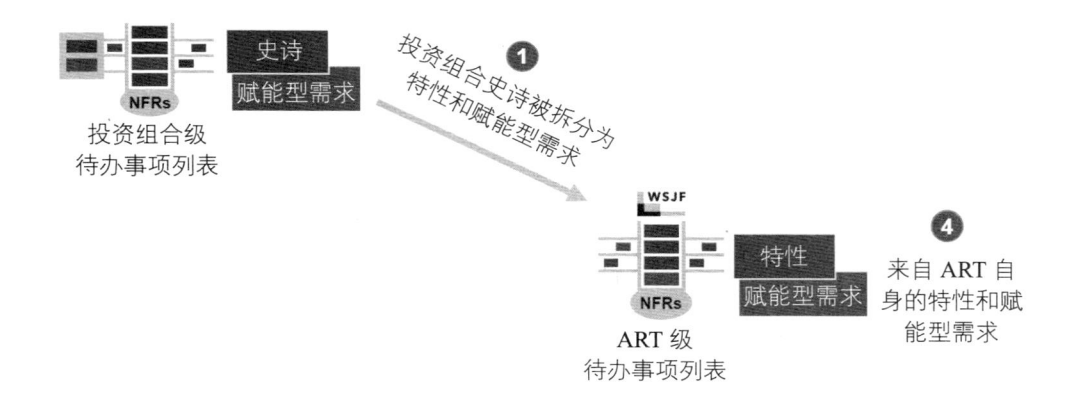

图8.1 从投资组合级待办事项列表到ART级待办事项列表的流程示例
（Scaled Agile Inc.版权所有）

如果你实施的是基本配置版SAFe®，则无须刻意从投资组合级待办事项列表中提取工作。请记住，只有在必要时才扩展到投资组合、解决方案和完整配置。

确保ART级待办事项列表得到良好维护是ART最关键的事项之一。如果没有一个定义明确和梳理过的待办事项列表，ART将很难实现价值，也很难确定他们应该开展哪些工作。

ART级待办事项列表通常通过看板来呈现。图8.2说明了特性如何在系统中流动，包括WIP限制的使用和一些规则示例。

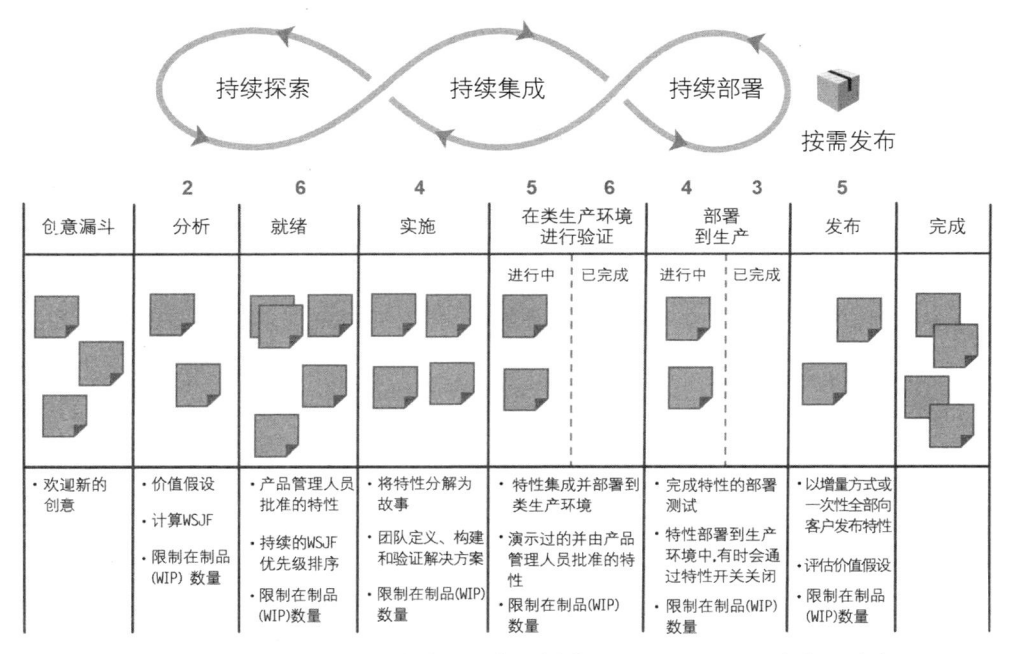

创意漏斗	分析	就绪	实施	在类生产环境进行验证		部署到生产		发布	完成
2	6	4	5	6		4	3	5	
				进行中	已完成	进行中	已完成		
·欢迎新的创意	·价值假设·计算WSJF	·产品管理人员批准的特性·持续的WSJF优先级排序·限制在制品(WIP)数量	·将特性分解为故事·团队定义、构建和验证解决方案·限制在制品(WIP)数量	·特性集成并部署到类生产环境·演示过的并由产品管理人员批准的特性·限制在制品(WIP)数量		·完成特性的部署测试·特性部署到生产环境中,有时会通过特性开关关闭·限制在制品(WIP)数量		·以增量方式或一次性全部向客户发布特性·评估价值假设·限制在制品(WIP)数量	

图8.2　看板中的ART级待办事项列表示例（Scaled Agile Inc.版权所有）

产品管理人员负责确保待办事项列表持续得到优先级排序和更新，并以与投资组合级史诗负责人相同的方式在整个流程中对特性进行引导。

ART级待办事项列表是ART的重要工具。它直观地显示了正在进行的工作以及即将完成的工作。我们可以看到不同类型的工作（特性与赋能型需求），并确保我们有适当的产能可以分配，以保证ART全速运行。

特性到底是什么

根据SAFe®的说法，"特性代表能带来商业价值的，满足利益相关者需求的，并能被拆分为在PI内通过敏捷发布火车交付的解决方案功能（Scaled Agile Inc.版权所有）"。

很好！那现在，在现实世界中，它对我意味着什么？我又该如何交付它呢？

如果我们让你识别一辆汽车的特性，你很可能列出：防抱死制动系统、电动车窗和车锁、远程启动、真皮座椅等。

定义特性并不难，但我们看到许多ART在定义这些特性时费尽了心思。当你接触系统时，请思考它的关键方面，这将成为定义特性的起点。

在识别和撰写特性时，请确保包含价值假设声明。只需要记录你期望通过交付特性获得或完成的东西即可。

最后，不要忘记记录验收标准。这是认为特性"已完成"所必需的关键事项。

> 📝 **专业建议**
>
> 不需要以用户故事的口吻撰写特性。使用简短的短语或名称来记录特性的精髓，同时也要将价值假设写得短小精悍。
>
> 特性示例：自适应巡航控制。
>
> 价值假设示例：可根据前方车辆自动调整车速的巡航控制系统。

让我们来看一种特殊类型的特性：赋能型需求。

赋能型需求

简而言之，赋能型需求是一种支持NFR或扩展架构跑道的特性。

我们通常要区分特性和赋能型需求，以确定优先级和排序，或者确保均衡的产能分配。

赋能型需求和特性一样，都在ART级待办事项列表中进行记录和按优先级排序。它们都有一个简短的标题、价值假设和验收标准。

SAFe®确定了四种不同类型的赋能型需求：

- 探索。对未来开发工作或客户需求的研究和支持。

- 架构。建立架构跑道的工作。
- 基础设施。创建或优化环境。
- 合规。支持特定的合规活动。

> **专业建议**
>
> 在刚开始的时候，不要纠结于某个待办事项是特性、赋能型需求还是赋能型需求的某个类型。归根结底，这都是需要完成的工作。随着能力的提升，产能分配会变得更加重要，你也会更清楚地知道它是赋能型需求还是特性。到那时再纠结它吧。

产能分配

很多人会混淆产能分配和产能。产能分配代表已规划的不同类型的特性和赋能型需求所占的比例。

如图8.3所示，我们可以看到新特性、赋能型需求、技术债务和系统维护工作所占的比例。你需要确定ART的产能分配，并知道它将随着时间的推移而不断变化。

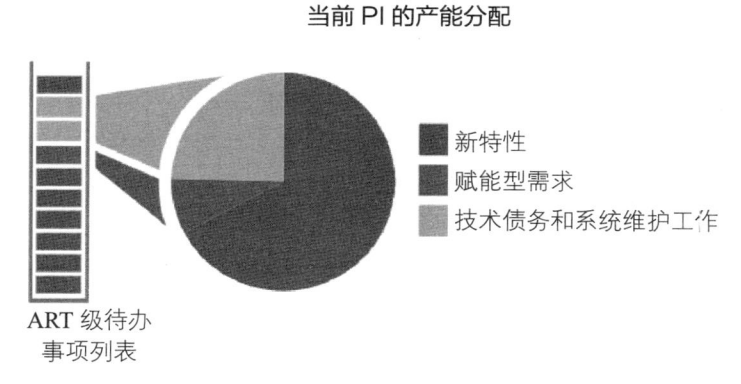

当前 PI 的产能分配

图8.3 产能分配（Scaled Agile Inc.版权所有）

了解产能分配对于确保ART提供平衡的解决方案非常重要。我们需要确保有足够的架构跑道待办事项来平衡所请求的新特性。如果我们偏向某一方向

（我们就有可能建设不需要的基础架构，在开始使用基础架构时需要进行额外的开发，或者根本没有支持新特性的基础架构），最终可能无法交付新特性。

既然我们已经知道了什么是特性和赋能型需求，以及为什么我们需要平衡它们，那么让我们来看看为什么调整它们的规模如此重要。

特性的规模

我们知道，一个特性应该"适配"一个PI，但究竟该如何做到这一点呢？确定特性的规模是一门艺术，也是一门科学。我们希望特性对客户有价值，但也不能太大，否则我们需要很长时间才能交付。

产品管理人员面临的挑战与"金发姑娘和三只熊[1]"面临的挑战如出一辙：找到"恰到好处"的特性。当我们首次启动ART时，特性往往"太大"。我们缺乏知识和经验，不知道ART可以在PI中完成多少工作。

我们经常在PI规划会议的第一阶段看到这种情况。产品管理人员提出了前10个特性，而在第一天结束时，我们意识到能完成其中的1个（或最多2个）特性就不错了。为了避免将来出现这种情况，ART经常会过度修正，我们会看到"太小"的特性。而现在，几乎每个特性都能在一次迭代中完成。

在ART启动后，我们可能需要一年多的时间才能开始正常化，并获得"恰到好处"的特性。问题是，我们如何在流程的早期阶段获得"恰到好处"的特性？没有什么魔法银弹，但下面有几个可以在ART早期阶段采用的策略。

- 获取反馈。这看起来似乎很简单，也是流程中的一个常规环节，但产

---

1 《金发姑娘和三只熊》是一部耳熟能详的童话故事。金发姑娘在森林里迷了路，走进三只熊的家。桌上有三碗粥，大碗中的粥太烫，中碗中的粥太凉，小碗中的粥温度正好。客厅有三把椅子，大号椅子的尺寸太大，中号椅子坐着不舒服，小号椅子坐着正合好。卧室里有三张床，大床太硬，中号床太软，小床正合好。这时，三只熊回家了……该故事用于隐喻需要恰到好处的规模。——译者注

品管理人员往往只与PO一起工作，而且不要求即将开展工作的团队分享交付工作所需的时间。估算不需要很精确，也不需要达成共识，即这不是一个承诺，而仅仅是一个估算。

- 保持较小的批量。建议产品管理人员先创建几个特性，也许两三个，然后获得反馈。这些特性是太大、太小还是恰到好处？也许特性的细节太多，也许不够。就像我们希望团队不断获得关于他们正在交付的工作的反馈一样，产品管理人员和PO也应该获得关于他们以特性和故事形式交付的工作的反馈。

- 完成的定义。确保完成的定义（DoD）对齐并支持当前的环境设置。我们曾遇到过这样的情况：DoD规定，工作必须投入生产，特性才能被视为"完成"。该组织在这一过程中遇到了限制和瓶颈，从开发到生产环境的最快时间为8周（几乎是整个PI的时间）。我们调整了DoD，将生产环境改为预生产环境，然后与系统团队合作，逐步简化发布到生产环境的流程。

点数怎么办

我们通常不会为特性分配点数，也不会从点数的角度对特性进行估算。当我们确定特性的规模时，我们希望确保特性可以在PI中交付。我们希望利用相对规模的概念来帮助估算。

> 📝 **专业建议**
>
> 在确定特性的相对规模时，我们通常会从一个花了3~4次迭代才完成的特性开始，并将其称为中等规模。然后，我们再选择一个新的特性，并决定这个新特性的规模是更大、更小，还是与第一个特性相同。

有些ART会在特性完成后将故事点数相加，并为特性设定范围，这类似于史诗，以帮助预测。例如，小型特性的故事点数为50~150点，中型特性的故事点数为150~300点。然后，我们可以查看ART的平均速率和待办事项列表中的特性，大致估算出交付特性的可能时间。我们强烈建议，在使用这种做法时要格外谨慎，因为它可能导致你认为这变成了承诺（而不是估算）。

> **专业建议**
>
> 在与团队和ART一起工作时，我通常会鼓励人们通过类比T恤尺码将特性划分为小型、中型和大型。我希望一个小型特性能在2~3次迭代内完成，中型特性通常需要3~4次迭代，如果有一个大型特性，我们会努力将其拆分成更小的特性。

现在，让我们来看看拆分和组合特性的一些方式。

特性的拆分和合并

根据我们的经验，在大多数情况下，根据团队的反馈，我们看到的特性都"太大"了。我们希望并需要将特性拆分成更小、更易于管理的工作，以保持较小的批量规模。拆分工作有许多不同的方式和方法。例如，SAFe®就有10种方法（可在SAFe®官网上搜索"splitting stories"）。最终，无论你采用什么方法来拆分故事，你都可以将其扩展到特性。

以下是一些适用于特性的故事拆分方法：

- 工作流步骤。
- 业务规则变化。
- 主要工作量。
- 简单/复杂。
- 数据变化。
- 数据输入方法。
- 延迟系统质量。
- 操作（例如，创建、读取、更新、删除，即CRUD）。

- 用例场景。
- 分离探针。

在拆分特性（或故事）时，一个注意点是，我们要尽量保持每个特性与其他特性的独立性，以便尽早交付价值。

如果你发现特性普遍"太小"，那么和团队一起使用与拆分故事相同的概念（只是反过来用）来确定合理的合并就变得很重要了。将最初拆分的特性合并为一个或两个特性。

> **注意，Jira没有特性！**
>
> 许多组织都将Jira作为敏捷工具，因为它是市场上最流行的工具之一。在撰写本书时，Jira还没有SAFe®所定义的"特性"。有许多变通方法和附加组件可以让你在Jira中使用特性。不过，我们的建议是，保持超级简单（Keep It Super Simple，KISS）。只需将Jira里的史诗当作特性，并确保组织能够理解。在我们的组织中，一个Jira史诗相当于一个SAFe®特性，这就像一块罗塞塔石碑，建立了对特性的统一理解。

既然我们已经知道了什么是特性以及它的重要性，那就让我们来看看如何对特性进行优先级排序。

特性的优先级排序

加权最短作业优先（Weighted Shortest Job First，WSJF）是ART级待办事项列表中常见的特性优先级排序技术。在待办事项列表中通常有很多特性，因此我们很难知道应优先处理哪些特性。

为什么要使用 WSJF

根据唐·赖纳特森在其著作 *Principles of Product Development Flow* 中描述的模型，我们希望最大限度地减少因工作延迟而损失的资金——延迟成本。组织致力于在最短的时间内获得最大的价值，而通过使用WSJF，我们可以根据经验来确定哪些工作能在最短的时间内提供最大的价值。

那么，为什么要使用WSJF呢？我们想找出能在最短时间内为我们带来最大价值的特性。让我们来看看如何做到这一点。

应用 WSJF

WSJF中的数字、数值和数学计算似乎都很复杂！让我们将其简化一下。在研究WSJF时，我们需要四条信息：

1. 用户业务价值。这对我们的业务或用户有多重要？
2. 时间紧急性。我们是否对该特性有关键日期的需求？
3. 降低风险和/或获取机会（RROE）。我们要避免什么风险，或者创造什么机会？
4. 工作量。完成这项工作需要多大规模或多长时间？

有了这四条信息和一些数学计算，我们就可以得到WSJF分数，并开始着手处理得分最高的待办事项。

将用户业务价值、时间紧急性和RROE相加，即可得出延迟成本（CoD）。

WSJF分数的计算方式就是用CoD除以工作量，公式如下：

$$WSJF = \frac{[用户业务价值 + 时间紧急性 + RROE]}{工作量}$$

> 📝 **专业建议**
>
> 我们使用工作量来代替工作时间，但是，我们仍然可能需要重构它，因为它并不总是一个好的替代值。

这看起来挺简单的，但如果运用一些技巧，就会变得更简单：

- 使用电子表格（或类似工具）记录数值。
- 对1~20的数值使用改进的斐波那契数列。
- 每列都必须包含1。

- 使用相对估算法确定数值。
- 逐一估算CoD组件（用户业务价值、时间紧急性和RROE），然后估算所有特性的工作量。

让我们来看一个例子（见表8.1）。我们正准备出售房屋。在出售之前，我们有三件事情要做。我们将把这三件事分别视为一个特性。

- 美化前院。
- 修理（漏水的）水龙头。
- 粉刷卧室。

表 8.1　估算特性的工作量

特性	用户业务价值	时间紧急性	RROE	CoD	工作量	WSJF
美化前院	+	+	=	/	=	
修理水龙头	+	+	=	/	=	
粉刷卧室	+	+	=	/	=	

步骤 1

我们先查看用户业务价值一栏，并决定哪项特性对我们的价值最小。需要注意的是，在与你的组织共同完成这项工作时，你们需要就每列内容对组织的意义达成一致。

在我们的方案中，我们认为修理（漏水的）水龙头对出售房屋的价值最小，因此我们给它打1分。我们认为美化前院对我们的价值最大，因为在出售房屋时，第一印象和外观吸引力非常重要（见表8.2）。

表 8.2　估算特性的工作量：步骤 1

特性	用户业务价值	时间紧急性	RROE	CoD	工作量	WSJF
美化前院	13+					
修理水龙头	1+					
粉刷卧室	5+					

步骤2

我们来看看时间紧急性一栏。我们的房地产经纪人（美国）/房产中介（英国）想为房子拍照以便挂牌，因此粉刷卧室和美化前院都是当务之急。在时间紧急性一栏，修理（漏水的）水龙头是打分最低的事项（见表8.3）。

表 8.3　估算特性的工作量：步骤 2

特性	用户业务价值	时间紧急性	RROE	CoD	工作量	WSJF
美化前院	13+	8+				
修理水龙头	1+	1+				
粉刷卧室	5+	8+				

步骤3

我们再看看RROE一栏。我们为粉刷卧室打1分，因为买家可能选择重新粉刷，所以OE很有限，而且我们也没有发现任何可以降低的风险。我们认为，美化前院和卖相提升将创造一些机会，但不会降低任何风险。漏水的水龙头无法通过检查，而且漏水情况有可能恶化，甚至淹没房屋，因此我们对该项的打分较高（见表8.4）。

表 8.4　估算特性的工作量：步骤 3

特性	用户业务价值	时间紧急性	RROE	CoD	工作量	WSJF
美化前院	13+	8+	3=			
修理水龙头	1+	1+	8=			
粉刷卧室	5+	8+	1=			

步骤 4

接下来，我们将用户业务价值、时间紧急性和RROE求和，将计算结果填入CoD一栏，并估算出工作量。我们认为修理（漏水的）水龙头花费的时间最少，所以给它打1分。美化前院的工作量要大得多，粉刷卧室的工作量介于前两者之间（见表8.5）。

表 8.5　估算特性的工作量：步骤 4

特性	用户业务价值	时间紧急性	RROE	CoD	工作量	WSJF
美化前院	13+	8+	3=	24/	8=	
修理水龙头	1+	1+	8=	10/	1=	
粉刷卧室	5+	8+	1=	14/	3=	

步骤 5

将 CoD 除以工作量得到 WSJF 的分数（见表 8.6）。

表 8.6　估算特性的工作量：步骤 5

特性	用户业务价值	时间紧急性	RROE	CoD	工作量	WSJF
美化前院	13+	8+	3=	24/	8=	3
修理水龙头	1+	1+	8=	10/	1=	10
粉刷卧室	5+	8+	1=	14/	3=	4.6

结果表明，我们应按以下顺序完成工作：

- 修理（漏水的）水龙头。
- 粉刷卧室。
- 美化前院。

利用 WSJF 的秘诀在于工作量的大小。我们要先做工作量最小的工作。如果我们将美化前院分成几项较小的工作，如修剪草坪、铺设覆盖物和清扫门廊，最终的结果会有所不同。虽然工作量最小的工作是"赢家"，但也不要掉进把特性拆得太小的陷阱。管理和维护过多的特性所带来的开销会超过其收益。

如果我们不同意 WSJF 的结果怎么办

有时，人们会对结果产生根本性的分歧，组织会认为 WSJF 没有任何价值。当出现这种情况时，重要的是要深入挖掘并了解分歧的根本原因。你通常会发现，组织没有将大型举措分解成更小的可交付成果，以加快反馈的速度。

WSJF 是确定工作优先级的一种方法，在有许多因素需要考虑的情况下效果很好——如果不需要，就不要做。通常，产品管理人员对工作的优先级有良好的判断，只需根据经验和反馈就可对工作进行排序。

WSJF 是众多优先级排序技术中的一种，你可以使用它来确定待办事项列表的优先级。利用带有 WIP 限制的 ART 看板也是一种很合理的优先级排序方法，有助于保持待办事项列表的可管理性。无论你选择哪种方法，在进入 PI 规划会议阶段时，拥有已按照优先级排序的待办事项列表都是很关键的。

PI 规划会议的待办事项列表准备

正如我们在第 7 章中所讨论的那样，ART在一个闭合的循环中执行，并且在规模上与团队执行类似的活动。如图8.4所示，我们可以看到团队级待办事项列表梳理与PI规划会议的ART级待办事项列表准备相关。

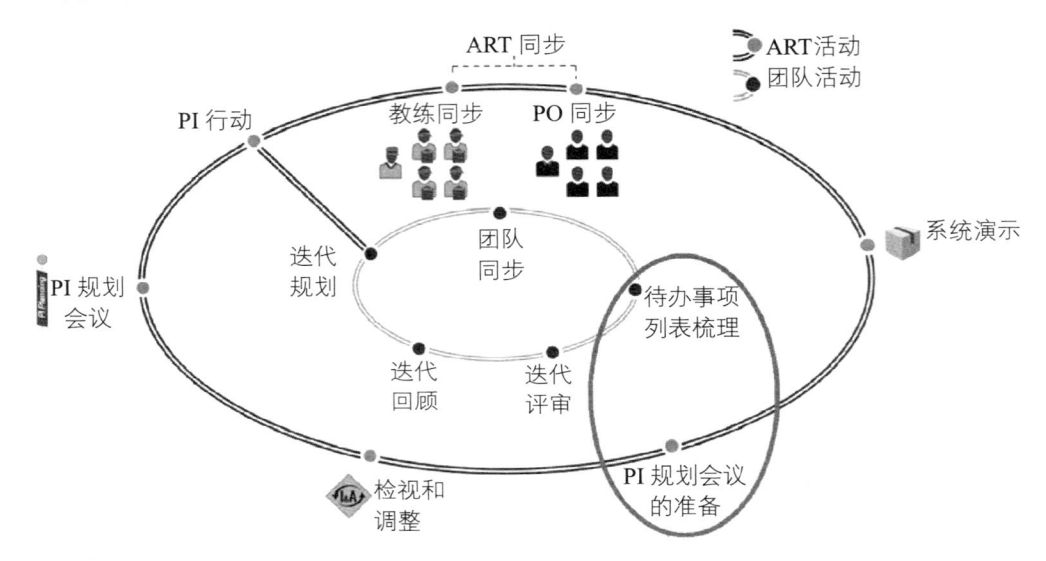

图8.4　待办事项列表梳理与PI规划会议的准备相关（Scaled Agile Inc.版权所有）

一个关键的提醒是，为PI规划会议做准备是一个持续的过程，确保ART级待办事项列表准备就绪是一项关键活动。作为教练，你可能需要鼓励RTE与产品管理人员密切合作，确保他们与PO和团队一起，在PI规划会议之前，对待办事项列表进行充分的多方沟通和梳理。我们不希望在PI规划会议期间因为新特性的出现给团队带来"惊吓"。

随着PI规划会议的临近，ART级待办事项列表应包含已完全梳理过的特性，许多故事也应被识别出来并部分得到梳理。如果没有这些准备工作，特别是对于新的ART来说，则难以在为期两天的PI规划会议中完成所有必要的工作。随着ART成熟度的提高和团队对工作的熟悉，PI规划会议前的故事准备工作可能会逐渐减少。

当我们查看ART级待办事项列表并为PI规划会议做准备时，产品管理人员分享的优先特性应与ART级待办事项列表中已梳理好的优先级相一致。

PI规划会议对ART的成功至关重要。我们要确保，ART在进行PI规划会议活动时，已对工作进行了优先级排序、规模估算和清晰的定义。

小结

ART级待办事项列表对ART至关重要，不容忽视。通过利用ART级待办事项列表和看板，可以直观地了解特性的进度，最终推动ART取得成功。我们还了解了ART级待办事项列表的产能分配，并对工作进行优先级排序，按照加权最短作业优先的方式交付，最终通过适当规模的特性来快速交付价值。

第 9 章
ART活动

ART以与敏捷团队相同的方式运作，只是规模更大而已。ART活动与团队活动略有不同。让我们来看看ART在每次迭代和整个PI中发生的各种活动，包括所有同步、ART板和迭代系统演示。

在本章中，我们将了解以下主题：

- 同步。
- 不要跳过ART板。
- 迭代系统演示。

同步

ART同步相当于ART层面的团队同步会。根据ART的不同，同步可以有不同形式。其成果始终是对齐、障碍的消除/上报和风险管理。

SAFe® 为ART列出了三种不同的同步活动：

- 教练同步。
- 产品负责人（PO）同步。

- ART同步。

我们还将为你的ART提供两个可能需要考虑的额外同步活动：

- 技术同步。
- 三驾马车同步。

教练同步

教练同步是一个基于节奏的活动，面向发布火车工程师（RTE）、Scrum Master/团队教练和特邀的敏捷团队成员或主题专家，目的是对齐并持续改进ART和团队绩效。

RTE通常会引导这一活动。所有Scrum Master/团队教练都应出席。由于这是规模化场景下的"团队同步"，你通常会发现活动是以循环形式进行的，Scrum Master/团队教练和RTE将回答这些（或类似）问题：

- 自从我们上次见面以来，你们团队最近完成了哪些工作？
- 在我们下次见面之前，你们团队将开展哪些工作？
- 在你们团队的前进道路上是否有任何障碍？
- 你们团队是否会在其他团队的前进道路上设置障碍？

> **专业建议**
>
> 我最喜欢的问题是："你是否会给别人带来麻烦？"很多时候，我们只顾着完成自己的工作，却忽略了这些工作对其他人的影响。这个问题可以帮助团队理解：他们是大局的一部分，以及他们所做工作的影响。
>
> 我通常不建议新团队在团队同步时提出这个问题。不过，我喜欢在教练同步时提出这个问题，以帮助Scrum Master/团队教练开始思考他们所产生的影响，并确保他们思考需要向其他团队提供哪些信息。

除了讨论团队正在开展的工作，还可以考虑花一些时间来分享团队在成长和成熟度提高过程中的成功与失败，以及作为Scrum Master/团队教练的经验。

活动时长一般为30～60分钟，具体取决于会后的待办事项、其他同步以及ART的需求。成功的模式是每周举行一次，即每次迭代举行两次；但如果有需要，也可以更频繁。

RTE负责在会后向相应的利益相关者沟通任何主要阻塞或障碍并解决它们，而Scrum Master/团队教练则负责与团队沟通相关信息。

我们通过确保大家都为ART的目标而努力，来实现一致性。我们通过分享知识，以及从团队合作及处理团队内部的人际关系中获得的经验来提高ART和团队的绩效。

PO 同步

PO 同步与教练同步类似。这是PO和产品管理人员为保持一致性和推动ART交付的价值而开展的有节奏的活动。

RTE 或产品管理人员可引导此会议；但是，如果由产品管理人员来主导和引导 PO 同步，ART 会更加成功。所有PO都应出席。这次会议没有规定的形式，与教练同步一样，你会发现采用循环形式回答以下问题可以取得成功：

- 自上次会议以来，团队完成了哪些特性？
- 在我们再次见面之前，团队希望完成哪些特性？
- 团队是否按PI规划会议制订的计划交付特性？
- 在团队的前进道路上是否有任何障碍？

最终，我们要确定团队在实现PI目标和承诺方面的进展情况。除了讨论团队正在执行的工作，这也是产品团队（产品管理人员和PO们）进行以下工作的绝佳机会：

- 讨论并对特性进行调整。
- 确认任何市场节奏的调整。
- 完善 ART级待办事项列表，为下一次PI做准备。
- 分享更多的客户反馈。

- 澄清和梳理后续故事的验收标准。

此活动的时长通常为30～60分钟，具体取决于正在进行的其他同步活动，以及ART和产品团队的需求和成熟度。

> **专业建议**
>
> 对于产品管理人员来说，确保定期梳理ART级待办事项列表往往是一项挑战。可以考虑每周安排1小时的PO同步时间，让产品管理人员和PO一起进行梳理。
>
> 还可以考虑邀请系统架构师参加这些会议，以获得反馈并为ART级待办事项列表提供意见。

ART 同步

根据ART的需求和成熟度，可以将ART同步作为教练同步和PO同步的替代。ART同步是教练同步和PO同步的结合。

除了产品管理人员、PO和Scrum Master/团队教练，系统架构师也应参加此活动。这种基于节奏的活动可确保ART保持在正轨上。

通常由RTE引导这一活动。PO和Scrum Master/团队教练将通过回答以下（或类似）问题来提供各自团队的最新进展情况：

- 自上次会议以来，你的团队取得了哪些进展？
- 在我们下次见面之前，你希望你的团队取得什么进展？
- 在团队的前进道路上是否有任何障碍？
- 你的团队是否会给其他团队带来任何阻碍？

根据你的ART和你使用的ART迭代活动，你可能需要进行澄清，以明确有关PI目标或特性的问题。

与PO同步和教练同步一样，我们最终要确定的是，ART是否能如期实现其承诺。此活动是一个很好的机会，可以查看ART板，并评审在PI规划会议期间识别的风险。

> ✍ **专业建议**
>
> 把ART板拉出来，在ART同步中检查团队和ART的PI目标和风险。

通常，该活动的时长为30~60分钟，具体取决于会后讨论的情况。如果只进行ART同步，我们建议每周进行一次。如果与PO同步和教练同步合并进行，根据ART的成熟度和需求，通常在每次迭代进行一次就足够了。

> ✍ **专业建议**
>
> ART同步与PO同步和教练同步不同的一点是，其时间盒通常不允许持续学习和改进。在教练同步中，我们会尝试花一些时间让团队成长。在PO同步中，我们有机会对ART级待办事项列表进行优先级排序和梳理。而在ART同步中，由于参会人数较多，通常缺乏这样的机会，多以一般性的信息通知为主。

图9.1 显示了ART、PO和教练同步是如何相互补充的。

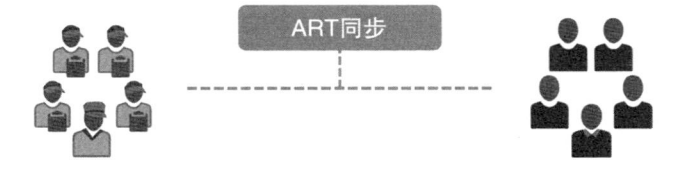

教练同步	PO 同步
• 可视化进度和阻碍 • 由RTE引导 • 参与者包括Scrum Master/团队教练、其他选定的团队成员、主题专家（必要时） • 每周一次或更加频繁，时长30~60分钟 • 设置时间限制，未尽事宜在会后单独讨论	• 可视化进度、范围和优先级调整 • 由RTE或产品经理引导 • 参与者包括产品经理、PO、其他利益相关者和主题专家（必要时） • 每周一次或更加频繁，时长30~60分钟 • 设置时间限制，未尽事宜在会后单独讨论

图9.1 ART、PO和教练同步（Scaled Agile Inc.版权所有）

技术同步

技术同步虽不是由SAFe®提出的，但是，它可以作为一个非常有价值的补充，帮助保持ART的一致性。技术同步与教练同步或PO同步类似，但它是从架构、工程和开发的角度来进行对齐的。

RTE或系统架构师可引导技术同步，但如果由系统架构师来主导和引导，ART会更成功。由于SAFe®并未规定团队中的技术负责人角色，因此在确定与会者时可能有些棘手。不过，我们通常会在大多数团队中发现一名高级技术人员，他通常会指导并非正式地领导团队的开发工作。这就是每个团队推荐的与会者。如果团队中没有带头人，也可以由团队成员轮流出席，最终你会发现，有人会自告奋勇，成为固定的与会者。

在技术同步中，与会者可以回答以下（或类似）问题：

- 你的团队在履行承诺方面进展如何？
- 是否有任何阻碍团队前进的因素？
- 你的团队是否会给其他团队带来任何阻碍？

在技术同步中，我们要了解所面临的挑战，并与我们正在构建的解决方案的技术领域保持一致。许多开发人员生性内向，参加这个活动可以让他们有机会提出一些看似微不足道的问题，但随着时间的推移，这些问题可能产生重大影响。

在该活动中，我们会了解到以下方面的挑战：

- 开发和测试环境。
- DevOps流水线。
- 测试自动化问题。
- 部署限制。
- 系统中的延迟。

真实世界的故事

我曾经与一个ART合作过,在一次技术同步中,开发人员提到打包需要很长时间。其他人也表示同意,但认为这很正常。

幸运的是,系统架构师很敏锐,问了几个后续问题:

多长时间算长?

每次打包都会出现这种情况吗?

你们平均多久打包一次?

结果发现,每次打包都需要5~7分钟才能完成,开发人员平均每小时打三次包。这意味着每小时大约有三分之一的时间被浪费了。这是非常大的开销浪费。他们还注意到,开发人员希望更频繁地进行打包,但往往因为需要花费很长时间而避免这样做。

他们开始调查构建时间如此之长的原因,并在环境中进行了一些调整,最终将打包时间缩短到30秒以内。这使开发人员能够更频繁地进行打包,并最终提高了团队的速度。

技术同步通常用时30~60分钟。请让团队自行决定这一活动的频率。我们建议每次迭代至少进行一次。

> **专业建议**
>
> 对于新的ART,我建议进行所有同步活动:PO同步、教练同步和技术同步。我发现这有助于沟通和角色对齐。最终,随着团队和ART成熟度的提高,你可以利用ART同步来减少或调整这些活动。

三驾马车同步

三驾马车同步也不是由SAFe®规定的。它只是一个定期的同步点和讨论活动,以确保RTE、产品管理人员和系统架构师之间的一致性。这是一个机会,可以比较他们在各自领域获得的信息,并确保信息传递的一致性。

活动议程通常围绕ART当前面临的挑战和下一个PI的展望。

RTE通常负责引导和安排三驾马车同步，该活动一般持续30~60分钟。应根据需要尽可能频繁地进行该同步活动，甚至可以每天进行。需要解决的问题会层出不穷，每天应有一个固定的"接触点"来解决问题和应对挑战，这将有助于ART的整体健康，并可建立固定的沟通渠道。

发布管理同步

在SAFe®中提到，可能有必要进行发布管理同步活动，以协调即将发布的版本，就版本进行沟通并确保其满足治理要求。该活动的结构、频率、参与者等将根据每个ART交付的不同内容而有所不同。由系统团队来推动这个同步。

时间表同步

RTE通常会安排时间表同步。产品管理人员和系统架构师通常分别负责和引导PO同步及技术同步。然而，协调活动的时间表也是非常重要的。

表9.1展示了一个时间表的示例，供读者参考。请根据ART的实际需要进行调整。

表 9.1 时间表的示例

	星期三	星期四	星期五	星期一	星期二
第一个星期	迭代计划会议	PO 同步 教练同步 技术同步	三驾马车同步	ART 同步	三驾马车同步
第二个星期	PO 同步 教练同步 技术同步	三驾马车同步	ART 同步	三驾马车同步	迭代评审 迭代回顾

在时间表中，你会注意到PO同步、教练同步和技术同步都在同一天进行。你甚至可以考虑将它们同时进行。

我们建议将ART同步放在迭代的中期和末期。这样可以让团队有几天的时间深入工作，然后在迭代结束时提供一个检查点，以处理工作中可能未完成的地方，以及团队需要在迭代中完成的额外工作。

> **专业建议**
>
> 组织和安排ART的各种同步没有所谓"正确"的方法。与其说这是一门科学，不如说是一门艺术。每个ART都有独特的需求和挑战。这就是为什么SAFe®不是一本"教科书"，而是一个框架。对一个ART最有效的方法可能对另一个ART无效，即使在同一家公司也是如此。
>
> 作为教练，一定要保持灵活性。但是，也要确保你的ART能够提供成功的结果，进行了同步活动，进行了必要的对齐并提高了成熟度。

额外的同步建议

既然我们已经了解了ART的关键同步活动，那么让我们来看看同步中还需要关注的其他几个事项。

我们需要所有这些同步吗

答案很简单，不需要。但是，每种同步都有其作用，有助于沟通和ART的对齐。请使用ART需要的同步。你也会发现，有些会议无论如何都会召开，而这些同步则可以使这些额外的会议正规化、可操作化，甚至可取消额外的会议。

PI 目标

请记住，我们的目的是实现PI目标，确保这一点不会在同步活动中遗漏，并定期讨论实现目标的进展情况。

障碍上报

一个值得注意的问题是，人们会等到同步时才上报障碍。多进行同步有助于防止这种情况发生。我们的目标是尽快处理或提出障碍。作为教练，你要确保立即上报和消除障碍。

不是状态汇报会议

一个关键的注意点是，不要将这些同步活动变成状态汇报会议。如果你发现了这种情况，可以考虑进行一次回顾活动，与团队一起评审工作的预期成果。

迭代目标

在迭代早期的同步活动中，你可能希望引入的一个事项是分享团队提出的迭代目标。分享迭代目标有助于进行对齐，并能提供一种简单的方法让团队了解彼此的工作重点。

（将信息）带回团队

你需要提醒参加同步活动的人员，他们有责任将同步活动中的信息带回团队。这一点经常被忽视：信息只会向上流动，并不总是向下回流。同步活动像一个十字路口，使信息得以向多个方向流动。

不要跳过 ART 板

ART板是SAFe®独有的。有人说，如果你没有进行PI规划会议（其中的一个关键产出就是ART板），那么你就不是在做SAFe®。

> **!注意事项**
>
> 在SAFe®6.0之前，ART板（ART Board）被称为项目群板（Program Board）。

什么是ART板

ART板是PI规划会议的一个成果，是规划流程的关键。ART板代表了团队正在完成的工作以及预计完成的时间。

ART板的重要性不容低估。作为教练，确保ART充分发挥ART板的潜力可能是最难完成的任务之一。确保在PI活动期间创建具有必要详细程度的ART板，并确保ART在PI活动期间和之后实际使用它，这都需要付出一定的努力。

大多数人认为，ART板只是一个带有各团队名称、报事贴和"红毛线"的ART板。然而，如果要考虑为ART汇集和收集的所有信息，那需要以下几个关键组件：

- 敏捷发布火车规划白板。
- ROAM板。
- ART的整体PI目标。

敏捷发布火车规划白板

敏捷发布火车规划白板记录特性、依赖关系、里程碑和所需的其他非ART成员的支持。

敏捷发布火车规划白板看起来像网格，PI中的每次迭代都有一列。有一行表示里程碑，接下来几行表示各个团队，还有一行表示ART以外的支持。这些支持可能包括用户体验支持、额外的架构工作、共享服务团队的调用等。

在敏捷发布火车规划白板上，各团队将为每个特性添加报事贴，通常是蓝色的，并标明团队计划完成该特性的对应迭代。

红色报事贴记录了团队之间的依赖关系，最终应与特性的交付保持一致。"红毛线"与依赖关系相连，报事贴则显示关键路径。

橙色报事贴通常用来表示影响ART的里程碑或（重大）活动。

> 📝 **专业建议**
>
> 保持敏捷发布火车规划白板上每个PI的报事贴颜色一致。我们在前面提到了SAFe®推荐的典型颜色。随着时间的推移，你可能发现一种颜色的报事贴数量不足，而另一种颜色的数量过多。你可以选择反转颜色，但要确保ART中的每个人都知道并更新了图例，这样当人们阅读该白板时，就会知道自己在看什么。

如果你要制作一个物理板，用1英寸（宽）的蓝色美术胶带就可以很好地制作行和列。你可以将团队名称和迭代日期打印出来并用胶带粘好，以便标注行和列。

我们提供了一个敏捷发布火车规划白板的示例,其中包含依赖关系、特性和里程碑(见图9.2)。

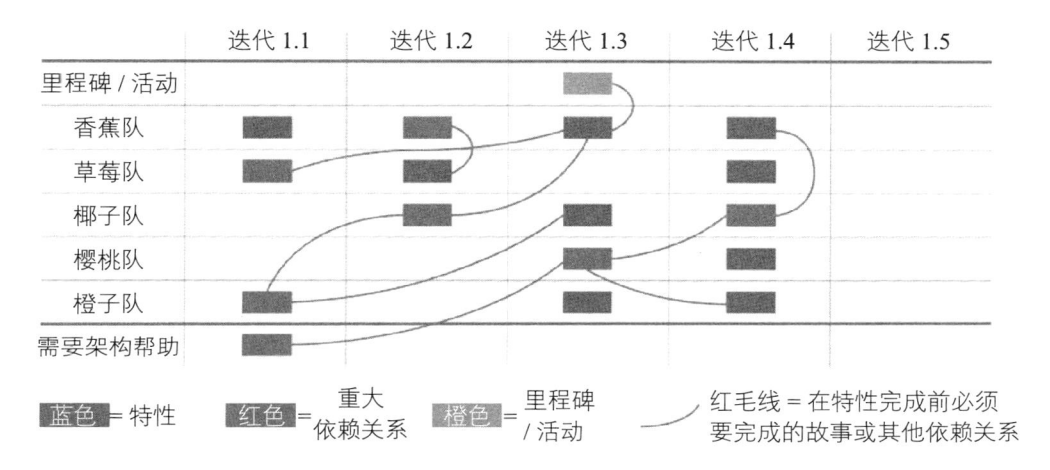

	迭代 1.1	迭代 1.2	迭代 1.3	迭代 1.4	迭代 1.5
里程碑 / 活动			■		
香蕉队	■		■	■	
草莓队	■		■	■	
椰子队		■	■		
樱桃队				■	
橙子队	■		■	■	■
需要架构帮助	■				

蓝色 = 特性　　红色 = 重大依赖关系　　橙色 = 里程碑/活动　　红毛线 = 在特性完成前必须要完成的故事或其他依赖关系

图9.2　敏捷发布火车规划白板示例

敏捷发布火车规划白板工具

敏捷发布火车规划白板有许多不同的工具。如果你亲临现场,准备报事贴和美术胶带就可以了,它们几乎适用于任何墙面。你还可以考虑印制PVC板或塑封板(以及团队板),这样你就可以在每次PI活动中重复使用它们,并能将它们从PI活动场所运回办公室。

在虚拟世界中,也有各种支持敏捷发布火车规划白板的工具,包括PIPlanning.io、Agile Hive、Mural、Miro和Excel。我们鼓励你在预算范围内选择可用的工具,以便为你的ART提供最佳的体验和集成度。

ROAM板

ROAM板有时也被称为风险板,用于记录可能影响ART的风险。ROAM代表已解决、已认领、已接受和已缓解。它们表示在PI活动中识别的各种风险的状态。

- 已解决(R)。已解决状态记录了在PI活动中识别的且在PI活动中已经解决的风险，它们已不再是风险。

- 已认领（O）。已认领状态记录了已被人认领的风险，以确保风险得到解决或缓解。
- 已接受（A）。已接受状态记录了可能发生的风险。如果风险发生，ART将在发生时加以处理。这些风险无法被提前处理。
- 已缓解（M）。已缓解状态记录了计划要降低风险影响的风险。建议的做法是确定由谁或哪个团队来缓解风险，并确保将应对措施写入计划。

> 📝 **专业建议**
>
> 考虑让团队将风险写成"如果……那么……"的格式。这种格式有助于理解所阐述风险的影响。例如，如果飞行者团队在迭代2之前没有从蓝鹰团队获得插件，那么飞行者团队就无法在迭代4结束时交付组件。

> **真实世界的故事**
>
> 我很少发现被添加到"已接受"状态的风险会变成现实。然而，在2020年举行的一次PI规划会议上，一个团队提出了一个风险，即由于一些突发情况，从某国预定的部件可能无法及时到达。
>
> 我们现在都知道，后来的疫情使全球几乎陷入停滞，不得不在那个时间应对这个风险（还有其他一些风险）。

在已缓解风险和已认领风险之间偶尔会出现混淆，尤其是在确定由谁执行缓解风险计划时。请记住，已认领风险仍然需要额外的工作来确定计划，而已缓解风险已经有了指定的计划，只需执行计划即可。

ART的整体PI目标

ART的整体PI目标通常由RTE、产品管理人员和系统架构师在PI活动之后创建，它也是各团队创建的目标的整合。我们建议记录这些目标并将其添加到存放ART板的区域，这样我们在迭代中就能够使用它们。

> **专业建议**
>
> 许多ART没有在活动结束后花时间创建ART的整体PI目标，因此ART往往会忽略一些重点，尤其是在PI接近尾声时。请确保你要花时间制定目标。考虑在PI活动之前制定总体PI目标，并将其作为产品愿景的一部分进行分享。然后，在团队创建其PI目标时，他们甚至可以将其目标与PI总体目标进行比较，从而提高一致性。

在迭代中使用ART板

我们建议在整个PI过程中使用ART板。在PI规划会议期间，团队一直在努力工作，以识别依赖关系，规划特性并识别风险。我们经常看到，一旦开始迭代，PI的工作就被搁置一旁。这感觉就像一种浪费，并没有体现出我们希望ART具有的精益敏捷原则。当我们在PI期间使用ART板时，我们就能降低风险，因为团队已经识别了许多潜在的复杂问题，并对其进行了规划。

在你的ART的空间中重新创建ART板

在疫情前，我们通常会举办线下PI规划会议活动，并为ART板准备一面墙。我们会拍摄大量照片，并在PI规划会议结束后，在ART的空间中重新制作物理板。如果你有幸能够面对面地举办PI规划会议活动，并且经常在办公室工作，我们建议你在办公场所重新创建ART板（如果你没有在办公室举办PI规划会议活动）。如果举行线上的虚拟会议，正如现在许多组织所做的，我们强烈建议你使用支持远程PI规划会议的工具，包括创建ART板。团队成员可以定期查看ART板，这有助于保持一致性，并允许团队在待办事项发生变更或转移时进行对话，甚至可以提醒他们在PI规划会议期间所做的承诺。

在同步活动中使用

通过在各种同步活动中查看ART板，我们可以重新对齐我们正在努力实现的共同目标。根据不同的同步活动，你可能需要以不同的方式使用ART板，并从不同的视角检视ART板的不同方面。

- ART同步。检视依赖关系，确保它们会按计划得到处理，不会成为阻碍因素。检视风险，确保风险得到适当缓解。
- PO同步。检视特性交付计划，并就计划的任何变更进行讨论。
- 教练同步。检视依赖关系，确保它们会得到处理，并记录在PI过程中出现的任何额外风险或依赖关系。
- 技术同步。检视交付进度，并识别可能阻碍交付的任何技术挑战。

作为教练，你需要与团队密切合作，帮助他们在团队会议中使用ART板。请考虑，将检视ART板作为待办事项列表梳理和迭代规划的一部分。

迭代系统演示

在整个ART的每次迭代中都要举行一次迭代系统演示。其目的是提供所有团队的已完成工作的集成视图。集成工作是团队最难做的事情之一，而迭代系统演示则是系统集成的强制机制，并为利益相关者提供一个客观衡量PI进展的标准。如果没有迭代系统演示，我们就无法确定在实现PI目标方面取得的实际进展，也就失去了使ART保持正轨或做出任何调整的关键反馈回路。

如何进行迭代系统演示

应在每次迭代结束后进行迭代系统演示，并展示在上一次迭代中开发的特性。

迭代系统演示通常由RTE安排，由产品管理人员在更多团队的帮助下进行。

迭代系统演示需要一些规划和准备工作。你需要平衡这个准备工作，如果演示的准备工作成本较高，则说明ART可能存在需要改进的地方。

与会者通常包括系统团队、业务负责人、系统架构师、ART团队成员和其他利益相关者。

迭代系统演示通常有固定的议程和时间，通常为1小时。议程通常包括以下内容：

- 检查PI目标。
- 在演示之前描述特性。
- 用端到端的场景演示特性。
- 检视并识别当前的任何风险或障碍。
- 问答环节。
- 包含反馈和行动项的收尾总结。

在进行迭代系统演示时，你需要在一个尽可能接近生产环境的环境中演示，通常会在预发布环境。

迭代系统演示的注意事项

注意事项#1

对于有些系统，尤其是制造业环境中的系统，每两周演示一次可能过于昂贵。在这种情况下，你需要紧密合作，确定哪些系统可以演示，并充分利用测试替身、模型和实物模型。

注意事项#2

跳过迭代系统演示的代价是极其高昂的。如果我们不进行集成，并将迭代系统演示作为一种强制机制，我们就无法真正看到可用系统的进展，还会产生一种虚假的成就感。不能及时集成是最大的挑战之一，也是导致大量返工的成本之一。坚持定期进行迭代系统演示，就能消除这种成本。

同样重要的是，要确保迭代系统演示是集成的，我们可以看到价值在系统中流动，而不仅仅是团队自己强调的他们已完成的工作。我们强烈建议你避免这些反模式。

注意事项#3

将迭代系统演示作为持续改进"持续交付流水线"（CDP）的一种方式。

作为曾经的开发人员，我们可以向你保证，如果需要多次执行某些操作，我们就会想办法将其自动化，尽可能避免手动完成。在尽可能接近生产环境的环境中进行迭代系统演示有助于建立自动化，并最终帮助我们提高质量，因为这也将推动测试自动化的应用。

小结

在本章中，我们了解了为使ART保持对齐而进行的各种同步，以及这些同步的重要性。我们还介绍了一些额外的同步，包括技术同步和三驾马车同步等。我们了解了如何持续利用ART板，以及为什么迭代系统演示具有重要价值（不要跳过迭代系统演示）。

在PI的迭代中，有很多持续的对齐和执行工作。不要陷入让团队在PI期间独立运作的陷阱。运用同步（活动）、ART板和迭代系统演示来保持对齐，并使ART保持正轨。在下一章，我们将探讨PI活动。

第10章
PI活动

有几个作为PI边界的一部分的关键活动在一个PI中只进一次。与迭代规划启动迭代的方式相同，PI规划会议用来启动整个PI。与迭代评审和回顾结束迭代的方式相同，检视和调整（I&A）活动用来结束整个PI。

我们将在本章介绍以下主题：

- PI规划会议。
- 执行PI规划会议。
- I&A活动。

PI规划会议

对于任何执行SAFe®的组织而言，PI规划会议都是最重要的活动之一。人们常说，如果你没有进行PI规划会议，那么你就不是在做SAFe®。PI规划会议就像ART层面的迭代规划会议。它通常被称为"心跳"，是保持"火车"在轨道上平稳行驶并交付正确工作的关键。

成功执行PI规划会议需要付出大量的工作和努力。作为教练，你需要确保RTE在当前的整个PI期间为下一次PI规划会议做好准备。

传统的PI规划会议是每8~12周（一般为10周）进行一次的面对面活动。然而，自疫情以来，面对面地进行规划会议有时不再现实或不具备可操作性。在可能的情况下，我们仍然鼓励进行面对面的规划会议，因为这可以促进团队的建设和协作。

如果无法进行面对面的规划会议，请确保你已经在支持虚拟、远程或分布式PI规划会议的技术上有所投入，包括视频会议的设备、共享工作空间、电子白板、分组讨论的空间、支持PI规划会议的应用程序（可与敏捷规划工具集成）等。

真实世界的故事

我曾与一家组织合作，当得知由于疫情将不得不在未来两年进行远程规划会议时，该组织不愿意购买更多的工具。在该组织看来，有虚拟白板和微软Teams就足够了。作为教练，我发现团队的规划工作不如面对面时有效。对于购买更多的工具来支持一年只进行几次的活动，组织显得很犹豫。

我们计算了一次面对面PI规划会议的成本与需要购买的工具（用于远程规划会议）的成本。两者之间的差距非常明显，因此我们认为，在两次PI规划会议活动之后，工具的成本将被抵消。当一种新的变种病毒被发现时，我们无法如预期那样迅速恢复面对面的PI规划会议。我们购买了更好的工具，并发现规划工作开始变得更有效，交付成果也变得更好。

我们还发现，即使使用了改进过的工具，远程PI规划会议也需要更长的时间，而在午餐和休息时间自然进行的对话也不会发生。这导致遗漏了一些依赖关系，我们发现需要更加用心地寻找进行此类对话的方法。我们在PI规划会议期间建立了"炉边谈话"机制，让每个团队的一名成员进入一个特定的房间；这些团队成员能够分享他们在房间里发生的事情和他们正在规划

> 的一些工作，并且能够更好地了解其他团队的成员。团队成员非常喜欢这样的活动，并在整个PI规划会议中多次参加这样的活动。

RTE和PI规划会议

很多人都会说，PI规划会议是RTE的全部，能够成功完成PI规划会议是衡量一名优秀RTE的标准。当然，作为RTE，除了成功执行PI规划会议活动，还有更多的工作要做，但这仍是其职责中至关重要的部分。

RTE为PI规划会议定下基调。RTE应该充满热情和激情，因为这会感染在场的其他人。会议空间的准备程度（无论是虚拟空间还是实体空间）也会影响活动的成功。RTE的态度和举止也会为活动定下基调。如果RTE的压力过大或不能很好地处理不可避免的麻烦，那么ART也会表现出同样的行为。为此，作为教练，你在这一过程中为RTE提供必要的支持是至关重要的。

准备PI规划会议

RTE应该在上一次活动结束后不久，即PI的早期，就开始为下一次PI规划会议做准备。在附录A中，你将看到一份扩展的事项清单，以及建议的PI规划会议活动的日期。该清单基于SAFe®PI规划会议工具包中的ART准备工作手册，可供 RTE 和 SPC 使用。

不要低估规划会议的必要性，更不要低估组织规划会议所需的时间和精力。需要牢记的一点是，RTE不应试图自己完成所有工作。借助Scrum Master/团队教练、PO、产品管理人员和系统架构师的支持将有助于活动取得成功。

RTE 就像马戏团的团长，负责协调所有环节并宣布各种活动，但最终还要依靠其他表演者来完成各自的环节。

为与会者做好准备

你要确保所有与会者在PI规划会议之前了解活动预期。确保敏捷团队的所有成员都已完成SAFe®for Teams培训。为没有参加过SAFe®课程或过往PI规划会议活动的利益相关者进行PI规划会议概述。考虑多花一些时间与业务负责人讨论PI目标以及如何为目标分配业务价值。最后，确保产品管理人员和系统架构师已就特性的产能分配与赋能型特性和技术债务达成一致。

> **专业建议**
>
> 利用SAFe®PI规划会议工具包中的"为利益相关者准备的PI规划会议概述"组件。

PI规划会议的前一天

根据会议的形式（虚拟PI规划会议或现场PI规划会议），你需要确保环境和空间至少在活动前一天准备就绪。如果会议是虚拟的，你可以在会议前几周进行准备。

对于面对面的活动，通常需要在I&A工作坊的前一天或结束之后对房间进行布置。这包括建立ART规划板、风险板以及团队区域和团队板。你要确保当团队参与PI规划会议的第一天时，他们能够直接进行活动，而不用花额外的时间创建工作环境。

对于虚拟活动，你需要确保你的工具配置了相应的"板"。所有ART成员都已获得各种"板"、虚拟房间、工具和登录的链接。可以在活动前举行一次测试会议，让ART与会者熟悉工具和分组空间。

PI规划会议的准备工作不可低估。确保投入必要的时间和精力，以便活动取得成功。虽然每次活动都是独一无二的，但你很快就会发现，你可以在下一次活动中用到从前一次活动中学到的知识。

执行 PI 规划会议

PI规划会议通常为期2天。根据参会的形式（线下参与或远程参与，如果采用远程参与还应考虑团队所在的时区），你可能希望将活动的时间跨度拉长,并缩短每天的持续时间。

图10.1 描述了标准PI规划会议的时间表。我们将详细介绍会议中的每项活动。

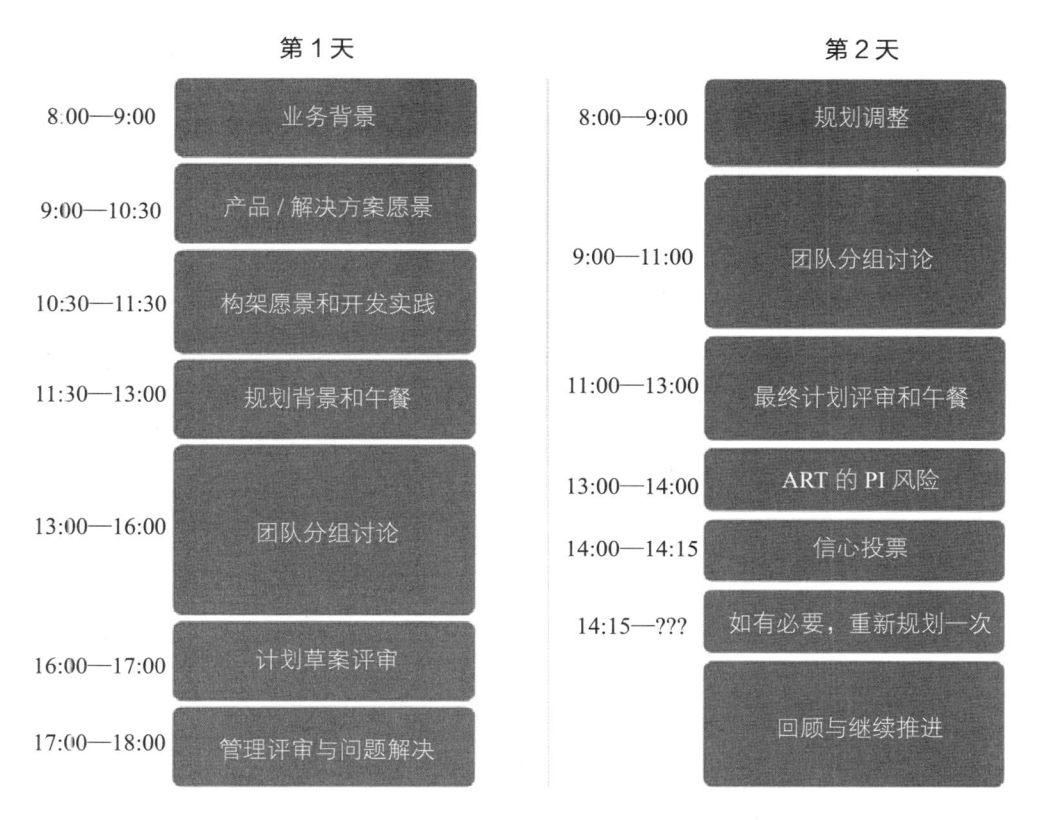

第 1 天		第 2 天	
8:00—9:00	业务背景	8:00—9:00	规划调整
9:00—10:30	产品/解决方案愿景	9:00—11:00	团队分组讨论
10:30—11:30	构架愿景和开发实践		
11:30—13:00	规划背景和午餐	11:00—13:00	最终计划评审和午餐
13:00—16:00	团队分组讨论	13:00—14:00	ART 的 PI 风险
		14:00—14:15	信心投票
		14:15—???	如有必要,重新规划一次
16:00—17:00	计划草案评审		
17:00—18:00	管理评审与问题解决		回顾与继续推进

图10.1 PI规划会议的时间表(Scaled Agile Inc.版权所有)

在附录B中给出了几种PI规划会议的时间表。

在准备PI规划会议时,请务必使用SAFe®PI规划会议工具包。这是一个内容丰富的资源包,有助于你成功地进行PI规划会议活动。请注意,SAFe®PI规划会工具包仅提供给证书有效期范围内的SPC和RTE。

让我们来深入了解活动的各个部分吧。

第1天(启动)

第1天以一顿丰富的早餐开始!在面对面的PI规划会议中,美食是最重要的事项之一。如果路途遥远，可以考虑准备一个盒子，装有咖啡、茶、点心、糖果等各种食品，并将其分发给每位参会者。在ART集合完毕后，RTE将致欢迎词以拉开活动序幕。

演讲

我们先介绍业务背景，然后介绍产品/解决方案愿景，接着介绍架构愿景和开发实践，最后介绍规划背景。我们通常为这些演讲预留的时间为4小时。

> **专业建议**
>
> PI规划会议的这一部分可能给人的感觉是，一群人在夸夸其谈。在4小时的活动结束时，一切听起来都像查理·布朗的老师在讲课。哇……哇，哇……哇……哇。为了避免出现这种情况，一定要提前规划短暂的休息时间（尤其是在远程会议上），并与演讲者合作，确保他们不要一张一张地读PPT。鼓励甚至"强迫"ART的成员提出一些澄清性问题（在必要时，你也必须提出一些问题来推动讨论）。

欢迎仪式

当你查看典型的PI规划会议时间表时，往往会忽略欢迎仪式并将其与"业务背景"环节混在一起。作为活动的主导者，RTE应该宣布活动开始，花几分钟的时间欢迎大家的到来，介绍大概的日程安排（以确定期望值），并介绍ART的主要成员。

在PI规划会议执行工具包中，有一些PI规划会议活动模板的幻灯片，可帮助澄清活动的背景，包括我们为什么在这里、议程、工作协议和一些初步指导。

如果进行线下活动，可以考虑按照团队来标识每张桌子，这样房间里的人都能知道每个人的位置。

欢迎仪式不应超过15分钟。在欢迎仪式结束后，RTE可以（兴奋地）介绍即将分享业务背景的高管。

业务背景

业务背景为PI规划会议活动定下基调。我们希望高管能分享业务现状和即将实现的目标。对于这一环节，没有规定的格式，分享方式取决于演讲的高管和ART的需求。

在与高管讨论如何准备时，要确保充分沟通关键投资组合（Portfolio）中的优先级，同时要讨论ART正在开发的解决方案如何与投资组合和组织的战略相适应。

有时，SWOT分析有助于沟通解决方案在全局中的位置。确保有效地沟通"为什么"，这对ART的交付至关重要。

你可能需要辅导高管，以使其在陈述中表现得平易近人。全面了解ART所要交付的内容是关键。高管与ART的对话时间为一小时，问答环节应该包含在内。

确定高管

由于不同的组织有不同的具体情况，你可能不清楚哪位高管能有效引领业务背景的对话。让总裁或首席执行官与ART共处一小时并设定业务背景将大有裨益，但一般而言这可能并不可行。找到一位可以邀请到的最高级别的高管，该高管应直接了解ART正在执行的工作，有足够的决策权，在组织内部受到尊重，并有可能在PI规划会议活动中多花一些时间，能够参加未来的系统演示（最好能参加迭代系统演示，但PI系统演示尤其重要）。

> **专业建议**
>
> 根据组织的具体情况，你可能有机会让多位高管出席会议并设定业务背景，并且/或者由不同的高管根据正在开发的解决方案来轮流发言。

真实世界的故事

有一次，在PI规划会议的前一天晚上，介绍业务背景的高管给我打电话：由于公司进行了重大合并，他无法参加PI规划会议。在那个阶段，我唯一的选择就是，让另一位业务负责人代表他演示幻灯片，但这绝不是理想的选择。因为这种情况不止发生了一次，所以在日后的工作中，我总是让介绍"业务背景"的人制作视频。这不仅可以在对方无法出席时有一个备份，还意味着我再也不用在最后一刻追问"业务背景"了！

在讨论完"业务背景"后，ART成员应了解他们的工作会如何直接影响业务，以及他们所做的工作为何重要。

产品/解决方案愿景

> 如果你不知道自己要去哪里，那么任何一条道路都能让你到达。
> ——刘易斯·卡罗尔

产品愿景（如果你是"解决方案火车"的一员，则为"解决方案愿景"）的目的是为ART的PI制订计划。我们专门投入1.5小时的时间来进行这一对话，如果没有经过深思熟虑和充分准备，可能会显得冗长而令人不知所措。

产品管理人员负责PI规划会议的演讲环节。产品管理人员应准备好分享愿景和各团队将在PI期间开发的特性。

愿景

你应提早计划与产品管理人员合作，在每次PI规划会议之前定义或提炼愿景。需要确保愿景能够传达战略意图，鼓舞人心，既有抱负又可实现。可以考虑利用未来明信片（见图10.2）或新闻稿草稿来帮助创建愿景。

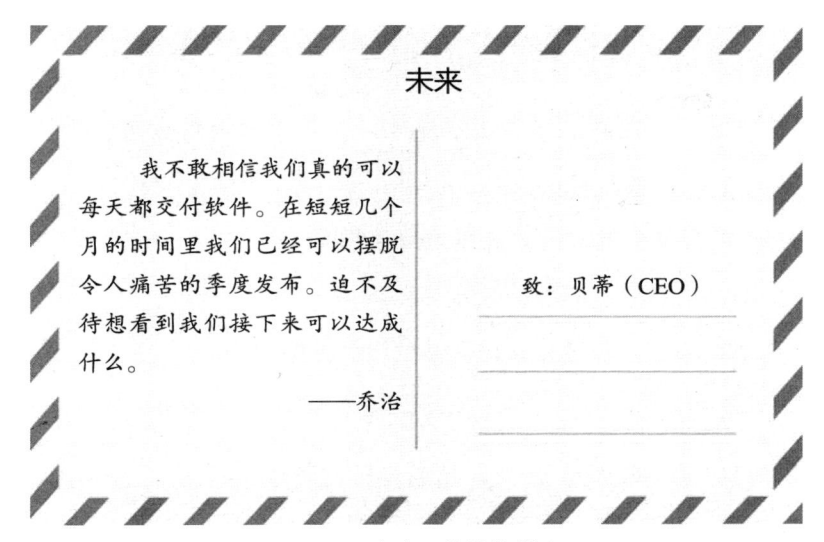

> 未来
>
> 我不敢相信我们真的可以每天都交付软件。在短短几个月的时间里我们已经可以摆脱令人痛苦的季度发布。迫不及待想看到我们接下来可以达成什么。
>
> ——乔治
>
> 致：贝蒂（CEO）

图10.2 未来明信片的样本

路线图

在阐述完愿景之后，我们建议评审路线图（见表10.1）。我们应该能够看到愿景与路线图上的特性之间的直接关联。路线图是一个有用的工具，它不仅显示了我们的前进方向，还显示了我们的过去。由于PI规划会议是在IP迭代期间进行的，因此我们建议显示上个PI完成了哪些工作，并展望当前PI和未来几个PI。

表 10.1 PI 路线图示例

上个 PI	当前 PI	下个 PI	下下个 PI
PI 03/2023	PI 04/2023	PI 01/2024	PI 02/2024
特性 A 特性 B 特性 C 特性 D	特性 E 特性 F 特性 G	特性 H 特性 I 特性 J 特性 K 特性 L	特性 M 特性 N 特性 O
---- 已完成 ----	----- 已承诺 -----	----- 未承诺 -----	----- 未承诺 -----

> **📝 专业建议**
>
> 产品管理人员可能根据具体情况使用几种不同的路线图。我推荐至少可以使用如下三种路线图：
> - 3~5年的投资组合级史诗概要路线图。
> - 1~2年的ART级史诗/特性概要路线图。
> - 显示过去、当前和未来PI特性的PI特性路线图。

讨论路线图是产品管理人员祝贺ART迄今取得的进展并庆祝ART交付的成果和取得的成就的好机会。此外，随着ART成熟度的提高，这也是花10~15分钟回顾一年前ART状况的好机会。

特性评审

在评审路线图之后，产品管理人员可以深入探究他们希望ART在PI中交付的特性。提醒产品管理人员和ART，这是一份优先级列表，团队可能无法完成所有任务。特性的优先级列表是PI规划会议的输入，而不是输出。

> **❗ 注意事项**
>
> 团队应该已经熟悉所介绍的特性。PI规划会议不是向团队介绍新特性的时候。在PI规划会议期间，利用ART看板使特性完善，以达到可供使用的水平。

所介绍的特性还应包括赋能型特性，如果某些特性需要实现一些里程碑，也应在此指出。确保将里程碑记录在ART规划板上。

产品管理人员可能希望让系统架构师参与进来，介绍并回答有关赋能型特性的问题。PO可以参与介绍和讨论某些特性。

在SAFe®材料中，通常会提到介绍前10个特性。这并不意味着你必须为每个PI正好提供10个特性。不过，这是一个很好的粗略的经验法则。如果你发现ART在每个PI中的特性明显多于或少于10个，那么你可能要花一些时间来完善和调整特性。

> **专业建议**
>
> 对于ART的合适的特性数量，没有精确、科学的估算方式，但ART的规模可能是一个因素。如果你有5个团队，那么处理10个特性可能没问题（每个团队处理2个特性），但如果你有12个团队，那么这10个特性还不足以保证每个团队能处理一个特性。
>
> 另外，一个特性（如一个故事）需要足够小，以便在一个PI中可以实现。我建议一个特性需要1~2次迭代完成，以3次迭代为上限。最后，我们需要保证有足够多的特性，以避免让PI中的团队处于空闲状态。

当为"特性评审"创建幻灯片时，可创建一张幻灯片，显示按优先级排序的特性，然后为每个特性创建一张幻灯片，包含以下详细信息：

- 特性标题/描述。
- 特征ID（敏捷工具分配的唯一标识符）。
- 价值假设声明。
- 验收标准。

ART成员应根据需要进行提问，以澄清特性和愿景。在PI规划会议的"产品愿景"环节结束时，ART成员应就愿景达成一致，并了解需要开发的特性及其优先级。

架构愿景和开发实践

我们经常看到，该环节的演讲最容易被忽视，并且对其的准备也最不充分。然而，它是最关键的环节之一。你可能对"你无法扩展蹩脚的代码"这句话并不陌生。架构愿景和开发实践也是如此。作为教练，请确保与系统架构师合作，帮助其做好准备工作。

在PI规划会议时间表中为这一环节预留了1小时的时间。从会议效果的角度考虑，建议在该环节之前稍作休息，以便大家在回来时能更好地集中注意力。

根据ART正在构建的解决方案，该环节的介绍会因具体情况（如硬件与软件）的不同而有很大差异。请考虑可能在本环节中共享信息的各种角色：

- 系统架构师通常介绍架构、赋能型需求以及通用框架和模型。
- 用户体验负责人将提供用户体验方面的指导。
- 开发管理人员或系统团队成员将提供有关工具、环境、DevOps流水线或工程实践的更新信息。

赋能型特性

这是深入讨论本PI的ART中赋能型特性的机会（如果在产品介绍中还没有讨论过）。我们建议为每个赋能型特性创建一张幻灯片，包括刚才提到的信息。此外，还应包括团队可以了解更多信息或查找更多信息的链接，如模型、NFR等。

模型

> "一图胜千言。"
>
> ——佚名

架构模型和图表是一个经常被忽视的关键组件。虽然并不一定要在这个环节详细介绍模型，但需要确保团队知道模型在哪里、如何利用这些模型、谁来更新这些模型以及不同模型的一致性。

在评审架构时，系统架构师使用模型就像产品管理人员使用路线图一样。场景模型有助于展示信息如何在各个系统中流动。架构模型可以显示所有系统如何相互影响。鼓励团队在整个PI的实施过程中引用并更新模型。

> 📝 **专业建议**
>
> 鼓励产品管理人员和系统架构师为每个特性创建场景模型，来显示当工作流经系统时，哪些人和哪些系统会相互影响。

开发实践

如果ART正在构建硬件，那么围绕开发实践的讨论将与交付软件的ART截然不同。硬件ART的开发实践可能包括安全讨论、如何更好地利用基于模型的系统工程（Model-Based System Engineering，MBSE）、使用3D打印的替身等。对于以软件为中心的ART，这可能包括各种组件的版本更新、有关构建流程和DevOps流水线的信息、有关环境的讨论或其他各种工程实践。

> **📝 专业建议**
>
> MBSE是一种系统工程方法，其重点是开发和使用模型来支持系统需求、设计、分析、验证和确认，并贯穿系统的整个生命周期。MBSE使用形式化和图形化的模型来描述系统的结构、行为、功能和要求。
>
> MBSE用一种更现代的方法取代了传统的基于文档的系统工程，这种方法利用计算机的建模工具来创建和管理系统模型。这使开发过程更加敏捷和更有迭代性，使工程师能够快速分析和验证系统行为，在开发周期的早期发现和解决问题，并根据系统模型做出明智的决策。
>
> MBSE广泛应用于航空航天、汽车、国防和医疗保健等行业，这些行业的复杂系统需要严格的设计和分析流程。实践证明，MBSE可以提高系统质量，缩短开发时间，降低开发成本，改善团队成员之间的沟通与协作。

对于用户体验团队来说，这个环节也是一个好时机，可以介绍我们所期望的用户体验信息，分享线框图或来自用户体验研究和现有系统更新的信息。在"架构愿景和开发实践"环节结束后，ART成员应了解其环境中可能影响开发的任何变更。他们应了解"赋能型需求"工作的优先级，并确保将用户体验指导与相关的故事结合起来。

> **📝 专业建议**
>
> 我想在架构介绍中纳入的最后一个领域是测试。对话内容应包括测试数据管理、测试替身、测试基础架构、自动测试覆盖率等信息。

规划背景

现在，团队已经了解了他们的工作对业务的影响，愿景和最高优先级的特性是什么，如何通过赋能型需求实现这些特性，以及有哪些待解决的架构和工程问题。我们终于可以与团队讨论如何实际规划已经明确的工作了。

> **专业建议**
>
> 如果你看一下标准的SAFe® PI规划会议时间表，上面写着"规划背景和午餐"。我发现，先吃午饭，然后提供说明和指导，可以让团队讨论和消化他们所了解到的所有事情。对话的重点是要完成什么工作，而不是如何完成工作。指定午餐时间有助于避免让团队过早开始分组讨论。请记住，吃饭和休息都很重要。

"规划背景"环节的讨论通常需要30~45分钟，这取决于ART的成熟度，以及PI规划会议与PI规划会议之间的地点、工具和实践的一致性。它通常由RTE提出。不过，这通常也是为ART中的其他人提供成长机会的时刻。

流程

在讨论"规划背景"时，重要的是要分享愿景、特性和赋能型需求如何转化为PI计划、目标和ART规划板的产出。重要的收获是将团队在上午了解到的信息与他们在会议结束时的交付成果联系起来。同时，也要不断重申我们为什么要进行PI规划会议。

许多ART面临的最大障碍之一就是PI目标。RTE需要花一些时间讨论PI目标，可以使用PI规划会议工具包中的幻灯片来帮助团队理解期望。

提醒团队应编写具体的、可衡量的、可实现的、现实的和有时限的（符合SMART原则）团队PI目标。

> **专业建议**
>
> 考虑在PI规划会议之前举行PI目标撰写工作坊，帮助团队学习如何撰写有效的PI目标。

最后，要提醒团队，未承诺的PI目标不是延展目标，也不代表他们有时间才会完成的额外工作。未承诺的PI目标代表团队认为存在风险、大量不确定性、重要依赖关系的让团队对自己实现目标的能力缺乏信心的已规划工作。

注意，不要让团队有太多未承诺的PI目标，不要害怕深入了解团队觉得他们无法承诺的地方和原因。然后，努力帮助团队对计划进行调整，以增强信心。

需要注意的是，我们不是指不应该制定未承诺的PI目标。我们指的是要在合理的范围内制定未承诺的PI目标。我们使用PI目标来确保ART的可预测性，可预测的ART能完成80%~100%的PI目标。如果ART的完成率一直非常接近或超过100%，请推动团队确定未承诺PI目标的真正原因，并向他们提出挑战，使其成为承诺的PI目标。你可能还需要与业务负责人合作，以帮助他们了解他们在分配业务价值（BV）方面的责任。

PI目标是对已完成工作的衡量。当业务负责人在PI结束后评审PI目标时，他们会问你是否在规定的时间内按约定的质量水平完成了所有工作。

然而，当在PI规划会议中分配业务价值时，业务负责人通常使用1（最低）到10（最高）的等级，并会将最大数值分配给面向客户的目标。不过，业务负责人也应征求技术专家（包括系统架构师）的意见，因为他们知道对架构和其他方面的重视会提高团队创造未来业务价值的速度。

> 📝 **专业建议**
>
> 考虑让团队围绕未承诺的PI目标定义风险。这有助于发现团队是否因过度规划而有未承诺的PI目标，并创造机会以确保团队获得必要的协助，来消除风险和可能的承诺。

PI目标的技巧和窍门

许多团队和ART都在努力实现PI目标。以下是一些帮助ART的技巧和窍门。你必须不断与ART合作以改进PI目标，当然，这不可能自然而然地发生。

为了让团队更容易接受PI目标，可以考虑利用"迭代标题"或"意图"的概念，并在此基础上不断演进。"迭代标题"或"意图"是一个快速的声明，阐明团队计划在迭代中交付的关键工作。例如，"号外，号外，鲨鱼团队将在迭代3中构建购物车"或"鹈鹕团队打算在迭代4中交付信用卡处理模块"。

> **真实世界的故事**
>
> 我曾与一个ART合作，在该ART中有许多实习生与团队一起工作。我们分享了以"号外，号外，快来看看吧"为开头的"迭代标题"的例子。一位实习生后来问我这是什么意思。她不知道"号外"是什么意思。后来，我们改变了例子，决定让各团队创作一条"推文"："鲨鱼团队将减少25%的查询等待时间 #等待时间 #减少。"

作为教练，确保团队不要编写太多的PI目标。对团队的一般指导可以是，建议将迭代次数加一得到PI目标数。因此，如果你的PI有五次迭代，那么建议每个团队写4~6个PI目标。

当我们编写PI目标时，我们经常看到它们直接与ART级待办事项列表中的特性或赋能型需求相关。有时，PI目标会被写成一组特性的集合，与里程碑（如贸易展会）相关。

> **✏️ 专业建议**
>
> 确保团队不要编写只与特性直接相关的PI目标。我经常看到团队的PI目标是这样的：
> - 我们将在迭代2中交付特性X。
> - 我们将在迭代4中交付特性Y。
>
> 一定要尽量避免这种反模式。

考虑使用以下格式之一：

- 为了提高最终用户在 _____（客户已经在做的事情）方面的效率，我们将 _____。
- 为了减少或消除安全风险，我们将 _____。
- 为了改进 _____，我们将 _____。

分配业务价值

对于许多业务负责人来说，分配业务价值是一件非常棘手的事情。他们在分配业务价值时应考虑以下一些事项，以避免只将其与投资回报底线联系起来。

- 合规价值。如果不能实现，可能导致罚款、损失或品牌损害的法律或基础设施价值。
- 商业价值。能维持或带来新收入的产品或服务。
- 市场价值。使解决方案与众不同以保持竞争力的功能。
- 效率价值。改进流水线或降低运营成本（包括技术债务）的功能。
- 未来价值。支持未来需求的功能，包括赋能型需求、概念验证和技术探针。

作为教练，你需要在PI规划会议前与业务负责人密切合作，帮助他们了解如何分配业务价值以及他们应该重点关注的方面。

> **专业建议**
>
> PI目标有助于团队从业务角度了解他们正在完成的工作的优先级。
>
> 我经常看到，一些团队有4或5个业务价值为10的目标，而其他团队的大部分目标的业务价值则为6或7。这会在很大程度上打击团队的士气，因为他们的工作被认为不那么重要。
>
> 一个可以利用的成功模式是，为每个团队的PI目标的业务价值分配的数字只可使用一次。例如，每个团队只有一个业务价值为10的目标、一个7、一个3，以此类推。这有助于团队了解优先级，业务负责人也能更均匀地将价值分配给各个团队。

规划背景（续）

现在，我们要确保团队了解房间或虚拟空间的布局以及他们的工作区域。每个团队都应该有一块团队迭代板，上面清楚标明每个迭代的日期，包括产能和负载（见图10.3）。每个团队还应有一个PI目标板和一个团队风险板。

图10.3 团队迭代板示例

明确提出并确保有一个"IP迭代"板，并清楚标明不应在"IP迭代"中规划工作。

> 📝 **专业建议**
>
> 用报事贴来记录产能和负载，以便在计划发生变化时轻松更改。

> 📝 **专业建议**
>
> 我们在图10.3所示的团队迭代板的底部添加了一个区域，用于记录迭代期间的休假计划。需要添加姓名和休假日期。这样我们在检查产能时就会更清楚。

> **专业建议**
>
> 我们在团队迭代板的底部添加了一个名为"迭代标题"的区域。这有助于其他团队了解依赖关系以及在每次迭代中计划交付的内容。在理想的情况下，所有团队都能查看其他团队的团队迭代板上的故事和工作，但这种情况很少见。标题/推文是宣读计划期间分享每次迭代发生的事情的快速方法。随后还可以将其作为迭代目标的输入。

团队空间中的图例也很有帮助，这样团队就能始终如一地为每种工作使用相同颜色的报事贴。例如，故事是绿色的，赋能型需求是黄色的，技术探针是橙色的，风险是红色的，特性是蓝色的，等等。这样就能快速查看工作空间，确保有一个良好的产能分配，否则我们在PI结束时将不会看到所有的技术探针故事。

> **专业建议**
>
> 如有需要，你可以在每次PI规划会议中改变使用报事贴的颜色规则。在买到的报事贴中，通常会包含多种颜色。不可避免的是，在一次PI规划会议中，你使用的故事报事贴会多于赋能型需求或探针故事的报事贴。所以你可以在下一次PI规划会议中改变颜色，只要所有团队都保持一致，并明确说明颜色规则即可。

与团队分享并提供SAFe®PI规划会议工具包中的"团队可交付成果——细节"幻灯片。确保团队了解如何跟踪依赖关系、风险以及为计划外活动（如维护和生产支持）预留的产能。明确设定对IP迭代的期望。提醒团队应在第一次团队分组讨论结束前起草PI目标，并在第二次团队分组讨论期间分配其业务价值。最后，确保在ROAM板上记录ART的PI风险。

ART规划板

既然大家已经注意到了ROAM板的位置，自然可以将重点转移到ART规划板上。确保敏捷团队和Scrum Master/团队教练了解应在ART规划板上记录的信息。提醒团队，有"红毛线"是件好事。我们要确保捕捉到依赖关系，这将突出显示瓶颈，以便我们能够处理或解决这些问题，从而使ART能够实现其承诺。

ART规划板是一个为每个ART和每个PI定制的大型网格。如图10.4所示，在ART规划板中，各列表示每次迭代及额外的一次迭代，各行表示里程碑、团队名称，以及某ART或其团队所依赖的任何其他团队/ART。

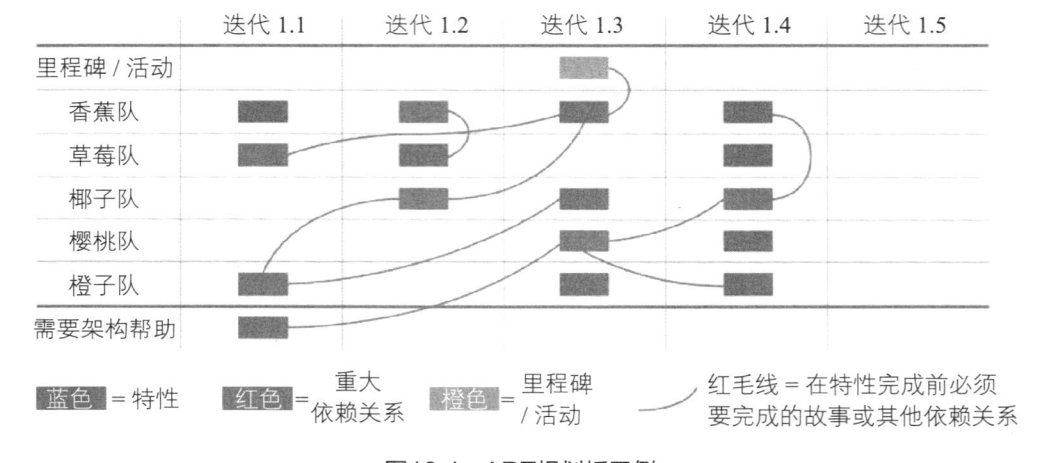

图10.4　ART规划板示例

确保跟所有人介绍ART规划板的各个方面。你需要（再次）指出任何已知的里程碑。突出团队行的顺序。提醒各团队使用蓝色（或你确定的其他颜色）报事贴来记录特性的完成时间。使用红色的（毛）线和报事贴来记录依赖关系。

> 📝 **专业建议**
>
> 在ART规划板上有策略地放置团队，以尽量减少团队之间红线的长度。例如，如果你有两个团队，而这两个团队之间通常有很多依赖关系，那么你可以考虑将它们放在一起

如果你对团队应如何识别依赖关系有任何特定的格式要求，现在正是解决

这些问题的大好时机。需要考虑的一些常见事项包括：

- 依赖关系是什么。
- 谁需要哪些信息、代码等。
- 谁负责提供。
- 何时需要。

提醒各团队，当依赖关系出现在规划板上时，他们都需要同意并接受该依赖关系。团队成员应当面讨论，并就依赖关系达成一致。

借此机会提醒Scrum Master/团队教练，他们有责任在整个PI规划会议中不断更新ART规划板，而不仅仅是在第二次团队分组讨论结束时。然而，他们并不一定要亲自更新。

> **专业建议**
>
> 在识别依赖关系时，成功的方法是确保在ART规划板上的报事贴记录了两个团队的故事编号，以便了解每个团队正在完成的工作。我还让团队在其团队板上的报事贴上添加圆点，标明对方团队的故事编号——需要对方团队提供信息的团队用黄点标明，提供信息的团队用蓝点标明。
>
> 这样，我们就能将团队板与ART规划板相互参照。这也有助于确保各团队相互讨论依赖关系，避免因PI规划会议的紧张、激烈气氛而忽略关键的依赖关系。

在完成房间和团队板的布置前，可以考虑先介绍以下内容：

- 回顾板。
- 表扬板。
- 团队桌子的位置。
- 创建未决问题暂存板/求助板。
- 在哪里可以找到业务负责人。

规划流程

现在，我们介绍需要团队为规划本身完成的步骤。考虑利用SAFe®PI规划工具包中的幻灯片，并根据你的环境和情况进行定制。我们建议将"规划流程"幻灯片（或类似幻灯片）作为讲义提供给团队。这将帮助他们保持正轨。你需要概述这些步骤，并尽量不要照着读。

团队需要执行的关键项目如下。

- 为所有迭代估算产能。在估算产能时，充分利用团队迭代板上的休假计划信息。尽可能使用历史数据。计算故事点的公式只能用于没有历史速率的团队。

- 确保记录每次迭代中出现的节假日。你可能需要制作一个关于节假日的手册，尤其是当各团队不在同一地点时。不要忘了包括地区性和宗教节日。

- 回顾ART级待办事项列表的内容。此时，各团队应该已经熟悉了特性和赋能型需求，但是仍可能出现其他需要澄清的问题。

- 确定团队级待办事项列表的内容。团队应确定故事并对每个故事进行估算。关于团队是否应在完成创建和估算故事后再进行PI规划会议，有多种观点。选择最适合ART、ART的成熟度和ART对工作的熟悉程度的方法。

> **专业建议**
>
> 对于在PI规划会议期间确定的故事，应打破传统的规划扑克方式，采用少数服从多数的方式，只打一局。如果有人对估算过于热衷，他们通常会直言不讳，然后团队可以决定是否同意此人的观点。
>
> 请记住，在PI规划会议中，我们希望了解能交付什么，不能交付什么，然后根据需要做出权衡。不要让团队在每个故事上都钻牛角尖，也不要无休止地争论。

- 确定任何硬性交付日期或承诺日期。确保团队了解里程碑，以及与完成某些交付相关的任何日期或准备时间。考虑在ART规划板和团队板上添加这些内容。
- 持续识别、讨论和解决相互的依赖关系。这是PI规划会议最重要的方面。确保再次提醒各团队有关识别依赖关系的方法。
- 将故事加载到迭代中。团队将在迭代板上添加报事贴，先完成优先级最高的特性，然后再完成下一个特性，直到达到产能上限。请指导团队拆分8个故事点或8个故事点以上的故事。
- 陈述、协商并对PI目标达成一致。PI目标应被记录在每个团队板上。你可以考虑让各团队在大一些的报事贴上写下初稿，以便在第2天最终确定之前对其进行完善。
- 识别障碍和风险。团队应识别团队风险和ART的PI风险。你可以考虑就如何撰写风险提供指导。
- 准备宣读计划。团队应确定由谁负责宣读计划。在通常情况下，由PO或Scrum Master/团队教练负责。当然，任何团队成员都可以宣读计划。
- 迭代标题（额外环节）。如果你决定使用"迭代标题"，请确保已创建了这些标题，以便在宣读计划时进行分享。

真实世界的故事

我曾指导过许多ART，但还没见过哪个ART能在PI规划会议期间完全分解、估算和规划一个特性。我强烈建议，让团队在PI规划会议前对特性进行分解。

这并不意味着所有的故事都是完全梳理过的，都有完整的验收标准并都符合"就绪"的定义，只是要有足够的信息让团队了解故事的内容，以便进行快速估算。

我认为，前两次迭代中的故事会比迭代3和4中的故事更加细化。

需要注意的是，团队在进行PI规划会议时，不要把所有事情都规划好，然后把时间都用于写报事贴（并贴在墙上）。如果出现这种情况，团队就会过度规划，从而失去PI规划会议的价值。因此，需要就正在开展的工作进行对话。

挑战之处在于，如何在不准备任何故事和准备好所有故事之间找到适当的平衡。

规划会议验收标准

在介绍完规划背景后，我们希望每个人都了解完成PI规划会议的验收标准。有三个关键验收标准：

- 所有迭代均已被规划好，并且计划已被接受。
- 已创建PI目标并分配业务价值。
- 已识别出ART的PI风险。

你可能需要考虑一些额外的验收标准，以便为团队提供更多清晰的信息，包括以下内容：

- 负载应小于每次迭代的产能。
- 已记录依赖关系并对其达成一致。
- ART规划板能够反映团队计划。

在各团队成员回到各自的分组讨论房间之前，利用这个机会回答与会者提出的任何问题。然后，满怀热情，将各团队送回分组讨论房间。

至此，PI规划会议的"规划背景"和"第一天宣讲"环节结束。

团队分组讨论

在PI规划会议期间，有两个不同的团队分组讨论时段，每天各一个。第一天的分组讨论长达3小时。在这段时间里，团队要制订计划，处理依赖关系，识别风险，编写PI目标并准备计划草案。

在这3小时中，将进行大量的讨论和决策。各团队应全力以赴。

在分组讨论过程中，RTE、产品管理人员、系统架构师和业务负责人应在各团队之间来回走动，回答问题并在必要时进行澄清。你需要注意的是，不要让某个人"卡"在某个团队里，以免在无意中影响该团队的规划流程。

教练同步检查点

每隔一小时左右，RTE会进行一次教练同步检查点活动。在"同步"过程中，RTE会查看活动清单以及团队在实现目标方面取得的进展。在SAFe®PI规划会议工具包中包含"教练同步检查清单"模板。在调整分布式PI规划会议时，可根据自己的ART和时间盒进行裁剪。

> 📝 **专业建议**
>
> 在进行PI规划会议之前，为Scrum Master/团队教练提供"教练同步检查清单"，这样他们就能知道自己在流程中各个时间点（以小时计）的工作职责。

教练同步创造了几个机会。第一，它为Scrum Master/团队教练提供了一个离开团队喘口气的机会。第二，它提供了一个在同步会后讨论任何依赖关系的机会。第三，这是花几分钟时间更新ART规划板的好时机。第四，它在时间盒内提供了一个休息时间，大家可以喝咖啡或放松一下。

在团队分组讨论结束后，可以考虑稍作休息，然后将各团队召集起来，进行计划草案评审。

计划草案评审

每个团队的"计划草案评审"都采用结构化格式。如果各团队都知道自己的陈述顺序，会有所帮助，但并非绝对必要。团队中的任何人都可以宣读计划草案。

我们希望各团队介绍以下信息：

- 每次迭代的产能和负载。
- PI目标草案。

- ART的PI风险和障碍。
- 问答环节。

我们建议你不要深入研究故事，因为这会导致评审变得非常冗长。此外，你的PI目标应足够清晰，无须进行额外说明。ART成员应抓住机会就团队计划交付的工作和计划提出问题。

> **✏️ 专业建议**
>
> 我发现团队很少能够写出清晰的SMART PI目标，即使进行额外的工作和培训，但我发现团队很容易用一句话概括他们计划在迭代中完成的工作，这就是我推广使用迭代标题/推文的原因。
>
> 我通常会给团队一个可遵循的脚本。下面就是一个例子：
>
> 在迭代1中，蜥蜴团队的产能为26，负载为25。我们的迭代标题是"为购物车构建初始用户界面和数据结构"。
>
> 在迭代2中，我们的产能为28，负载为28。我们的迭代标题是"我们将完成购物车的特性"。
>
> 请注意，这里提到了何时完成该特性。我甚至鼓励团队将这些特性以报事贴的形式记录在他们的团队板上，而不仅仅是ART规划板。
>
> 在完成每次迭代后，主讲人会分享他们的PI目标以及任何风险和障碍。我鼓励业务负责人做一些笔记，他们可以在第2天的团队分组讨论中帮助团队改进其PI目标。

在完成计划草案评审后，一定要感谢ART所有成员的辛勤工作，并以欢呼和掌声表示庆祝。有些ART甚至会安排可选的晚餐或其他欢乐时光。如果你的ART有这样的安排，请与大家分享细节，然后就可以结束第1天的活动了（除了管理评审和问题解决的ART成员）。

管理评审和问题解决

管理评审和问题解决是PI规划会议中最难的部分。RTE或教练将为其提供引导。该环节的时间应为1小时。但是，根据ART所面临的挑战，有些讨论和工作的用时可能超过规定时间。引导者需要注意时间安排，保持讨论的顺畅。

一种方法是让与会者在会议室内走动，充分利用ART规划板和每个团队规划板。

本环节需要解决的一些关键问题如下：

- 我们刚刚了解到了什么？
- 我们需要在哪些方面调整愿景？范围或资源？
- 瓶颈在哪里？
- 哪些特性必须缩小范围？
- 从现在到明天，我们必须做出哪些决定来解决这些问题？

你需要记录在此期间所做的笔记、行动项和决定，因为在第2天的分组讨论中要与各团队沟通这些内容，以便他们做出必要的调整。

> **专业建议**
>
> 不要给参加管理评审和问题解决会议的人员带晚餐（咖啡可能有所帮助），否则这会延长工作时间。另外，饥饿感也可以防止谈话拖沓。
>
> 鼓励与会者迅速做出决定，然后与同事们共进晚餐/共度欢乐时光。

管理评审和问题解决会议的与会者

确定管理评审和问题解决会议的与会者可能很难。你会发现很多人都想参与其中，或者认为他们应该参与其中。在PI规划会议之前设定期望值有助于让过程更加顺畅。

根据组织的不同，与会者也会有所不同。参与人数应尽可能少。如果你发现参与人数超过了典型的敏捷团队人数（7人，±2人），你就需要努力将人数降到最低。以下是较合理的参会人员构成：

- RTE。
- 产品管理人员。

- 系统架构师。
- 业务负责人。
- 高管（史诗负责人）。

> 📝 **专业建议**
>
> 我经常看到PO和Scrum Master/团队教练也参与其中。如果你确实希望PO和Scrum Master/团队教练也参与其中，请确保他们理解你对他们的期望，他们应该是观察员，而不是积极的与会者。根据我的经验，他们的参与往往会导致决策延迟，并延长会议时间。
>
> 事实上，你应鼓励他们好好休息，睡个好觉，然后在早上会议开始前，告知他们需要特别注意的事项。

在本环节结束后，与会者应就已做出的决定达成一致。另外，还应确定由谁来向各团队介绍这些变化和决定，以及由谁来将这些决定制作成幻灯片。

如果按照传统的时间表，本环节的结束标志着第1天的规划会议正式结束。

第2天

本着与第1天相同的精神，启动活动并欢迎与会者重返PI规划会议。

规划调整

分配30分钟的时间来回顾管理评审和问题解决会议期间做出的决定。通常，行动和调整的负责人将介绍调整情况并回答所有问题。例如，如果问题与需求范围有关，那么产品管理人员将对此进行讨论。如果问题与架构有关，那么系统架构师将对变更进行说明。确保团队有机会对变更提问。你可以考虑提出一两个问题来打破僵局。

第2天的团队分组讨论

在第2天的分组讨论中，团队根据管理评审和问题解决会议的反馈来完善和调整计划。团队可能需要根据已缩小范围的特性或已解决的风险重新制订计划。

各团队有2小时的时间进行此环节。鼓励业务负责人及早与每个团队进行沟通，并就PI目标提供反馈和指导，以便团队在业务负责人分配业务价值前对其进行完善。

与第1天一样，RTE、系统架构师和产品管理人员也应进行巡视，RTE将继续进行教练同步活动。

在让团队开始第二次分组讨论之前，有一些重要的提醒：

- 各团队有2小时的时间完成计划，或者在时间盒结束前完成计划。
- 业务负责人将巡场，为PI目标提供指导和分配业务价值。
- 教练同步将在指定时间进行。
- 继续识别依赖关系，确保ART规划板得到更新。
- 确保捕捉任何风险和障碍。
- 最后，提醒团队享受会议的乐趣。

这些对于团队按部就班地完成计划至关重要。如果团队发现他们有多余的时间，可以鼓励他们在午餐和最终计划评审之前查看其他团队的规划板。

最终计划评审和午餐

根据标准的时间表，本环节的标题为"最终计划评审和午餐"。我们建议你先举行午餐会，然后再开始最终计划评审。这样可以给各团队一点缓冲时间，以便在必要时完成计划。

最终计划评审的方式与计划草案评审相同。SAFe®的指导原则是分享对计划草案所做的任何修改。但是，也可以考虑重述整个计划，因为此时ART的一些成员可能有不同的观点，进而提出更多的问题。

一旦团队分享了产能和负载、PI目标、风险并完成了问答，每个团队就需要完成一个经常被忽视的步骤：询问业务负责人是否接受团队的计划。

确保这一步不会被省略。在理想情况下，业务负责人的任何担忧或顾虑都已得到解决。但是，其他ART成员提出的问题可能提供新的信息，从而导致重新规划。

如果团队的计划未被接受，就需要用到PI规划会议时间表中预留的额外返工时间。导致计划未被接受的原因可能决定当天的后续时间表。你可能需要重新规划一段时间，然后重新开始评审，或者你可能希望继续评审和应对风险，然后重新规划并完成整个活动。

> **专业建议**
>
> 你会发现，在午餐过后，PI规划会议的与会者都有点昏昏欲睡。如果发现这种情况，可以让每个人在演讲之间站15秒钟，以帮助与会者保持积极性。

在完成最终计划评审后，我们最好稍作休息，然后再开始处理ART的PI风险。

ART的PI风险

在PI规划会议期间，各团队都向ROAM板（见图10.5）上添加了风险项。ROAM是我们处理风险的方法。记录风险的常用格式是"如果……那么……"考虑利用这种格式，并找到发现风险的团队或个人，以便后续更好地跟进。

每项风险都需要进行ROAM分析，并置于适当的"象限"中：

- 已解决。风险已得到解决，不再令人担忧。
- 已认领。有人对该风险负责。
- 已接受。没有其他办法了，如果风险发生，发布可能受到影响。
- 已缓解。在必要时，已有可用于调整的应对计划。

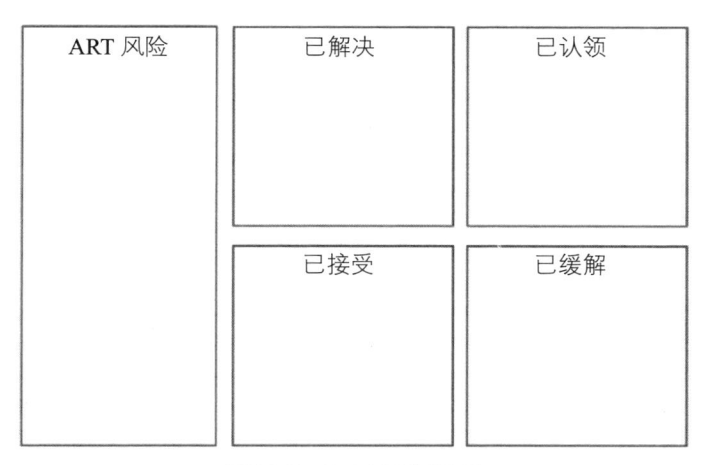

ART 风险	已解决	已认领
	已接受	已缓解

图10.5　ROAM 板示例

在浏览风险时，你可能需要记录有关风险的其他信息，包括谁负责已认领的风险或有关缓解策略的说明。

对所有ART的PI风险进行ROAM分析后，我们就可以进行信心投票了。

信心投票

一旦处理完ART的PI风险，就可以进行信心投票了。从技术上讲，要进行两次投票。在第一次投票中，各团队对自己实现PI目标的信心进行投票。在第二次投票中，各团队对ART和所有团队的集体计划的信心进行投票。

信心投票通常以"五指拳"的形式进行，团队成员伸出的手指数量与其信心程度相对应，1根手指代表最没有信心，5根手指代表为最有信心（见图10.6）。

没有信心	信心不足	信心一般	信心很足	信心满满

图10.6　"五指拳"信心投票（Scaled Agile Inc.版权所有）

信心投票伴随着对以下方面的承诺：

- 各团队同意尽其所能实现商定的目标。

- 如果各团队发现无法实现商定的目标，将立即上报，以便采取纠正措施。

对于每次投票，如果票数为3或以上，我们就应该接受承诺；如果票数低于3，我们就需要了解原因并重新制订计划。任何投2票或以下的人都应该有机会表达他们的担忧。根据他们的担忧，如果信心下滑，你可能需要考虑重新投票，然后重新制订计划。

> 📝 **专业建议**
>
> 由于信心投票是在活动即将结束时进行的，与会者往往已经疲惫不堪，准备回家。如果这不是他们第一次参加PI，他们会更清楚地意识到：信心不足就意味着要多待一会儿。因此，他们有时会投3票以避免长时间逗留或被问询。
>
> 你可能需要考虑一种方法，即听取信心程度为1或2的人的意见，然后从信心程度为3、4和5的人中挑选几名志愿者，让他们分享自己投票的原因。

一旦就信心投票达成一致，则无须重新规划（或重新规划已完成），就可以进行PI规划会议的回顾活动。

> 📝 **专业建议**
>
> 我的一位同事使用"四指掌"而非"五指拳"。这可以防止因墙头草心态而折中打3分。在投票时，要么是相对没有信心的1分或2分，要么是相对较有信心的3分或4分。

回顾

在PI规划会议中，回顾是一个关键环节，因为它能让我们深入了解如何持续改进。回顾的挑战之一是如何建设性地利用反馈。

你不可能让每个人都满意，而且会经常收到关于寻常事项的反馈。例如，食物优劣、房间冷热、电源线短缺、技术差劲、分组讨论的时间过多或不足。在检查回顾结果时，除了这些类型的事项，还要寻找其他可以改进的地方。

> 📝 **专业建议**
>
> 在解散ART和结束PI规划会议之前，考虑添加并随后检查表扬（Kudos）板。
>
> 你可能还希望人们在离开PI规划会议时获取一些回顾的事项。通常，在活动结束时大家都已经很累了，要求大家在离开前在每个板上贴一张报事贴以作为活动的离场标准。

在PI规划会议结束时，你有很多进行回顾的选项。请务必保持简单，以确保与会者能够轻松提供有价值的反馈。

结束

根据进行回顾的方式，你可能需要在回顾开始之前给出结束指导或者将其融入回顾环节。

在"结束"阶段，你需要指导团队，告诉他们如何将计划落地到敏捷工具中。提醒他们注意关键日期和活动。如有必要，请大家帮助清理房间/空间。

一定要庆祝所有团队已完成的辛勤工作。此外，别忘了拍一些照片。可拍摄团队和ART的照片（或屏幕截图）。你可以在未来的PI规划会议和I&A中使用这些照片。

最后，一定要为每个团队规划板、ART规划板和ROAM板拍照或截屏。将来你可能需要参考这些资料，并便于将其转化为敏捷工具。

祝贺PI规划会议取得成功。这是一个漫长的活动，需要大量的细节、协调和决策。在本节中，我们回顾了所有的关键环节，并了解了活动的各个方面。现在，让我们来看看在远程/分布式PI规划会议中可能遇到的一些挑战。

远程/分布式PI规划会议

首先，让我们澄清一下远程PI规划会议和分布式PI规划会议之间的区别。远程PI规划会议是所有与会者不在一起的PI规划会议。分布式PI规划会议是与会者在多个地点进行的PI规划会议，他们在这些地点是面对面的。

如果可以避免，我们不建议将远程PI规划会议与分布式PI规划会议结合起来，尽管大多数组织都进行了技术改进，进行各种线上活动要比之前容易多了。

无论进行哪种类型的规划会议，你都要特别注意几个事项。你要确保拥有最好的技术和工具，并确保与会者知道如何使用和利用这些技术和工具。这包括分组讨论室、聊天功能、白板功能以及同一工作区的多个并发用户。

特别是在远程PI规划会议中，你可能需要考虑将会议分散到更多的日子里，以缩短持续时间。例如，选择4天每天4小时，而不是2天每天8小时。在线会议工具产生的疲劳是一种真实存在的现象，通过缩短一天中的会议时间，你可能获得更好的参与度。请务必查看附录B中的一些日程安排示例。

对于远程/分布式PI规划会议，你可能需要考虑个人和团队所处的时区。利用多个较短的会议时长是一种选择。另一种选择是通过交替熬夜或早起来参加PI规划会议。

真实世界的故事

一个ART有来自美国和印度的团队成员。美国的与会者主要分布在菲尼克斯、芝加哥和巴尔的摩，根据一年中的不同时间，跨越了3或4个时区。印度团队主要位于金奈。

为了尽量减少会议地点，来自美国的团队成员将飞往巴尔的摩，而PI规划会议则分散在两个地点进行。在每个地点，都设有一个大房间和五个分组讨论房间（每个团队一个），并配备了会议工具，以便各团队能够在不同地点相互听到和看到对方（在一个房间里进行分布式PI规划会议过于嘈杂，团队之间无法有效沟通）。

在最初的几次PI规划会议中，我们从美国东部时间上午8点一直开到下午4点，印度团队则一直工作到深夜。根据团队的反馈，我们开始尝试交替时间表和改变地点。团队认为，总是加班对印度团队不公平。

在第一次实验中，我们尝试从美国东部时间凌晨3:00开始工作，金奈的时间是下午1:30，这样可以有更多的共同工作时间。不过团队认为熬夜比早起更容易。

在第二次实验中，我们在菲尼克斯进行了PI规划会议，从太平洋时间下午6:00开始，金奈时间上午7:30，一直开到太平洋时间凌晨2:00，金奈时间下午3:30。与第一次实验相比，各团队更喜欢这次的体验。

各团队继续进行了多种实验，最终确定将PI规划会议分散到较短的3天内，并交替使用不同的地点和开始时间。有时，团队会在美国东部时间早上5:00开始，而下一次，他们会在太平洋时间下午5:00开始。

这里的关键在于，各团队要共同确定一个计划，而不是总由一个团队承受熬夜或早起的负担。高管们对各团队的合作表示赞赏，并参与其中。

进行远程/分布式PI规划会议十分具有挑战性，因此要创造性地寻找解决方案，使其变得更容易。可考虑向与会者发送PI规划会议礼包，其中包含食物、有趣的帽子等。即使大家不能聚在一起，也要让活动充满乐趣，让大家觉得开心。

PI规划会议是ART的一项重要活动。成功的PI规划会议为ART未来的成功和履行承诺奠定了基础。PI规划会议在时间表和成果上是相当严格和规范的。在首次进行这项活动时，我们建议尽可能遵循实际的时间盒和时间表。确保团队有备而来，并且不要只按计划行事，最重要的是，要让大家觉得开心。

I&A活动

PI的最后一个正式活动是I&A活动。这是一个由三部分组成的活动，发生在PI规划会议之前的IP迭代期间。这三个部分分别是PI系统演示、定量和定性度量以及回顾和问题解决工作坊。所有ART成员和利益相关者都会参加。该活动的目的是促进持续改进，推动持续学习的文化。

PI系统演示

PI系统演示是I&A活动的第一部分。该演示展示了ART在PI期间开发的所有特性。与迭代系统演示不同的是，它的受众更广，演示也更以客户为中心，更加细化。

PI系统演示应讲述一个故事。解释并展示客户使用已开发特性的过程。我们预计演示时间约为1小时。不要求每个团队都单独演示。

产品管理人员通常会主导这次演示，并提前与各团队一起规划演示，整理数据和执行预演。

> **专业建议**
>
> 需要提前准备PI系统演示。RTE应考虑在PI系统演示前安排几次会议，以确保做好充分准备。你可以考虑让业务负责人作为观众，这样他们就可以开始考虑PI目标的实际业务价值（Actual Business Value，ABV）。

产品管理人员应展示已完成的特性，并有意愿从用户的角度展示和讲述故事。请务必强调并指出每个特性所带来的收益，正如在"业务假设"中定义的那样。

> **真实世界的故事**
>
> 我参加过的最糟糕的一次PI系统演示长达4小时，每个团队几乎都展示了他们在PI期间完成的每个故事。团队之间没有连续性，与他们完成的特性也不一致，感觉就像一个又大又长的迭代演示。
>
> 人们对PI系统演示的意图存在误解，认为团队应该展示他们的所有工作，这样业务负责人就能看到他们完成的工作，从而获得最大的业务价值。

定量和定性度量

I&A的定量和定性度量部分为评审和反思已交付成果提供了机会。我们应利用这个机会来评审正在收集的任何定量和定性指标，并了解其数据和趋势。

我们关注的一个关键指标是可预测性度量指标。可预测性度量指标由PI目标中的计划业务价值和实际业务价值（ABV）得出。

> **专业建议**
>
> 提前与业务负责人合作，确定业务价值。PI系统演示的彩排是沟通这个事情的好时机。此外，考虑与每个团队和业务负责人召开一次会议，评审PI目标，并就每个目标进行讨论。这样做有两个目的。首先，它有助于各团队和业务负责人了解彼此的视角；其次，它有助于推动改进工作，以便将来编写出更好的PI目标。

可预测性度量指标是使用所有团队的计划业务价值和ABV来进行计算的。

请记住，在PI规划会议中分配业务价值时，业务负责人使用的是1（最低）到10（最高）的等级，通常会将最大值分配给面向客户的目标。当然，他们也要征求技术专家（包括系统架构师）的意见，因为技术专家知道架构和其他方面的问题，这有助于提高团队创造未来业务价值的速度。

然后，在PI结束后，当业务负责人评审PI目标并分配ABV时，他们会问你是否在规定的时间内按照约定的质量水平完成了所有工作。PI可预测性度量指标是对已完成工作的衡量，而不是对已得到的"实际价值"的衡量，这就是为什么许多人认为"实际价值"一词具有误导性，并经常对其产生误解。

该指标是一种趋势指标，至少需要3个PI的数据才能真正对ART的可预测性交付能力产生价值（见图10.7）。

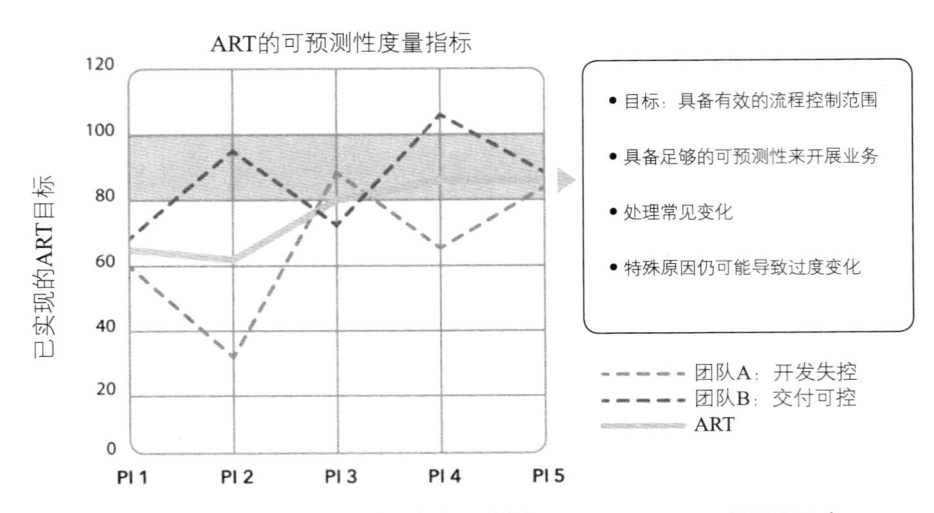

图10.7　ART的可预测性度量指标示例（Scaled Agile Inc.版权所有）

> **专业建议**
>
> 在PI规划会议期间，不要让团队通过设定过多的未承诺PI目标来操控可预测性度量指标。
>
> 此外，还要确保团队不会因为没有获得所有的计划业务价值而士气低落。这说明了业务负责人和团队之间的对话是非常重要的。有可能情况已发生了变化，最初非常重要的东西不再重要，或者预期的效益没有实现。

虽然重点是可预测性，但ART的可预测性交付能力受许多因素影响。在对话过程中，也可以考虑利用其他度量指标，包括：

- 部署和发布的次数。
- ART累计流图。
- 特性和故事的平均周期时间。
- PI特性吞吐量。
- 缺陷的计数和比率。
- DevOps流水线的度量。

确保你提供的任何度量都有相应的背景，并且不会以"惩罚"团队的方式使用。使用这些指标来强调团队可能需要在问题解决工作坊中考虑的领域，或者庆祝团队做得出色的地方。

回顾和问题解决工作坊

回顾和问题解决工作坊是I&A的最后一部分。与会者包括ART的所有成员、主要利益相关者、业务负责人和管理层。时间通常为2~2.5小时。

回顾

回顾通常需要30分钟（或更短时间），以识别需要在问题解决工作坊期间解决的几个问题。一旦识别了问题并对其达成一致，这些问题就会成为问题解决工作坊的输入。

你可以使用任何形式进行回顾。但是，我们建议保持简单，因为回顾的目的是识别挑战。在大多数情况下，引导者（通常是RTE）会采用"哪些进展顺利，哪些进展不顺利"的形式。先庆祝进展顺利的部分，然后对进展不顺利的部分进行快速圆点投票，以找出需要解决的关键问题。

> **✍ 专业建议**
>
> ART的规模可以决定工作坊中需要解决的问题数量。我通常参照团队数量来确定需要解决问题的数量。由于涉及额外的利益相关者、业务负责人等，解决每个问题的团队会比典型的敏捷团队稍大一些。
>
> 在确定问题后，让大家"用脚投票"，以解决最能引起他们共鸣的问题。鼓励团队分头行动。如果你发现一个问题有很多人参与，而另一个问题只有一两个人参与，那么可以考虑将大团队一分为二，让小团队加入另一个团队。

如果这不是你进行的第一次I&A，在回顾期间，请确认在上次I&A问题解决工作坊中识别的改进事项所取得的进展。或者，如果可以的话，将这些进展作为PI系统演示的一部分。

问题解决工作坊

问题解决工作坊的目的是找出ART所遇到的问题的根本原因，并确定改进方案。问题解决工作坊的时间一般为2小时，有六个关键步骤（最后进行总结，并将改进事项添加到待办事项列表和PI计划中）。

每个团队都需要一个"问题解决板"来记录他们的工作。如图10.8所示，在问题解决板上，给出了流程中的每个步骤和鱼骨图。

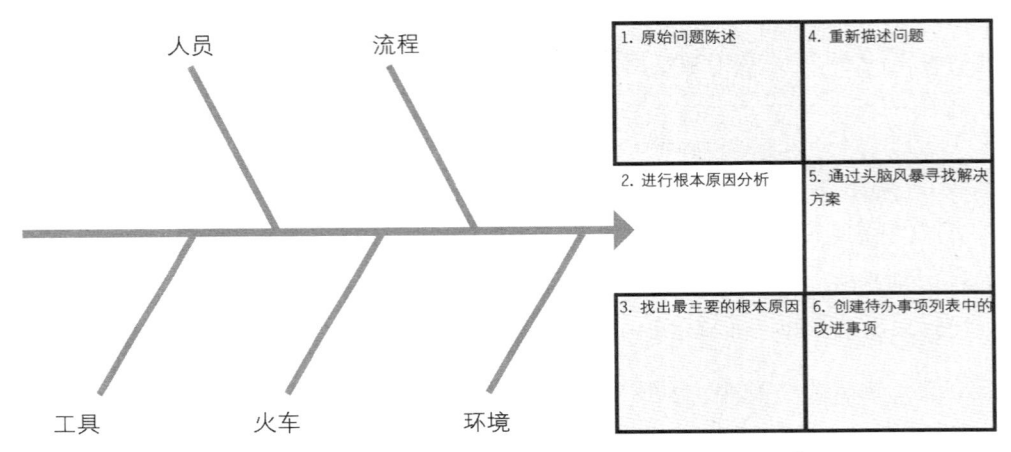

图10.8　问题解决板示例（Scaled Agile Inc.版权所有）

> **专业建议**
>
> 确保你已经确定了活动期间要解决的问题数量，并为每个团队安排了引导者。在活动开始前，花些时间与引导者沟通，确保他们知道如何推动工作坊的每个步骤，以及在遇到困难时该怎么做或找谁帮忙。

步骤 1——原始问题陈述（就要解决的问题达成共识）

这一步将为其余五个步骤奠定基础。你要确保各团队明确问题所在。他们要说明的问题是什么，问题会在何时发生，问题会在哪里发生，以及最重要的是问题造成的影响。

正如我们之前提到的，回顾是发现问题的好方式。你还可以考虑利用团队和技术敏捷能力评估结果。不要害怕将预先识别的问题作为问题之一。

通常，步骤1需要15分钟才能完成。

步骤2——进行根本原因分析

一旦了解了问题，你的团队就会想真正了解这个问题的根本原因。在SAFe®中，我们会利用鱼骨图（也被称为石川图）和"5个为什么"。

人们常犯的一个错误是，误以为鱼骨图上的鱼骨是不变的元素。事实上，团队可以利用鱼骨图作为分析的起点，并根据需要添加或更改鱼骨。

通常，步骤2需要25分钟才能完成。

步骤3——找出最主要的根本原因

当团队进行到这一步时，他们往往会意识到，他们只是在寻找团队普遍认同的、他们最终认为的根本原因。我们认识到，我们不会得到100%的一致意见，我们要找出的是造成80%问题的20%的原因。这就是所谓的帕累托分析法。

> 📝 **专业建议**
>
> 确保引导者在此步骤中不会让团队陷入解决方案的无底洞（爱丽丝梦游仙境中的"兔子洞"）。提醒他们有机会在步骤5中集思广益，提出解决方案。

确定最主要的根本原因的最简单方法是，让团队就他们认为的最主要的根本原因进行圆点投票，然后统计票数。既然团队已经就根本原因达成了"一致"，我们就可以重新描述问题了。

> 📝 **专业建议**
>
> "5个为什么"经常被团队忽视或其活动时长被缩短。一遍又一遍地问同样的问题似乎是多余的。然而，在这一过程中勤于思考并不断努力回答问题的团队往往会发现，他们认为的真正原因往往并非如此。提问5次有助于确保团队投入精力，真正理解当前的问题。
>
> 注意：有时提问4次"为什么"就够了，有时则需要提问6次"为什么"。作为引导者和教练，关键是不要让团队过早地停止提问"为什么"。

通常，步骤3只需要几分钟即可完成。

步骤4——重新描述问题

既然团队已经了解了问题的挑战，并就问题的根本原因达成了一致，那么我们希望团队花几分钟的时间，用新的理解来重述问题。团队应确保在问题陈述中包含"什么""何时""何地"和"影响"，与步骤1类似。

通常，步骤4需要10分钟才能完成。

第5步——通过头脑风暴寻找解决方案

对于团队来说，头脑风暴环节往往是最有趣、最轻松的。鼓励团队提出尽可能多的想法。考虑为这一环节加时间盒，以便对想法进行评审、对齐和组合，然后进行圆点投票，识别团队认为可以解决问题的三个解决方案。

步骤6——创建待办事项列表中的改进事项

根据步骤5得到的解决方案，创建可在接下来的PI规划会议中使用的故事和特性。根据已识别的解决方案的数量和类型，RTE将与必要的人员合作，确保已识别的改进项被加入计划。

> 📝 **专业建议**
>
> 有时，挑战在于ART识别并提供的解决方案并不在ART要处理的范围之内。RTE可能需要借助业务负责人和管理层的力量来处理团队创建的问题及待办事项列表中的解决方案。

结束环节

让每个团队都有机会分享他们的成果和建议。如果有可能，为这项活动预留10~15分钟。

作为教练或RTE，我们鼓励你评审各团队识别的所有原因，以及通过头脑风暴得到的解决方案。你可能发现还有一些速赢事项可以纳入其中，这些事项可能不符合80/20规则或没有获得最多的票数，但仍能改善ART并对其有所帮助。

> **专业建议**
>
> 在各种ART活动中讨论改进项的进展情况，如ART同步、教练同步和/或迭代系统演示。

后勤保障因素

在进行"问题解决工作坊"时，你需要解决一些面对面或远程沟通的后勤保障问题。

- 确保每个团队都有工作空间。如果采用面对面交流的方式，可以将团队分配到房间的不同区域。如果团队中包含虚拟团队，则需要为每个问题设置分组讨论室。
- 确保在活动期间准备好附有示例的步骤说明以供参考。如果采用面对面交流的方式，可以考虑提供纸质资料。
- 预先绘制或打印鱼骨图模板。如果团队中包含虚拟团队，确保工作区允许多位贡献者共同编辑，并且模板可以在线使用。
- 为每个步骤设置计时器，并公布时间表，以帮助各团队按时完成任务。对于虚拟团队，可能需要考虑同时向多个团队发送信息的方法。

I&A有几个主要收获。第一，通过演示实际系统来了解我们的工作情况。第二，利用可量化的数据来验证和确认我们的进展。第三，借此机会进行反思，然后确定今后如何改进。很多人往往忽略了I&A的重要性。确保与团队合作，尽可能获得最大的价值。

小结

PI活动包含一系列的关键活动，决定着ART的成败。PI规划会议拉开了ART的序幕，并确保团队之间保持一致，以交付高质量的解决方案。PI结束时的I&A强调了已交付的工作，并为改进工作创造了机会，从而使ART能够以更快的速度和更高的可预测性交付更高质量的结果。

第3部分
投资组合

本部分的内容是精益敏捷企业所需要的，而不局限于团队或发布火车。我们将学习如何避免投资组合中的陷阱，我们还将介绍为什么企业战略、领导力协调对齐和持续学习对于塑造和改变企业文化非常重要，如果不具备这些要素会产生什么影响，以及如何获得组织最高层的一致认可。此外，我们还将探讨建立、运营和管理投资组合的机制。

第3部分包括以下六章：

- 第11章 企业战略
- 第12章 构建投资组合
- 第13章 建立精益预算
- 第14章 投资组合待办事项列表管理
- 第15章 度量进展情况
- 第16章 领导力协调对齐

第11章
企业战略

> 如果一个人不知道自己将驶向何方,那么任何风都不是顺风。
>
> ——塞内加,罗马哲学家

如果一个组织没有明确的战略,往好的方面说组织的各个部门无法协调一致,往坏的方面说部门间会相互竞争,就像龙卷风一样,给企业留下一条毁灭之路。而如果能形成一致的战略,它就会形成一股"信风",推动你更快地到达目的地。

企业战略使得制订长期计划成为可能,并提供实现目标和目的的方法,这是所有战略规划的关键。

在本章中,我们将考虑组织的企业战略需要如何适应团队的调整方式。只有利用适应和变革的能力,才能使组织保持相关性,并不断发展壮大。

本章将介绍以下内容:

- 企业战略是什么。
- 何为战略敏捷性。
- 企业战略与投资组合有什么不同。

企业战略是什么

企业战略（通常被称为竞争性战略）确定了每个企业如何在各自的市场和行业中竞争。卓越的企业战略对企业的成功至关重要，因为它将企业与市场联系在一起。因此，企业战略是企业成功的基础。

遗憾的是，大多数企业对战略没有清晰的认识！杰弗里·摩尔（Geoffrey Moore）给出了一段人们与高层领导者的谈话，这确实令人担忧。

> 大多数战略对话的结果都是高管们各说各话，因为……没有人知道愿景和战略的确切含义，也没有人能够就哪个话题属于哪个主题达成一致。
>
> 这就是为什么当你要求高管团队的成员描述和解释公司战略时，经常会得到大相径庭的答案。我们确实没有很好的商业准则来统一如此抽象的问题。
>
> ——杰弗里·摩尔，*Escape Velocity*作者

📝 专业建议

在开始参与其业务之前，我会尽量研究这家公司的战略。你可以从对方的官网或其公布的财务报表中获得有价值的见解。如果不可行，可以直接询问公司的战略（这些战略往往是由第三方咨询公司制定的，现在已无人问津，正在某人的抽屉里积灰呢）。

战略是实现企业使命的行动计划的最佳描述。因此，确定战略可能是每个企业最关键的活动，令人惊讶的是许多公司竟将其外包给第三方咨询公司。

有效的战略需要回答企业的四个关键问题：

- 我们服务于哪些客户和市场？
- 我们能提供哪些产品和解决方案？

- 我们能为这项工作带来哪些独特的价值和资源？
- 未来我们将如何扩展它们？

从SAFe®的角度来看，我们认识到自己并不是定义战略的专家。这不是我们作为SAFe®实施咨询顾问（SPC）要做的事情。我们需要了解构成战略的基本结构，并认识到战略存在的必要性——它提供了两个关键的产出物：

- 投资组合预算。
- 为每个投资组合制定的一套战略主题。

企业制定企业战略的方法多种多样，不过，《卓越基因》（吉姆·柯林斯著）一书中的一个模型显示了制定企业战略的若干要素：

- 愿景。代表了企业希望达到的未来状态，它具有持久性和长期性。

> **专业建议**
>
> 如果你收到的是过于复杂的愿景（如一份200张幻灯片的PowerPoint文件），那么请与领导团队沟通，说服他们制作一些更吸引人的内容。有很多很好的方式可以直观、引人入胜地表达愿景，例如，一段短视频或一张来自未来的明信片。我最喜欢的例子是博世公司的宣传片"自在生活，来个博世"。

- 使命。确定实现企业愿景和战略框架的业务目标。这些目标可能更具有时序性，而且很可能是渐进式的，即每个目标都建立在前一个目标的基础上。
- 核心价值观。是组织的基本信念。这些指导原则支配着人们的行为，可以帮助人们理解对与错的区别。核心价值观还能帮助企业确定自己是否走在正确的道路上，并通过建立确定的指导原则来实现自己的目标。

> 📝 **专业建议**
>
> 核心价值观是由组织内的员工共同创建的，他们必须遵守这些价值观。然后确保将其公布在互联网上（或张贴在办公室的墙上），让所有人都能看到。我还保留着一张写有核心价值观的信用卡，这张信用卡是我 10 多年前离开一家公司时随身携带的。

- 企业业务驱动因素。思考影响企业的新兴行业主题和趋势。
- 与众不同的能力。在战略方面，自然要利用与众不同的能力，以带来区别于其他企业的独特优势，进而提供竞争优势。
- 财务目标。无论是以收入、盈利能力、人员市场份额还是其他指标来衡量，所有利益相关者都应明确财务业绩目标。
- 竞争环境。通过竞争分析可确定企业面临的最大竞争威胁。

现在，我们已经从高层级上理解了什么是企业战略，以及为什么它至关重要。我们还考虑了制定战略的要素，但现在让我们考虑一下，当市场条件发生变化，必须调整战略时，会发生什么情况。

何为战略敏捷性

战略敏捷性是指能够感知市场条件的变化，并在必要时迅速、果断地实施新战略的能力。我们想说的是，战略敏捷性必须是动态的，而且其调整间隔要比我们在许多组织中看到的"一年一变"（传统模式）或"五年一变"（更糟糕的情况）更加频繁。

近年来，我们目睹了多起扰乱市场的全球性特殊事件，在这种情况下，你的战略不能一成不变。例如，在全球疫情下，无论你有什么战略，都需要摒弃并重新思考。零售商店关门、旅游业停止、医生不能亲自为你看病、现金支付不再被接受，这只是迫使公司重新思考其战略的众多干扰中的几个。"当枪口对准你的脑袋时"，你很容易适应变化（就像疫情刚开始那样）。但是关键能力在于，当没有枪，或者看不到枪时，你仍然能够做到这一点。

> **📝 案例研究**
>
> Primark是欧洲的一家时装零售店，在疫情初期被封控12天后，被迫关闭了所有375家门店。Primark在6个月后也没有重新开业。据报道，由于无法在网上销售，Primark损失了8亿英镑的收入。

市场感知是一种文化和实践，人们基于以下几点来了解不断变化的市场动态：

- 市场研究。
- 定量和定性数据的分析。
- 直接和间接的客户反馈。
- 对市场中客户的直接观察。

精明、善于精益思考的领导者会到客户实际工作的地方看一看，并在那里花费大量时间。他们带着有关产品和服务现状的最新的、相关的、具体的信息，而不是被其他视角过滤的观点。实践学习是无可替代的，数据和报告并不能解决问题。

"Go see"通常被称为Gemba（这是一个日语单词）。日本警察经常会说："I'm at the gemba。"可译为我在犯罪现场。

确定和定义新战略只是第一步。战略一旦被确定，就必须将新的愿景和路线图传达给所有利益相关者，然后再实施。毕竟，战略的重大变化往往会影响投资组合中的多个解决方案，需要进行协调和确保一致性。

因此，大多数大型战略变革都需要新的史诗（Epic）来实施跨价值流的变革，而那些不再与战略保持一致的工作则会从待办事项列表中清除，甚至在执行过程中被停止。在第16章，我们将讨论如何让领导者以敏捷的方式领导变革。然而，全球疫情给了我们一个启示：无论你在疫情开始前制定了什么战略，它们几乎在一夜之间都必须得到改变。面对瞬息万变的世界，我们现在应该认识到，我们的战略不是长久不变的，它需要不断得到重新审视。如果必须改变战略，那么这将对你的投资组合产生影响，接下来我们将介绍投资组合的含义。

企业战略与投资组合有什么不同

企业代表一个或多个SAFe®投资组合所属的业务实体，而SAFe®投资组合则为一个或多个开发价值流提供资金——每个价值流都用于构建、部署和支持企业完成其业务任务所需的一系列解决方案。

> 投资组合是一种"业务"，它为一个市场或一组客户提供一系列解决方案，这些解决方案处于共同的战略和预算控制之下。
> ——艾萨克·蒙哥马利，SAFe®Fellow及SPCT

SAFe®并非二维的，一个企业可能有多个投资组合，而一个投资组合可能有多个开发价值流、解决方案火车和/或敏捷发布火车（ART）。

我们以一家银行为例。这家企业，即大银行集团（Big Bank Group），内部有许多业务部门，如零售、信用卡、资本市场和理财部门，每个部门都有自己的投资组合。

在零售业务中，我们假设贷款业务有自己的投资组合。通过完成"价值流识别工作坊"（见第12章），我们可以识别出许多业务价值流，其中可能包括（但不限于）抵押贷款、个人贷款和透支。

我们将继续确定，我们需要一个用于抵押贷款和个人贷款的解决方案火车，以及一个用于透支的单一ART（见图11.1）。

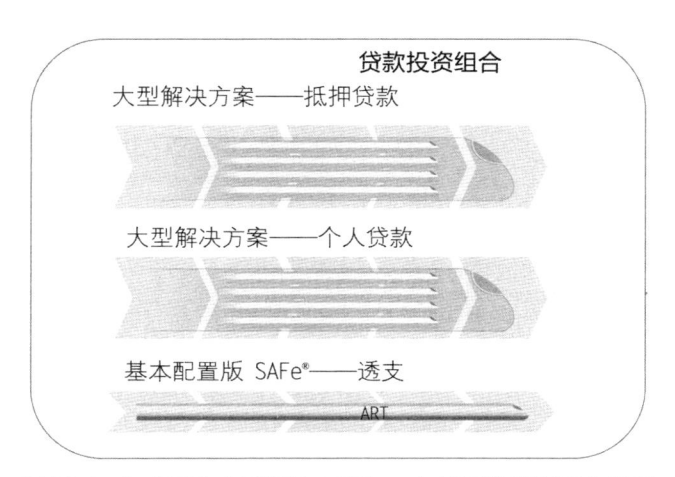

图11.1 包含两个大型解决方案和一个ART的投资组合视图

图11.1显示了投资组合的扩展视图，其中抵押贷款和个人贷款都被配置为大型解决方案，而透支只需要基本配置版SAFe®。

SAFe®的一大优势是能够被扩展以支持大型组织，但现实情况是，在大多数时候，你只需要最简单的配置——基本配置版SAFe®。单个企业的单个价值流（也许只是一个产品）由单个ART实现。图11.2是基本配置版SAFe®的配置图（在实践中，只使用该图的英文版，故未对此图进行翻译）。

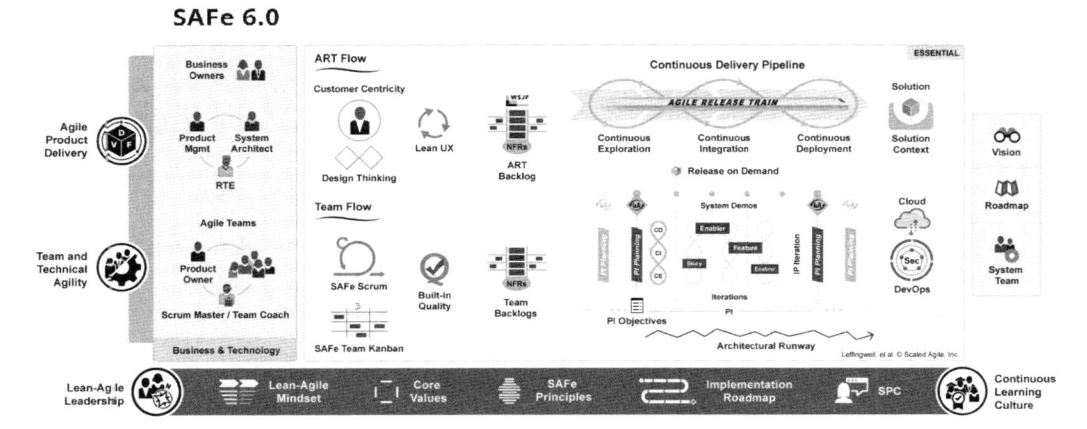

图11.2 基本配置版SAFe®（Scaled Agile Inc.版权所有）

> **专业建议**
>
> 我们会尽量避免或减少团队和ART之间的依赖关系，同样，我们也会尽量避免投资组合之间的依赖关系。
>
> 投资组合往往与独立的业务部门保持一致。在考虑实例化哪些投资组合时，这通常是一个很好的出发点。此外，还可以考虑将具有关联性（尤其是系统关联性）的解决方案分组，因为它们也可以作为投资组合的候选方案。无论采用哪种方式，都要尽量使其相互独立。

小结

在本章中，我们了解到，企业有明确的战略是非常重要的。但是，作为教练，我们并不制定战略——这不是我们作为SPC所做的工作。我们肯定可以影响高层领导者，至少以一种吸引人的方式来介绍战略。

最近发生的事件迫使各组织认识到，战略不是一成不变的，它必须更加动态地反映市场条件的变化。

最后，我们了解到，SAFe®投资组合是在共同的战略和预算控制下的相关开发价值流的集合。在下一章中，我们将探讨如何构建自己的投资组合。

第12章
构建投资组合

全球经济正在经受数字变革的影响,而传统的投资组合管理方法并不是针对这一情况设计的。现在,企业需要在更大的不确定性下工作,并能在资源有限的情况下更快地提供创新型解决方案。然而,我们也注意到,很多企业试图在这个新时代强行实施传统的投资组合管理方法。

> 问题不在于我们的组织是否意识到需要转型。问题在于组织正在使用过去变革中的管理框架和基础设施模型来管理当今的业务。
>
> ——米克·科斯腾,《价值流动》作者

多年来,实施SAFe®的组织都是在启动了若干次敏捷发布火车(ART)后,才开始实施精益投资组合管理(LPM)。当敏捷团队和ART取得了更好的业务成果时,在无形中,也给高层领导者施加了压力,这迫使他们探索如何在投资组合层面更好地应用精益敏捷实践,进而也使之前的运作模式发生了重大变化。所以,当今的主流趋势是,从转型之初就启动LPM——与启动第一个

ART所需的活动并行。这就是为什么LPM的课程徽章会出现在SAFe®实施路线图的两个地方：培训高管、经理和领导者的阶段，以及扩大投资组合的阶段（见图12.1）。

SAFe® 实施路线图

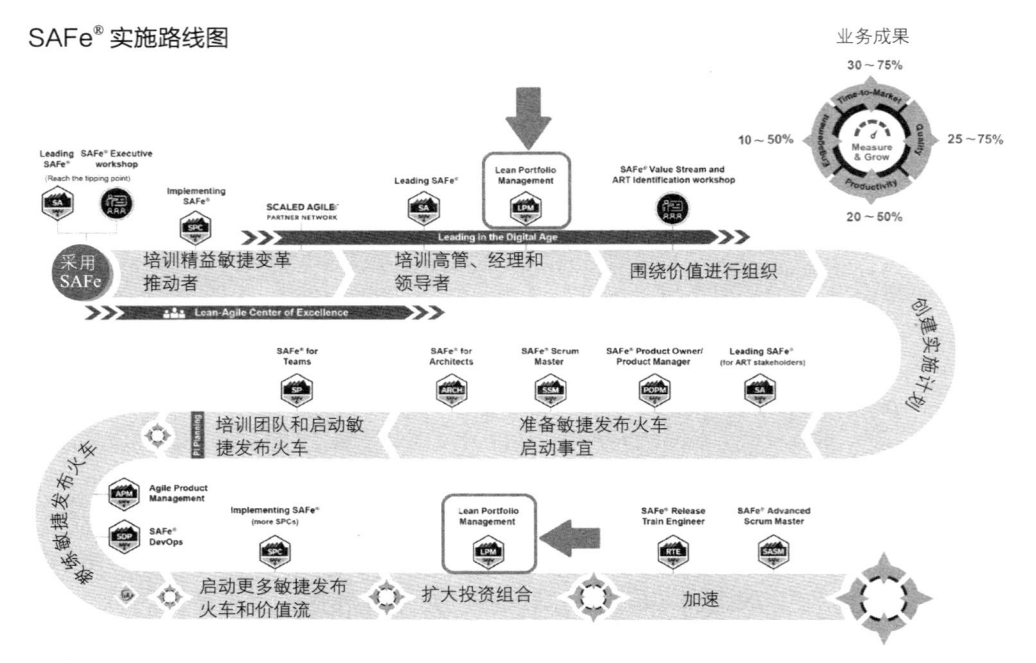

图12.1　SAFe®实施路线图（Scaled Agile Inc.版权所有）

此外，经过大量实践，构建投资组合的指南已经十分完善，现在有更多的资源可以支持你在企业内开始采用和实施LPM。

> 📝 **专业建议**
>
> 　　如果你是 Scaled Agile, Inc. 社区的成员，在SAFe® Studio中有许多资源可以帮助你构建自己的投资组合。

在本章中，我们将介绍以下内容：

- 从教育领导者入手。如何协调主要利益相关者，为启动LPM做好准备。
- 为你的投资组合添彩。确定投资组合的指南。
- 价值流识别。识别价值流的关键任务。

从教育领导者入手

精益敏捷领导者通过激励员工和团队发挥最佳水平，来推动、引导和维持组织变革。他们通过以下方式实现这一目标：

- 教育。学习精益敏捷思维模式、价值观、原则和实践。
- 以身作则。每天都树立行为榜样。
- 引领变革。引导组织采用新的工作方式。

与实施SAFe®或启动ART一样，在采用LPM时，先要进行教育，这样受托采纳LPM的领导者才能更好地了解LPM的思维模式、价值观、原则和实践。

因此，我们鼓励相关人员参加为期2天的LPM课程（可在SAFe®官网上搜索"lean-portfolio-manage"）。

> **专业建议**
>
> 在确定参加为期2天的LPM课程的人员时，应考虑由谁来做出投资决策，由谁支持和推进投资组合，以及由谁来实施LPM，促进新举措的实现和执行投资组合战略。

领导者和关键影响者的共同经验是至关重要的。我们知道，让高层领导者专门花2天时间参加培训课程是很难的。但数百个实施案例表明，学习对于建立真正的共同愿景、一致的沟通用语，以及了解需要做什么都是至关重要的。

即使如此重要，要说服高层领导者参加为期2天的培训课程仍然是一项挑战，因此需要让他们慢慢接受。可以使用2种方法：

- 请高层领导者观看视频（在SAFe®Studio中，有一段7分钟的介绍LPM的视频）。
- 直接向高层管理者介绍LPM（可以下载相关资料，并提供为期半天的工作坊）。

这2种方法的目的都是为高层领导者奠定基础，使他们认识到进一步学习的必要性并给出承诺，同时确定投资组合的角色及关键利益相关者，以便安排为期2天的LPM课程——通常，以上2种方法应该可以说服他们投入更多的时间接受培训。

LPM课程是一门高端课程，有助于回答以下问题：

- 如何将战略与执行相关联？
- 如何管理流动并解决长期超负荷的问题？
- 如何动态分配资金和进行治理？
- 如何将LPM融入SAFe®？

> **专业建议**
>
> 作为SPC，你有资格讲授十几门SAFe®认证课程。但这并不意味着你应该这么做！我们总是建议，教练应考虑自己的强项和弱项。例如，我从来没有当过架构师，所以我不会考虑讲授SAFe® for Architects。同样，如果你没有投资组合方面的工作经验，那么在讲授LPM（或任何你缺乏专业知识的课程）时，至少要与实施过投资组合的人进行合作。

TTC（Terrific Transport Corporation）也是一门为期2天的互动课程，它使用一个贯穿整个课程的模拟环境来讲授采用LPM所需的实用工具和技术。在为期2天的课程中，你使用的是模拟工作环境而非实际工作环境。目的是希望学员理解理论，而不是陷入如何将其与实际工作联系起来的泥潭。之后，可以通过工作坊和实施活动，再将理论付诸实践。

另外，还有一个为期1天的工作坊，可以作为2天培训课程的扩展。该工作坊可帮助企业团队学习如何使用LPM。我们建议，利用这个工作坊来构建投资组合的所有活动，确定优先级，创建实施路线图，并采用迭代的方式在企业内部推进LPM，同时，还要保持高度的紧迫感。

> 📝 **专业建议**
>
> 通常，实施LPM需要数月的历程，实现其自我维持可能需要更长的时间。它需要专业人士提供辅导和支持，以充分植入精益敏捷思想。

在有了LPM的基础后，对投资组合和策略的对话进行协调就更容易了。

为你的投资组合添彩

在第11章中，我们谈到了企业战略的重要性，现在我们需要通过战略主题将投资组合与企业战略联系起来。

战略主题是将投资组合与企业战略联系起来的差异化业务目标，它影响投资组合战略，并为投资组合决策提供业务背景。战略主题有助于指导在整个投资组合中应该做什么和不做什么。

我们来看看有关战略主题的2个要点：

- 战略主题应该有差异化。例如，如果你经营一家银行，有一套战略主题，而马路对面的另一家银行也有同样的战略主题，那么战略主题可能就没有差异化！常见的糟糕例子是"降低成本"和"增加收入"。
- 战略主题的有效期相对较短。我们建议战略主题的有效期为12~18个月，并应在季度战略组合审查中对其进行审查（见第13章）。

你会发现，在SAFe®框架中人们越来越多地使用目标关键成果（OKR），但最初它们是作为记录战略主题的推荐方式而被引入的。

- 目标（Objective）。对你想要实现的目标进行的令人难忘的描述，它应简短、鼓舞人心且具有挑战性。
- 关键成果（Key Results）。可用于跟踪进展情况的可衡量的成功标准。

> **专业建议**
>
> 每个投资组合应该有4~6个战略主题。如果战略主题太多，人们会"只见树木，不见森林"，战略主题对投资组合战略的影响也会大打折扣。
>
> 每个目标应有2~5个关键成果。

如果你想更好地了解OKR，那么阅读马克·理查兹撰写的文章 *An Introduction to Objectives and Key Results* 就是一个很好的开端。约翰·多尔在 *Measure What Matters* 一书中也给出了更详细的介绍。

除此之外，战略主题还影响着投资组合愿景，该愿景描述了投资组合价值流和解决方案的未来状态。

我们希望企业愿景能够引人入胜，同样，我们也希望投资组合愿景能够鼓舞人心——它必须有足够的说服力和现实性，在相当长的一段时间内是可行的。若要让其他人（客户和员工）都参与愿景的实现过程，就必须激发他们的积极性。

描述愿景的技巧有很多。在第11章中，我们推荐了博世公司的宣传片"自在生活，来个博世"。另一种方法是，采用"来自未来的明信片"（引自丹·希思和奇普·希思合著的 *Switch: How to Change Things When Change is Hard*）。

然后，我们需要定义投资组合领域和投资组合的价值流，为此，我们对亚历山大·奥斯特瓦德开发的"商业模式画布"进行了改编。亚历山大·奥斯特瓦德在其《商业模式新生代》中，对商业模式画布中的元素进行了描述，并提供了填写提示，以帮助你完成画布。

投资组合画布是在一个页面上展示整个投资组合的有效方式（见图12.2）。

投资组合画布包含三个主要部分：

- 价值主张。描述了客户和每个价值流的解决方案所交付的价值，以及客户细分和客户关系、预算和关键绩效指标/收入。

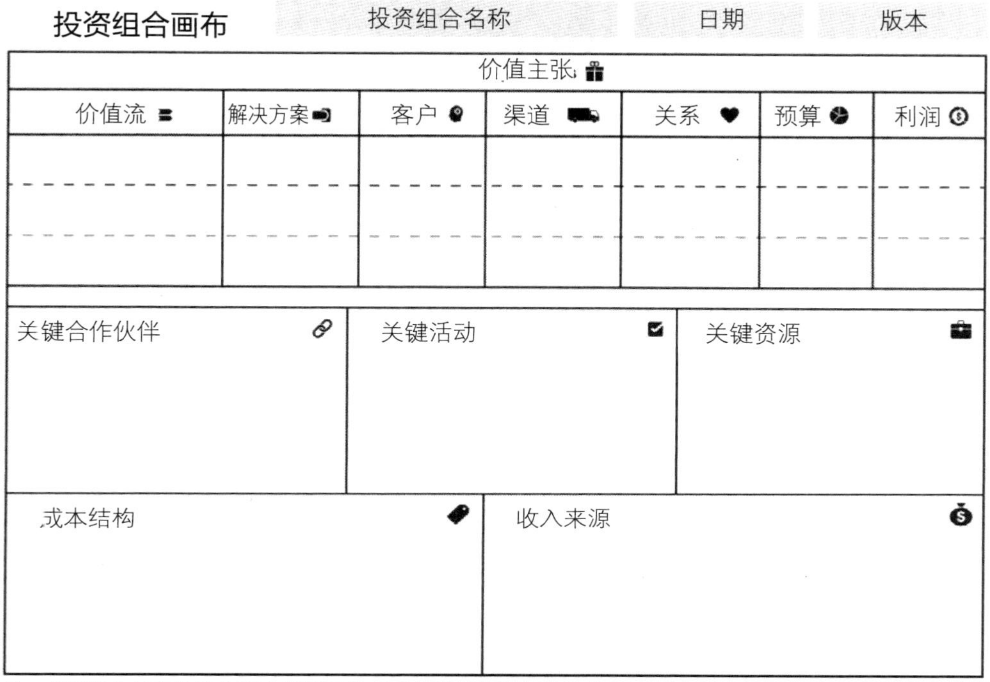

投资组合画布		投资组合名称			日期		版本
价值主张 🎁							
价值流 ≡	解决方案 ➡	客户 👤	渠道 🚚		关系 ♥	预算 ⏱	利润 ⓘ
关键合作伙伴 🔗		关键活动 ☑			关键资源 💼		
成本结构 🏷				收入来源 💰			

注：投资组合画布改编自商业模型画布（可在搜索引擎中搜索"businessmodelgeneration"，找到商业模型画布的官方网站）。本书介绍的"投资组合画布"已获得相应授权。

图12.2　投资组合画布（Scaled Agile Inc.版权所有）

> 📝 **专业建议**
>
> 每个价值流都使用单独的一行来表述。

- 关键资源和关键活动。描述了实现价值主张所需的重要合作伙伴、活动和其他资源。
- 成本结构和收入来源。描述了投资组合的成本结构，并定义了如何实现收入或价值。

有许多工具和技术可以帮助我们了解未来状态的机遇。我们要介绍的是SWOT分析和TOWS战略选择矩阵。

SWOT并不是什么新鲜事物，1965年，哈佛大学商学院的四位同事就提出了SWOT。其名称是该技术所研究的四个方面的首字母缩写。

- 优势（Strength）。使企业或举措比其他竞争对手更具优势的特点。
- 劣势（Weakness）。使企业或举措比其他竞争对手更具劣势的特点。
- 机遇（Opportunit）。企业或举措可以利用的环境因素。
- 威胁（Threat）。环境中可能给企业或举措带来麻烦的因素。

现在看来，SWOT分析很好，但它并不能创造结果。作为教练，我们是TOWS（见图12.3）的忠实拥趸——你可能认为TOWS是由SWOT倒推而得，没错，实际情况的确如此！

	外部机遇（O） 1. 2. 3. 4.	外部威胁（T） 1. 2. 3. 4.
内部优势（S） 1. 2. 3. 4.	**SO** 如何利用你的优势来发掘机遇并将机遇最大化？	**ST** 如何利用你的优势来避免现有的和潜在的威胁？
内部劣势（W） 1. 2. 3. 4.	**WO** 如何利用你的机遇来克服劣势？	**WT** 如何将劣势最小化和避免威胁？

图12.3　TOWS 战略选择矩阵（Scaled Agile Inc.版权所有）

在确定了自己的优势后，如何利用优势来发掘机遇并将机遇最大化？如何利用优势来避免现有的和潜在的威胁？如何利用机遇来克服劣势？最后，如何将劣势最小化和避免威胁？

SWOT分析和TOWS分析的主要区别在于它们所产生的结果。通过进行TOWS分析，组织可以对其现状获得有价值的见解，并确定潜在的战略选择。通过TOWS分析，你可以采取以下一些具体行动：

- 制定战略。利用从 TOWS 分析中获得的见解，制订战略计划，充分利用优势和机遇，同时克服劣势并减轻威胁。
- 人员分配。将人员分配到最有利于组织利用机遇和减轻威胁的领域。
- 风险管理。利用从TOWS分析中获得的见解，识别并管理与外部威胁和内部劣势相关的风险。
- 竞争定位。利用 TOWS 分析，评估组织相对于行业内其他企业的竞争定位，并识别实现差异化的潜在机会。
- 决策。利用TOWS分析为产品开发、市场营销和组织结构等广泛领域的决策提供信息。

总之，TOWS分析是一个强大的工具，可以帮助你深入了解组织的内部和外部环境，并确定潜在的战略选择。

价值流识别（VSI）

识别价值流是教练工作中最困难的事情之一，因此，这一步经常被忽略。然而，如果我们要将企业从项目主导型转变为产品主导型，这一步至关重要。

我们在此不会详细解释如何开展VSI工作坊。你应该已经在Implementing SAFe®的课程中模拟体验过了。此外，如果你是认证的SPC，你就可以访问VSI工作坊工具包。如果你不是SPC或你是资历尚浅的SPC，那么有关SAFe®框架的文章也会为你提供很好的说明（可在SAFe®官网上搜索"organize around value"）。

我们要做的是，为你提供实用建议，指导你如何准备和举办研讨会，然后实施ART，实现价值流。

在继续探讨前，我们先快速回顾一下！

在SAFe®中，价值流是理解、组织和交付价值的主要结构。每个价值流都是用于创造价值的一系列长期步骤。这些步骤包含信息和材料的流动，以及开发解决方案的人员。

在SAFe®中，有两种类型的价值流：

- 运营价值流（OVS）。包含使用开发价值流创建的业务解决方案来实现最终用户价值的步骤和人员（Scaled Agile Inc.版权所有）。
- 开发价值流（DVS）。包含开发OVS业务解决方案的步骤和人员（Scaled Agile Inc.版权所有）。

DVS由SAFe®投资组合管理。我们对识别OVS的兴趣在于，它能让我们确定支持这些OVS的DVS。

识别DVS和ART分为五个步骤：

1. 识别OVS。

2. 识别OVS使用的或向客户提供的解决方案。

3. 识别负责开发和支持解决方案的人员。

4. 识别用于构建解决方案的DVS。

5. 通过ART实现DVS。

> 📝 **专业建议**
>
> 解决方案是为内部或外部客户提供价值的产品、系统或服务。

让我们来详细了解一下每个步骤。

前期准备工作

确保参加VSI工作坊的每个人都接受过相关的SAFe®培训，最好是Leading SAFe®培训。否则，工作坊的大部分时间都将用于教育和转变人们的传统思维方式，而不是真正开展识别工作。

不要在毫无准备的情况下参加VSI工作坊！做好调研，努力了解企业提供的产品和服务。从企业的网站上很容易就能了解这些信息。这些都是OVS的最佳"候选者"。不要事先声明，而是把它们都放在你的"口袋"里，因为你希望企业首先发现它们，以获得更好的支持。

考虑一下你的与会者。很明显，你需要架构师和开发经理，因为他们了解系统和工作人员。你还需要考虑那些了解端到端流程（从销售、营销，到财务）的人员。此外，让这些人在早期就参与进来将有助于引领变革。

工作坊需要的时间比你想象的要长！即使是只有两个OVS的类似企业，我也花了一天半的时间。我的建议是计划两天的时间。建议休息一晚，以便进行减压和反思，同时也让与会者考虑一下自己的想法，这或许能让他们冷静下来，因为工作坊可能变得相当激烈。

不要试图独自完成工作坊。即使是最简单的工作坊，也至少需要两名教练。如果有多个OVS，则可能需要多名教练。

第1步：识别OVS

OVS通常有四种类型：实现型、制造型、软件产品型和支持型。你会发现，这些OVS中的步骤在不同企业之间只需要很小的变动/更新。

如图12.4所示，SAFe®中给出的常见示例以及我帮助开发的示例都是客户希望获得银行消费贷款的OVS。

图12.4　银行OVS（Scaled Agile Inc.版权所有）

> **专业建议**
>
> 在执行第1步时，你可能需要展示4种不同的OVS，然后就哪一种最适合你的组织征求团队的意见。一旦达成共识，就可以对组织进行必要的调整。
>
> 此外，请尽量将OVS限制在12个步骤以下，5个步骤以上。超过12个步骤，则步骤过于细化，少于5个步骤，则步骤过于粗放。我们希望每个步骤之间都有明显的交接。

第2步：识别 OVS 使用的或向客户提供的解决方案

这是一个关键步骤，人们往往会在此遇到困难，并发现组织内往往有许多系统对实现价值十分必要。不要让步骤中的"解决方案"一词迷惑了你或与会者，让他们以为你在识别解决方案火车。在这一步中，我们试图识别支持 OVS 的基础系统。

在图12.5 中，这家银行使用了4个主要系统：渠道、贷款发放系统、信用评分系统和核心银行业务。

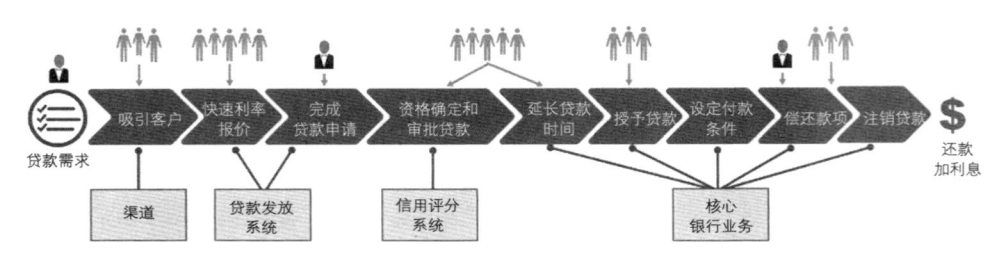

图12.5　支持 OVS 的主要系统（Scaled Agile Inc.版权所有）

在这一步中，你还需要确定每个步骤的客户。他们可以是外部客户，也可以是内部用户。如果你已经在组织中建立了"用户画像"，那么现在就是利用这些"用户画像"的大好时机。

> **专业建议**
>
> 确保按顺序进行每个步骤，尽量不要让与会者提前完成，因为这往往会使活动复杂化。

第3步：识别负责开发和支持解决方案的人员

在这一步中，我们要了解每个系统的工作人员及其所在位置。这是至关重要的一步，因为它关系到谁将参与ART工作以及我们将有多少ART（见图12.6）。

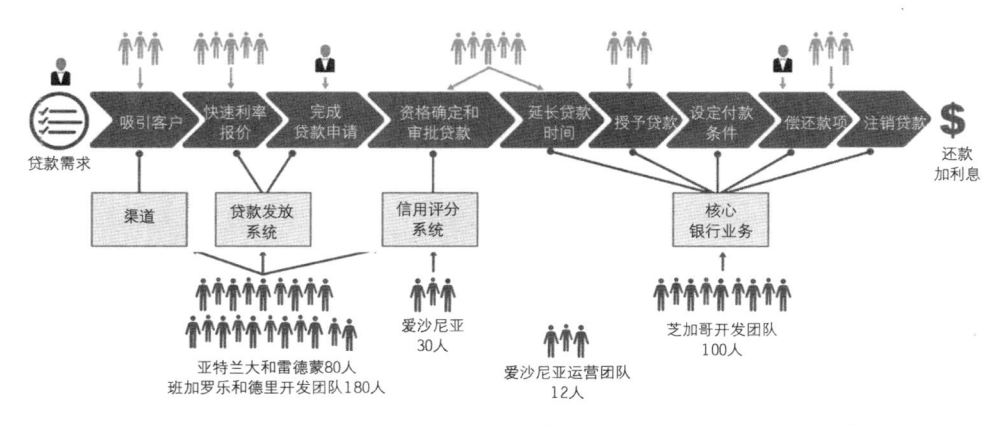

图12.6 开发和支持解决方案的人员（Scaled Agile Inc.版权所有）

> **专业建议**
>
> 根据参加工作坊的人员情况，与会者可能不知道有哪些人、有多少人或他们的位置。你可能需要将此作为"家庭作业"，或者考虑将工作坊分成几个较短的工作日，以便让与会者有时间识别这些人，甚至澄清上一步中的系统。不要忘了包括第三方供应商。

第4步：识别用于构建解决方案的DVS

在这一步中，我们将识别DVS，其中，每个DVS都应能够被独立开发并可发布价值，同时没有过多的价值流内部依赖关系。

由于四种OVS类型的目的截然不同，因此每种DVS的设计和输出都是由它所支持的OVS类型驱动的。虽然组织配置DVS的方式没有明确的限制或约束，但已经出现了一些特定的模式，如完成产品、制造重要的网络物理解决方案、开发软件产品和支持类价值流。

图12.7 中的DVS类型再现了银行贷款的例子。类似这样的类型在保险、银行、金融服务等相关行业很常见，这些行业向消费者（B2C）和企业（B2B）提供复杂的数字化产品和服务。在这个例子中，一个DVS支持前端贷款发放和信用评分；另一个DVS构建核心银行服务。

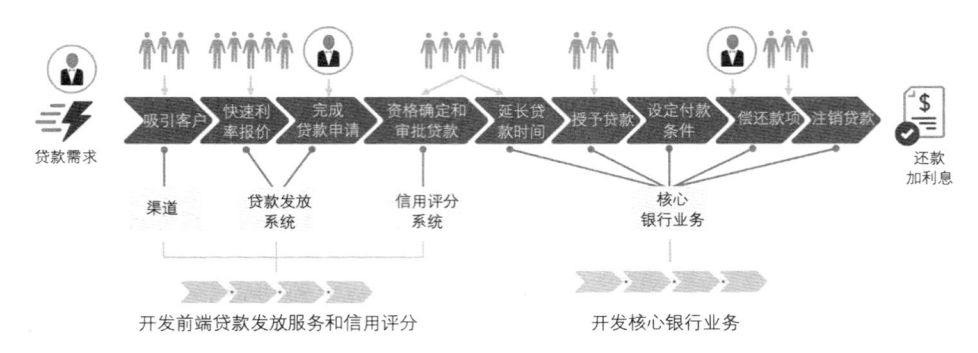

图12.7 实现型DVS（Scaled Agile Inc.版权所有）

> **专业建议**
>
> DVS 应能够被独立开发并可发布价值，因此在设计DVS时要仔细考虑，尽量避免过多的价值流内部依赖关系。我经常看到有人试图按照单个系统（垂直筒仓思维）来设计DVS，而不是考虑需要一起发布以创造价值的系统（水平流动思维）。我们应该尝试将他们的思维方式从垂直转换为水平。

第5步：通过ART实现 DVS

最后，通过ART实现DVS，ART可容纳50~125人，持续时间长，专注于一个整体解决方案或一套相关的产品和服务。

根据工作的人数，ART设计有三种可能的方案：

- 单个ART中可包含多个DVS。当多个相关产品或解决方案可由相对较少的人员生产时，单个ART可交付多个价值流。
- 一个ART实现单个DVS。通常，一个价值流可由100名或更少的人员实现。许多开发团队已经按照这个规模组织起来，因此这种情况很常见。在这种情况下，ART与价值流大致相同，每个人都在ART内。
- 大型DVS需要多个ART来实现。当有很多人参与时，DVS必须分成多个ART，并组成解决方案火车。

图12.8展示了各个方案示例。

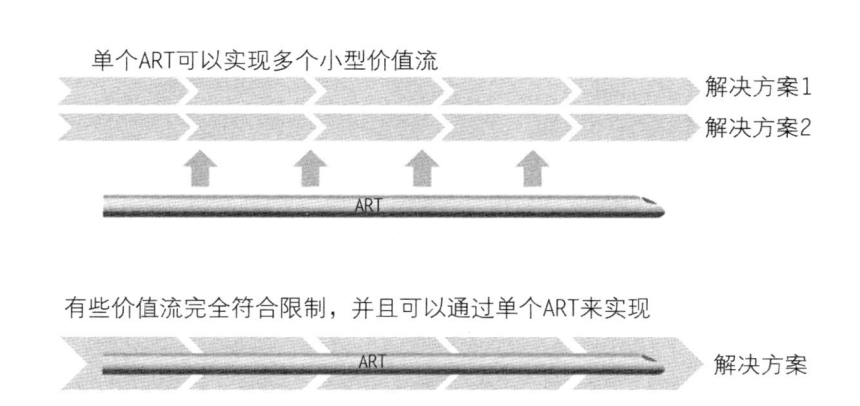

单个ART可以实现多个小型价值流

解决方案1
解决方案2
ART

有些价值流完全符合限制，并且可以通过单个ART来实现

ART
解决方案

较大型的价值流则需要解决方案火车中有多个ART

解决方案火车
ART
ART
ART
大型解决方案

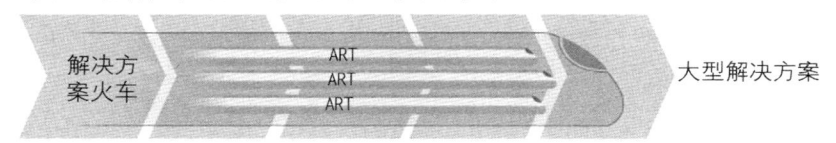

图12.8 利用解决方案火车和ART实现DVS（Scaled Agile Inc.版权所有）

如果我们有解决方案火车，就需要考虑使用ART的团队模式来组织ART。请记住，规模化的第一条规则是"不要"，所以如果可以不要解决方案火车，就尽量避免。通常，有以下三种模式：

- 流对齐的ART与流对齐的团队一样，将拥有必要的人员、技能和权力来交付价值，无论承担的任务涉及全产品、服务、子系统，还是解决方案的任何部分。
- 大多数大型系统还包括大量子系统。这意味着在构建大型系统时，复杂子系统ART十分常见，这也是为了减轻流对齐ART的认知负荷。
- 同样，在解决方案火车中，平台ART通常提供服务，而流对齐ART则在平台ART的基础上进行扩展和构建。

在图12.9中，我们继续讨论银行业务的示例，这是一个大型解决方案，其中包含三个ART（渠道、贷款发放系统和信用评分系统）和一个用于核心银行业务的ART。

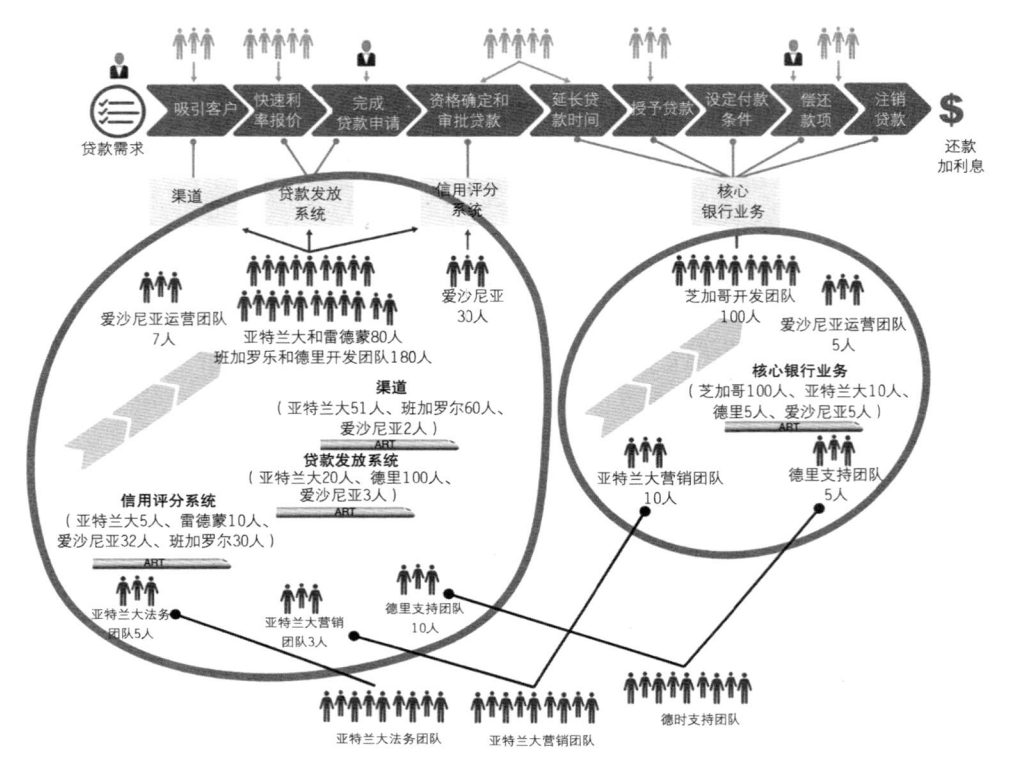

图12.9 银行消费贷款示例中的ART团队模式（Scaled Agile Inc.版权所有）

在工作坊结束后，可能有几个候选的ART，需要从中挑选一个并启动——不要尝试同时启动所有ART。从启动一个开始，运行一个PI，收集经验教训，然后根据经验教训启动下一个ART。然而，应从哪一个开始呢？

真实世界的故事

我曾经是一名银行经理，每隔18个月到2年，我会因为表现出色而被提拔到另一家分行。银行总是给我提供一个业绩很好的分行。我总是拒绝！我坚持把业绩不佳的分行作为我的下一个目标。为什么呢？因为业绩不佳的分行一般不会变得更糟，所以我能够证明自己的进步，然后继续下一次晋升。

找出处于紧急变革平台的ART，以此可以快速获胜。

> 📝 **专业建议**
>
> 我喜欢为我的第一个ART挑选一个压力较大的领域，这样我就可以在第一个PI结束后，快速且有效地证明我们是如何扭转局面并取得重大改进的。这些成果将成为我继续推动变革的基础。

> ❗ **注意事项**
>
> 请务必理解价值流识别与价值流映射之间的区别。你会发现，人们会交替使用这两个术语，但它们有完全不同的含义。
>
> 如前所述，价值流识别工作坊是一项指导性活动，旨在识别价值流。它包括围绕价值流组织敏捷团队或ART。
>
> 价值流映射工作坊有助于衡量当前价值流的健康状况，识别最大的瓶颈，并制订可行的计划来优化价值流。

小结

现在，许多组织在启动任何ART之前，都会先从构建投资组合层面入手，因为组织需要尽早解决需求大于产能的问题。

如果属于这种情况，那么请确保领导者适当了解关键的培训步骤，然后循序渐进地构建投资组合工件，确定战略主题、投资组合画布并进行 SWOT/TOWS 分析。

作为教练，VSI是最困难的事情之一，因此一定要使用工具包，让经验丰富的教练为你提供支持，并做好准备工作。

在第13章中，我们将探讨如何从传统的项目成本核算转向精益预算。

第13章
建立精益预算

传统的投资组合方法会抑制价值的流动，原因有多种，但以下是我们遇到的一些最常见的挑战：

- 项目成本核算。
- 人员按职能筒仓组织。
- 过于详细的商业案例。
- 项目治理通过瀑布式的阶段来度量任务完成情况。

如果我们要以精益敏捷的方式运作，那么从根本上就需要一种不同的管理方式，需要在投资组合层面改变思维模式。

在本章中，我们将探讨以下内容：

- 审视投资地平线（投资地平线模型）。
- 我们投资的是价值流，而不是项目。如何从传统的项目成本核算转向精益预算。
- 参与式预算。如何利用参与式预算技术来确定每个价值流的投资资金。

审视投资地平线

SAFe®投资地平线模型强调了由各个价值流创建的解决方案的支出分配（见图13.1）。该模型改编自杰弗里·摩尔（Geoffrey Moore）的《梯次增长》（*Zone to Win*）。

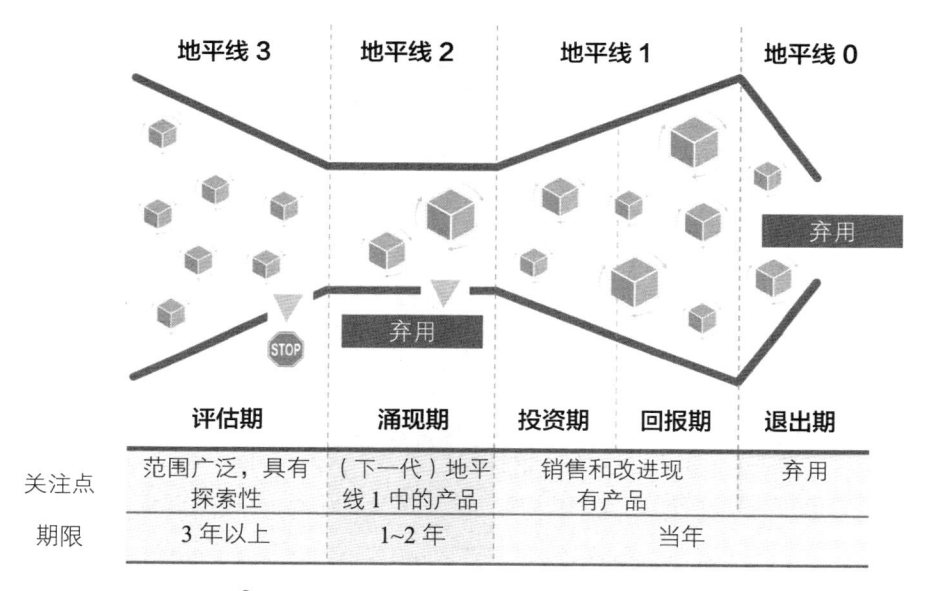

	地平线3	地平线2	地平线1	地平线0
	评估期	涌现期	投资期　　回报期	退出期
关注点	范围广泛，具有探索性	（下一代）地平线1中的产品	销售和改进现有产品	弃用
期限	3年以上	1~2年	当年	

图13.1 SAFe®投资地平线模型展示了各地平线的解决方案投资情况
（Scaled Agile Inc.版权所有）

让我们依次探讨每个地平线。首先，我们需要解释一下，在图13.1中，每个立方体代表一个解决方案，立方体的大小则反映了该解决方案的相对投资规模。

地平线3（评估期）。你会注意到，与地平线2和地平线3中的一些其他解决方案相比，在地平线3中，"解决方案"（立方体）的尺寸较小，因为这些是专门用于研究新的潜在解决方案的实验。通常，最初的实验是为了测试"收益假设"。投资会一直持续下去，直到该解决方案被停止或被允许继续推进到地平线2。并非地平线3中的所有解决方案都能进入地平线2。地平线3中的投资专门用于探索未来（通常为3~5年）盈利增长的潜在机会。

地平线2（涌现期）。你还会注意到，在地平线2中只有两个解决方案，因为地平线2受WIP限制。该地平线反映了对那些从地平线3中涌现的解决方案的投资。由于地平线2受WIP限制，来自地平线3中的潜在解决方案只有通过竞争才能进入地平线2。那么，为什么地平线2是有限的呢？杰弗里·摩尔提醒我们注意以下问题。

> 在我们的公司，我们喜欢"一次下一个蛋"。顺便说一句，我们发现大多数鸡也是这样。
>
> ——杰弗里·摩尔，《梯次增长》作者

我们必须考虑一个组织能够承受多大的变化。太大的变化会造成极大的破坏，并可能给组织带来创伤。这就是为什么我们需要限制地平线2中的解决方案数量——每次只下一到两个蛋。地平线2反映了对来自地平线3中有前景的新解决方案的投资，这些投资预计将在1~2年带来盈利回报。

地平线1（投资期和回报期）。与我们合作的大多数企业都会把重点放在地平线1上，即企业已经开发和仍在开发的当前解决方案（处于投资期），以及那些几乎不需要投资且常年提供正现金流的现有解决方案（处于回报期）。后者通常被称为"现金奶牛"，比喻终生产奶且几乎不需要维护的奶牛。

地平线0（退出期）。在解决方案生命周期的某一阶段，由于其市场份额较小，几乎没有增长，不能为企业带来太多现金，因此需要将其淘汰。这种解决方案可能成为现金陷阱，是剥离的首选对象。然而，我们几乎没有看到企业停止投资于那些应停用或淘汰的且长期消耗公司资金的解决方案。

SAFe®投资地平线模型强调了由各个价值流创建的解决方案的支出分配。这就是为什么在SAFe®中，我们投资的是价值流，而不是项目。

我们投资的是价值流，而不是项目

传统的以项目为基础、以成本为中心的预算方式会产生管理开销和执行阻力。让我们用一个真实的故事来解释这一点。请注意，为保护当事人的隐私，故事中的人名已被修改！

> **真实世界的故事**
>
> 我曾在一家渡轮公司工作，该公司的财政年度为1月至12月。制定预算的周期为3个月：8月开始，10月结束。以便在11月获得单一股东的批准，然后在12月记入分类账，这样我们就可以在第二年1月"大干一场"了。
>
> 由于学校放假（暑假），渡轮公司一年中最繁忙的时间是七月的最后两周和整个八月。
>
> 因此，我从未在8月开始制定预算，而是等到9月。
>
> 然后，我会依次拜访所有总监，以确定他们在下一年的IT预算需求。我会从登船服务总监菲尔开始。
>
> 我："菲尔，有时间吗？"
>
> 菲尔："有什么事？"
>
> 我："我想跟你谈谈明年的预算。"
>
> 菲尔："真的吗？"
>
> 我："是的！"
>
> 菲尔："你知道，我们刚刚结束了'暑运'，我有很多问题需要解决。"
>
> 我："我知道，但我需要考虑一下你明年的预算。"
>
> 菲尔："我连下周的事都考虑不过来，更别说明年。"
>
> 我："我明白，但我需要在预算中预留相应的资金。"
>
> 菲尔："好吧，我现在没法想，你想让我怎么做？"

我："你能编点东西出来吗？"

菲尔："如果我编点东西，你会放过我吗？"

我："当然可以。"

然后，我找了渡轮运营总监吉姆。

我："吉姆，有时间吗？"

吉姆："有什么事？"

我："我需要谈谈你明年的预算。"

吉姆："你知道，我们刚刚结束了'暑运'，现在我必须从10月开始，对30艘船进行改装。"

我："我知道每年这个时候你都很忙，但我需要在明年的预算中列入一些内容。"

吉姆："我已经忙得焦头烂额了，下个月开始的改装计划已经排得满满的，我根本没有心思考虑明年的事情。你想让我怎么做？"

我："你能编点东西吗？"

吉姆："如果我编点东西，你会放过我吗？"

我："当然可以。"

就这样，我和其他总监也做了一样的访谈，至少我有了一份明年的项目清单！接下来，我要请开发人员对项目进行估算。

我："好消息，我有一份明年的项目清单。你能估算一下吗？"

开发人员："你能为我们解释一下这些项目吗？"

我："不行，都是瞎编的。"

开发人员："那么，你想让我们估算这些编出来的项目？"

我："是的！这是一个完全合理的要求。"

开发人员："我们不会这么做的！"

我："那就太令人失望了！"

唯一的选择是我自己做估算，但估算结果也必须看起来不像编出来的。因此，要小心谨慎，避免使用整数估算——每个估算值看起来都很精确，所以估算值不能是75万英镑，而是739286英镑。

在9月，我已经根据估算编制了预算，下一项工作就是，在10月与财务委员会一起进行审查，他们的唯一目标就是尽可能多地为项目画定"红线"。

财务委员会："请坐。对了，我们来看看这份IT预算。7000万英镑？太荒谬了！"

我："哦，太令人失望了。"

财务委员会："好吧，我们来看看菲尔的第一个项目。不，我们不做这个项目。"

我："哦，不！（要知道这是菲尔编的一个项目）好吧，只要能做菲尔的另一个项目（也是编的），我就可以说服菲尔接受删除建议。"

财务委员会："很好。那么，我们来看看吉姆的这个项目。嗯，我们也不做了。"

我："哦，不！（要知道这也是吉姆编出来的项目）好吧，我和吉姆的关系不错，可以说服他不做这个项目。"

就这样，这个过程一直持续到财务委员会把我的预算从7000万英镑减少到5000万英镑。

财务委员会："好吧，我们批准这5000万英镑的预算，你该感到幸运。"

我："非常感谢，我非常感激。"

然后，我走到会议室外面，心里笑开了花，因为我知道，我只需要完成预算为3000万英镑的项目，但我有2000万英镑的缓冲资金。多么快乐的日子！

新年伊始，项目都会从上一年延续下来。不过，到了三月，我接到了菲尔打来的电话，他希望和我聊聊。

我："你还好吗，菲尔？"

菲尔："你记得我们去年列入预算的那些项目吗？"

我："记得。"

菲尔："我不想做了。"

我："我知道，因为它们是你编出来的！"

菲尔："其实，我想这样做。"

我："这是个好主意。"

然后，我找了开发团队，请他们估算一下。

开发人员："这是一个真正的项目吗？"

我："当然！"

开发人员："好的，给我一天时间，我再答复你。"

有了这个估算，我就可以在预算中找一个类似规模的项目（也是编的）与之交换。但在没有得到财务部门批准的情况下，我无法进行交换。

我："我能不能把菲尔想做的新项目换成预算中类似规模的项目？"

财务部："不行。这个新项目不在预算之内。另外，如果不需要那个旧项目，为什么还要把它列入预算？"

我不能说，因为那个项目是编出来的，所以……

我："嗯，那是去年九月的事了，现在情况已经变了。菲尔宁愿做这个新项目，也不愿意做那个旧项目……"

财务部："好吧，我不高兴，但这次，可以交换。"

我："非常感谢。"

然而，我要与财务部反复进行这样的对话，因为所有项目都是编出来的。我这样做了三四年，并没有什么收获。

幸运的是，我们的首席财务官离职了，新的首席财务官上任了。我记得Scrum的价值观之一就是勇气。于是，我敲开了首席财务官的门。

我："你好，我能和你进行一次开诚布公的谈话吗？"

首席财务官："谈什么？"

我："呃，财务！"

首席财务官："好的。"

于是，我告诉她我是如何得出年度预算的。她本可以说："你已经对公司撒了3年谎了，出去，再也不要进来了！"幸运的是，她说："这个流程有问题，告诉我如何改进它。"

幸运的是，我正好有了一个主意。

我说："别再玩我要7000万英镑，你减到5000万英镑，但我只需要3000万英镑的游戏了。我们从一开始就说好，今年我需要4000万英镑。"

首席财务官："我很喜欢这样，因为这意味着我可以取消1000万英镑的资本项目准备金。"

我："在9月，与所有总监谈话是没有帮助的。他们太忙了，而且他们无法预测3个月后的情况。相反，我可以在12月召集所有总监，让他们一起告诉我一季度的目标。作为回报，你从我的年度预算中拿出四分之一，资助1000万英镑。"

首席财务官："你不想要全部4000万英镑？"

我："不，一季度够用就行。"

首席财务官："那季度末怎么办？"

我："我们会展示我们创建的所有工作。另外，如果可以的话，我们甚至会尝试把工作成果上线，这样我们就能得到一些反馈，并产生价值。"

首席财务官："我喜欢早期价值的概念，因为这反过来可以帮助我为今年剩余的资本项目提供资金。接下来怎么办？"

我："我们重复这个过程，并与总监们就下一季度需要做的工作达成一致。"

首席财务官："我们应该试试这个方案！"

为什么我知道我每年只能完成价值3000万英镑的项目？因为，我实际上是在为从事这些工作的人员提供资金。

以前，编制预算的流程缓慢且复杂，浪费了大量时间和精力。此外，我还需要不断地调动人员参与工作，并将人员从一个项目调到另一个项目，即使该项目尚未完成，因为我需要启动另一个项目。

有了这个新流程，我们不再把人调到工作中，而是把工作分配到人身上。

我们创建了围绕解决方案（价值流）的长期团队，为价值流（能力）提供资金，并为该价值流的每个PI确定工作优先级。

最后，由于我们为"开发价值流"提供了资金，因此人们会长期致力于ART的开发。这也增加了授权，因为许多日常预算决策可以下放，并根据需要进行调整。这增加了整个组织的信任度和透明度。

还有一个额外的好处。我的预算不会受特性超支和优先级变更的影响。我再也不用回到财务部要求更多的资金，而这一直是一个痛苦的对话。下面让我们来看看为什么。

在图13.2中，我们规划了两个特性，特性1的用时比计划的多。由于我们的PI有内置的产能余量，而且我们一致认为完成特性1比开始特性2更有价值，因此我们可以在PI固定成本的产能余量范围内吸收超支部分。

当我们为价值流提供资金时，本地内容管理机构可以决定是继续投资于需要更多资金的特性，还是转变投资方向。

当超支时，我们有很多选择，而这些选择都基于经济决策框架。

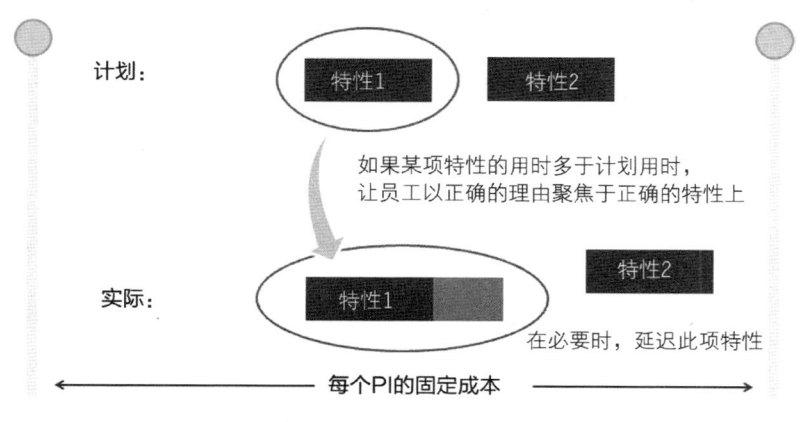

图13.2 特性超支（Scaled Agile Inc.版权所有）

单一价值流比较简单，但如果投资组合中有多个价值流，该如何决定为每个价值流分配多少资金呢？参与式预算（Participatory Budgeting，PB）是一种先进的技术，可以帮助人们解决这个问题。我们将在下一节对其进行介绍。

参与式预算

我们先简单谈谈PB的历史，这也许对解释参与式预算的概念有所帮助。

PB的概念源于20世纪60年代和70年代的参与和授权运动，旨在提高普通民众在决策过程中的参与度。1989年，巴西的阿雷格里港市实施了首个已知的PB流程，此后该流程在世界上的很多城市和地区都得到了推广。

政府采用PB的过程就是一个民主过程，人们直接决定如何分配政府预算的一部分。这是一种让人们对影响其生活和社区的决策拥有发言权的方式，也有助于在政府和民众之间建立信任。

在PB的进行过程中，人们通常被组织成委员会或工作组，负责确定项目的优先级并提出资助建议。提案的范围包括基础设施改善、公共服务、文化和娱乐项目等。然后，将这些提案付诸表决，获得最多支持的提案将获得资金。

PB成功地吸引了不同群体的参与，尤其是那些通常不会参与民主活动的群体。事实证明，PB还能改善政府支出的透明度、问责机制和有效性。然而，由于它需要大量资源以及政府和社区利益相关者的支持，因此实施起来具有挑战性。

正是从这些根源出发，SAFe®框架将PB作为精益投资组合管理（LPM）推荐的流程，将投资组合的总预算分配给其价值流。

企业将其总预算的一部分提供给每个投资组合。反过来，每个投资组合通过LPM将投资组合预算分配给各个价值流。然后，这些价值流为实现当前投资组合愿景和路线图所需的人员和资源提供资金。

被授权的ART可以推进解决方案并实施LPM批准的史诗。LPM设立了精益预算护栏，以提供适当的投资组合，应对短期机遇和长期战略。该护栏还确保了在技术、基础设施和维护方面的大额投资能够在适当的投资层面获得批准。该护栏可与关键绩效指标相结合，在提供必要监督的同时，还促进了决策和执行的去中心化。

在本章中，我们没有详细讨论PB，你可以在SAFe®官网上查找相关的文章（搜索"participatory-budgeting"）以了解更多的信息。不过，我们确实想给你提供一些关于如何进行PB的高级技巧。

> **📝 专业建议**
>
> 以下提供一些技巧：
>
> - 邀请不同的利益相关者参与进来。重要的是要确保这一过程具有包容性并能代表所有利益相关者。这可能需要提供支持以帮助他们参与进来。
> - 清晰地进行沟通。清晰的沟通是关键，这能确保流程被理解，并使所有利益相关者都有参与感。这可能需要使用多种语言和多种沟通渠道来提供信息。

- 制定明确的指导方针。为PB制定明确的指导方针和规则有助于确保公平性和透明度。这可能包括制定史诗的资格标准，以及解释评审和选择史诗的过程。
- 提供支持。为参与活动的人员提供支持有助于确保活动取得成功。这可能包括培训和技术援助，以及在活动当天提供更多的便利。
- 确保问责制。重要的是要建立监督和评估机制，以确保这一过程是透明的和负责任的。这可能需要建立一个系统来跟踪已获资金支持的史诗的进展情况，并定期向投资组合管理提供最新信息（见第14章的第3节）。
- 促进合作。所有利益相关者之间的合作都有助于确保PB流程的成功。

此外，准备工作也是至关重要的。如果你以前没有参加过这项活动，请尝试找一位有经验的教练（或SPCT）来指导你。

小结

传统的投资组合管理面临着若干挑战，包括项目资金支持（以项目为单位）和项目成本核算，以及庞大的自上而下的年度规划和预算编制。

在本章中，我们探讨了如何为价值流而不是项目提供资金，如何将工作分配到人身上，而不是将人安排到工作上。此外，我们还介绍了如何在投资组合中，将投资分配给处于不同地平线中的解决方案。

最后，我们分享了如何使用高级的PB技术——在各价值流之间分配投资组合资金。如果投资组合中有一个以上的价值流，这会对你有所帮助。

在下一章中，我们将探讨如何建立投资组合流动。

第14章
投资组合待办事项列表管理

在前几章中，我们探讨了企业战略的重要性，如何通过战略主题将投资组合与企业战略联系起来，确定用于投资组合的各种工具和技术，以及识别价值流的关键阶段。在确定价值流之后，我们探讨了如何为价值流而不是项目提供资金，从而摆脱传统的项目成本核算方法。

因此，现在我们需要考虑如何使用价值流来将我们的工作进展（在本例中为"史诗"）可视化。

投资组合看板尤为重要，它通过识别、沟通和治理SAFe®投资组合中规模最大和最具战略意义的举措（史诗），来帮助战略与其执行保持一致。投资组合看板是在精益投资组合管理的支持下运行的，并利用战略投资组合评审和投资组合同步活动来管理和监督工作流。

本章将介绍以下内容：

- 投资组合级史诗。
- 投资组合看板。管理从构思到实施和完成的史诗流动。
- 精益投资组合管理事件和相关治理。

我们先了解一下什么是"投资组合级史诗"。

投资组合级史诗

投资组合级史诗是一项重要的解决方案举措。投资组合级史诗有两种类型：
- 业务史诗。直接交付业务价值。
- 赋能型史诗。支持架构跑道和未来业务功能。

> **注意事项**
>
> 在项目管理中也有史诗，但其运作方式与投资组合级史诗截然不同。史诗也不是大量特性的集合，它代表着一个重要的机会。可能有很多伟大的想法并不符合史诗的条件。将它们规划为"特性"可能更合适。

投资组合级史诗通常是跨领域的，或者跨越多个价值流和PI。

> **专业建议**
>
> 尽管史诗可以跨越多个PI，但我尽量只创建最多跨越3~4个PI的史诗。尽量将较大的史诗分解成较小的史诗。否则，这会扰乱优先级。当我们使用经济优先级排序[加权最短作业优先（WSJF）]时，由于工作量/持续时间的原因，较大的史诗会自然而然地排在投资组合待办事项列表的末尾。另外，较小的史诗可以更早地获得反馈。

每个史诗都需要一个史诗负责人。史诗负责人负责通过投资组合看板协调投资组合级史诗。他们共同定义史诗、其最小可行产品（MVP）和精益商业案例，并在获得批准后推动其实施。

图14.1说明了史诗负责人的四项主要职责。

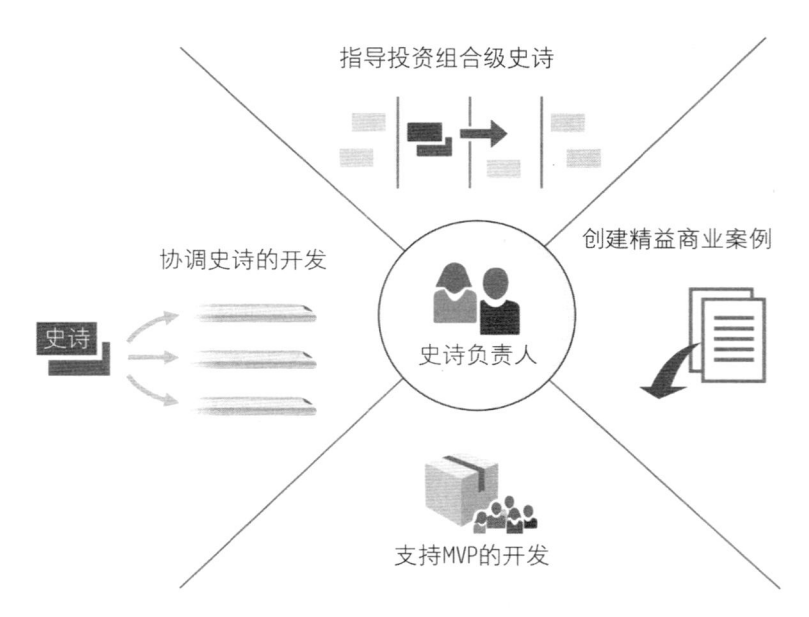

图14.1　史诗负责人的四项主要职责（Scaled Agile Inc.版权所有）

> 📝 **专业建议**
>
> 由于史诗负责人需要通过投资组合看板来管理史诗（这需要对精益投资组合管理有所了解，并与各高层利益相关者进行大量合作），因此我们经常看到，高级项目经理或投资组合经理在企业业务和系统分析员的支持下担任这一角色。

在下一节中，我们将探讨如何定义史诗、其MVP和精益商业案例。

投资组合看板

如图14.2所示，投资组合看板是一种管理投资组合级史诗流动的可视化方法，包括从构思到分析、实施和完成的整个过程。

在SAFe®中，使用了多种看板，包括团队、ART、解决方案和投资组合看板。这些系统根据在制品（WIP）限制，匹配需求与产能，将每个流程状态中的瓶颈可视化，以识别持续改进的机会。

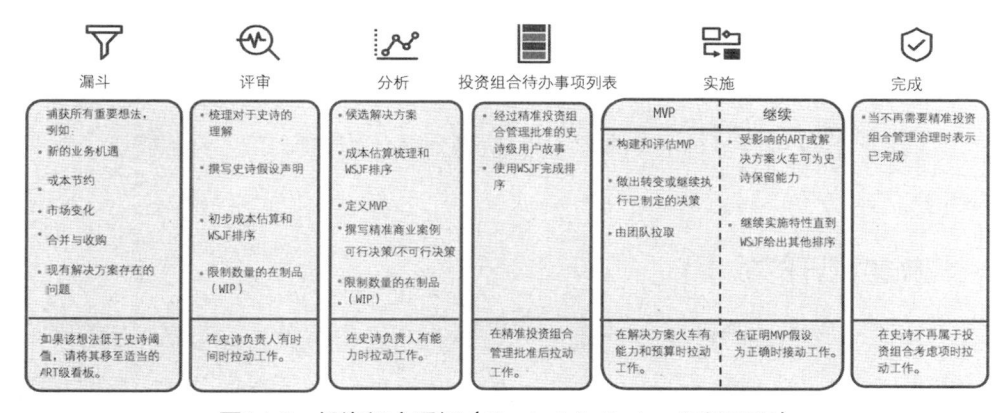

图14.2 投资组合看板（Scaled Agile Inc.版权所有）

漏斗	评审	分析	投资组合待办事项列表	实施		完成
捕获所有重要想法，例如： • 新的业务机遇 • 成本节约 • 市场变化 • 合并与收购 • 现有解决方案存在的问题	梳理对于史诗的理解 • 撰写史诗假设声明 • 初步成本估算和WSJF排序 • 限制数量的在制品（WIP）	候选解决方案 • 成本估算梳理和WSJF排序 • 定义MVP • 撰写精准商业案例 可行决策/不可行决策 • 限制数量的在制品（WIP）	经过精准投资组合管理批准的史诗级用户故事 • 使用WSJF完成排序	**MVP** • 构建和评估MVP • 做出转变或继续执行已制定的决策 • 由团队拉取	**继续** • 受影响的ART或解决方案火车可为史诗保留能力 • 继续实施特性直到WSJF给出其他排序	当不再需要精准投资组合管理治理时表示已完成
如果该想法低于史诗阈值，请将其移至适当的ART级看板。	在史诗负责人有时间时拉动工作。	在史诗负责人有能力时拉动工作。	在精准投资组合管理批准后拉动工作。	在解决方案火车有能力和预算时拉动工作。	在证明MVP假设为正确时接动工作。	在史诗不再属于投资组合考虑项时拉动工作。

值得注意的是，图14.2所示的投资组合看板是一个原型看板。看板的设计应根据相关的投资组合经验，不断提升看板的设计，以反映对默认看板状态的改进。这些改进可能包括调整WIP限制，拆分/合并看板状态，或者增加服务类别以优化史诗的流动和优先级。

> **专业建议**
>
> 我发现，图14.2中的看板是一个很好的起点，而且往往可以"开箱即用"，但随着时间的推移，你应该根据你的经验和环境来完善你的看板。这只适用于投资组合看板，对于其他看板，需要根据具体情况来设计。不过，所有看板都应随着时间的推移而演进。

下面，我们将简要探讨投资组合看板的状态。

漏斗

我们希望建立一个欢迎所有想法的系统。它可以是简单的电子邮件收件箱，也可以是协作网站（如 Confluence）上的一个页面，但关键是，我们需要一个简单的想法表达方式——通常是一句话。然后，我们就可以对这个想法进行评估，看它是否与我们的战略主题相一致，是否符合以下标准：

- 受欢迎的。
- 可用的。

- 可行的。
- 可持续的。

如果它不符合这些标准，那么我们就需要将该想法归档。这里举一个真实的例子。

真实世界的故事

让我们回到第13章讨论的渡轮公司。这家渡轮公司已经经历了两次生存危机：

1. 可在船上销售的免税商品的损失。
2. 英法海底隧道的开通。

然而，在2000年代初，廉价航空公司开始渗透旅游市场，那时从英国可以直接飞往法国南部，只需不到10欧元——你不用先从多佛尔坐渡轮到加莱，然后再驱车10小时左右到达法国南部。此外，与渡轮公司相比，这些廉价航空公司还具有精益的管理体系，因为渡轮公司的固定成本很高。

首席执行官表示，为了生存，我们必须成为更精益的组织。虽然高管已有一些想法，但她也认识到组织还没有完备的答案。所以，首席执行官要求每个人都要想出可以节约成本的点子，将一份简单的陈述以邮件方式发送到指定邮箱即可。

当时，原油的价格已达到了历史最高点，而渡轮要消耗大量的化石能源。因此，其中一项建议是将所有渡轮的引擎转换为核动力引擎！

从降低长期成本的角度看，这当然符合战略主题，但不符合受欢迎的、可用的、可行的和可持续的这四项标准。这个想法很快就被否定了。不过，有些想法能通过初步测试，进入下一阶段的"评审"。

评审

在这一步，我们将简单的想法转换成一页纸的描述，并创建一个"史诗假设声明"（Epic Hypothesis Statement，EHS），如图14.3所示。

史诗假设声明	
漏斗条目日期：	＜史诗进入漏斗的日期＞
史诗名称：	＜为史诗取的简短名称＞
史诗负责人：	＜史诗负责人的姓名＞
史诗描述：	＜以电梯演讲的方式清晰、简洁地描述史诗的价值主张＞ **对于**＜表现出某些行为＞的 ＜客户＞ ＜解决方案＞ **为**＜内容——"具体实施方式"＞ **能够**＜提供此价值＞ **不同于**＜竞争对手、现有解决方案或不存在的解决方案＞ **我们的解决方案**＜效果更好——"原因"＞
业务成果：	＜在证明史诗级假设正确的情况下，企业预期可获得的可衡量的效益＞
引领指标：	＜有助于预测业务成果假设的早期度量指标。如需深入了解此主题，请查看"创新核算"（Innovation Accounting）的高级主题文章。＞
非功能性需求：	＜与史诗有关联的非功能性需求＞

图14.3　EHS 示例（Scaled Agile Inc.版权所有）

在这个阶段，我们需要指定一位史诗负责人，他不一定是想法的提出者，但可以通过投资组合看板来指导史诗，并帮助创建必要的信息，最终获得精益投资组合管理部门的批准。如前所述，熟悉业务并能与关键利益相关者合作的项目经理往往是史诗负责人的最佳人选。

EHS就像想法的"电梯演讲"。电梯演讲是一种简短（30秒）介绍想法，传达一两个关键点并与他人建立联系的方式。之所以称之为"电梯演讲"，是因为它所需的时间与你乘坐电梯的时间大致相同。如果在电梯里碰巧遇到一个你想向他介绍你的想法的人，你会说什么来表达你的观点呢？

大多数人在完成"史诗描述"和"业务成果"时都能得心应手，但在"引领指标"方面就开始犯难了。我们将在第15章中讨论引领指标。引领指标是能证明我们在开发史诗时将满足的业务成果的指标。一般来说，我们非常熟悉滞后指标，即在史诗完成后将产生什么价值，但这可能是几个月或几年之后的事情。在开发史诗的过程中，我们可以采取哪些措施来增强实现这些成果的信心？

真实世界的故事

我们经常使用的一个例子来自特斯拉。在2016年3月推出Model 3时，特斯拉要求客户支付1000美元的可退还押金作为"购买意向"。尽管需要等待2~3年，但仍有近50万人支付了1000美元。这是一个明显的引领指标，表明人们对一款尚未制造出来的电动车有强烈的需求！

同样，在完成EHS后，如果该史诗有可取之处，那么它将被拉入下一阶段，前提是史诗负责人有能力和/或投资组合看板的WIP没有超标。

分析

这就是我们将一页纸的描述变为幻灯片演示的过程，演示必须包括以下内容：

1. 史诗的高层级特性。
2. 定义好的MVP。
3. 解决方案的备选方案。
4. 来自EHS的完善后的成本估算。
5. 精益商业案例。

让我们依次来了解一下。

史诗的高层级特性

根据业务目标和用户角色可将史诗分解为高层级的特性。请使用以下指南来创建特性：

- 每个特性都应与一个或多个业务目标相一致。
- 每个特性都应满足一个或多个用户角色的需求。
- 在理想情况下，每个特性都应足够小，以便在单个PI或更短的时间内完成。不过，在现阶段，不要担心特性的规模是否超过了单个PI，因为我们稍后有时间在准备PI规划会议时细化该特性。

定义好的MVP

MVP是敏捷中最容易被误解的术语——它并不是我们可以尽快向市场发布的最蹩脚的版本。这是一个常见的误解，并因此造成了对MVP的过敏反应。

我们更倾向于采用埃里克·里斯（Eric Rees）在他的《精益创业》一书中的定义："这是新产品的一个版本，它能让团队以最少的努力收集到最多的关于客户的有效信息。"

埃里克在书中解释说，MVP的范围很广，从极其简单的烟雾测试（只不过是一个广告）到实际的早期原型，包括各种带有问题和缺失的特性。

为了验证或否定我们的假设，也就是MVP，我们至少可以做些什么呢？

解决方案的备选方案

我们还需要明白，在史诗的早期阶段，可能没有所有的答案，可能有各种备选解决方案。我们不希望过早地被迫制定单点解决方案；相反，我们更希望通过基于集合的设计（Set-Based Design，SBD）来保留选项和探索这些选项的能力[1]。

SBD是一种产品或系统设计方法，强调在做出最终选择之前，同时探索多种可能的设计方案。这一过程包括创建一组可能的备选设计方案，评估它们的优缺点，然后根据一组预定义的标准选择最佳的备选方案。

SBD的目标是通过探索一系列潜在的解决方案，来降低做出错误设计决策的风险，然后再对单一设计做出承诺。通过同时考虑多个备选设计方案，SBD

---

1 可在 SAFe® 官网上搜索 "set based design"。

鼓励设计人员进行创造性思考，探索更广泛的可能性。

SBD常用于复杂的工程项目，因为在这些项目中，设计决策会产生深远的影响，并且需要高度的确定性。通过使用这种方法，设计人员可以降低代价高昂的重新设计的可能性，并将解决方案失败的风险降至最低。

这与"只选其一"恰恰相反。在SBD中，团队会识别并同时审查可能的备选方案，只有在测试和验证假设之后，才会承诺实施技术解决方案。SBD最适合用于涉及高度创新或高可变性的情况，或者最后期限不可更改的问题。

来自 EHS 的完善后的成本估算

在"评审"阶段中为EHS进行定义时，你已创建一个初始成本估算。但是，在创建了高层级的特性和解决方案备选方案后，你需要完善这些成本估算。

例如，你可以采用自上而下与自下而上相结合的方法来估算史诗中每个特性的相关成本。利用以往史诗的数据、行业基准和专家意见来完善估算。

你还应根据利益相关者的反馈和史诗范围的任何变更来完善成本估算。

精益商业案例

最后，我们需要完成一份精益商业案例。精益，因为它只用了两页纸！Scaled Agile公司创建了一个模板，你可以从其网站上下载（在搜索引擎中搜索"scaledagileframework"）。

在这一阶段，我们要向精益投资组合管理的职能部门提交我们的案例，以便其做出"做还是不做"的决定。

我们从支持过的许多组织中得出的经验是，这一职能部门通常是存在的，但它可能被冠以不同的名称，例如，指导委员会、投资委员会或类似的名称。我们只需要对该职能部门进行重新定位，使其能够以更加精益敏捷的方式运作，而这正是我们在第12章中描述的培训变得重要的地方。

投资组合待办事项列表

如果史诗未获批准，它可能在"投资组合看板"的"评审"和/或"分析"中循环，或者被归档。如果史诗获得批准，它就会被移到"投资组合待办事项列表"中，这是所有已获批准的史诗的轻量级保留区。可使用WSJF对这些史诗进行优先级排序。

只有经过PB（如果使用）决定，并在有产能的情况下，这些史诗才会进入"实施"阶段。

实施

这就是我们开始构建MVP的阶段。不过，我们建议可以在"分析"阶段中完成一些MVP工作，尤其是简单的冒烟测试。

对于实施阶段，我们遵循精益创业周期，这是一个高度迭代的构建、度量和学习过程（见图14.4）。

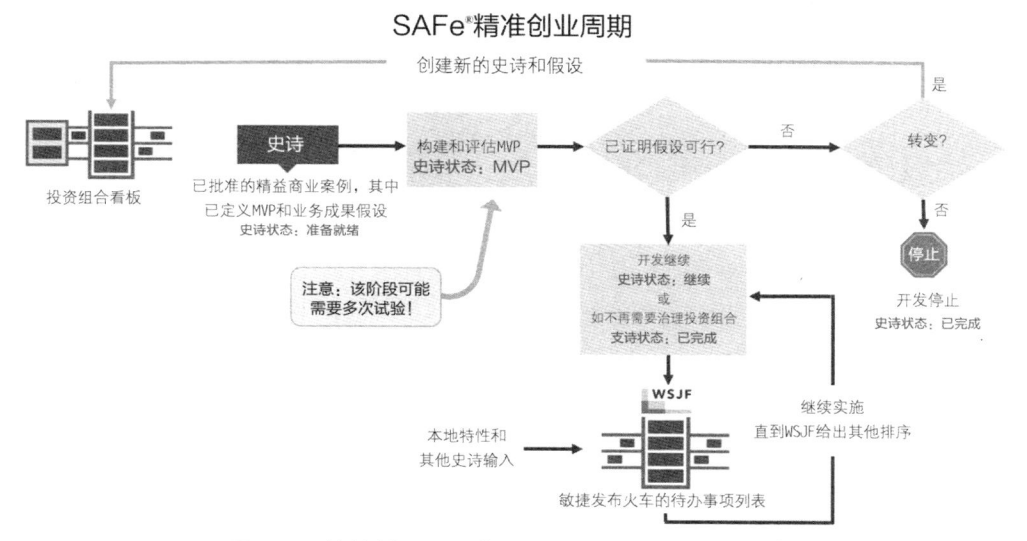

SAFe®精准创业周期

图14.4 精益创业周期（Scaled Agile Inc.版权所有）

在MVP的每次迭代中，我们都会问自己："假设得到证实了吗？"如果没有，我们就毫不留情、毫无愧疚地转向。如果得到证实，我们就坚持下去，直到不再需要投资组合管理为止。这些MVP和相关特性将由该价值流的相应ART

进行开发。

完成

在对史诗的假设进行评估后,就能判断出它是不是投资组合的可能关注点。当获得足够的知识或价值,或者不再是投资组合的关注点时,该史诗将被视为"完成"。精益商业案例中的全部设想范围不是完成标准。相反,如果满足以下条件,则史诗被视为完成:

- 在之前的任何一种状态下,LPM 将其从投资组合看板中移除。
- 假设已得到证实,LPM 已确定不再需要额外的投资组合管理。这将因组织而异。不过,史诗负责人可能需要承担一些持续的管理工作和跟进责任。

精益预算的授权和去中心化决策取决于你所在组织的具体规定。例如,史诗现已投入生产,正在不断创造价值,而我们现在只是在增强史诗的特性,因此现在可以将其纳入投资地平线1,特别是当我们只是提取价值而不是进行投资时。这可能让我们决定不再将其作为投资组合的关注点。

精益投资组合管理事件和相关治理

我们已经提到,精益投资组合管理需要在开始实施史诗之前获得批准,然而,还需要建立哪些其他事件来支持史诗在看板系统中的推进呢?接下来,我们将对此进行探讨。

有三个主要的 LPM 事件:

- 投资组合同步。
- 战略投资组合评审。
- 参与式预算。

让我们依次来了解一下。

投资组合同步

顾名思义，与战略投资组合评审相比，它更侧重于业务层面。通常，每月举行一次，在特定月份可能被战略投资组合评审取代或扩展。主题通常包括以下内容：

- 评审史诗的实施情况。通过看板系统评审进行中的史诗并推进史诗。
- 评审价值流KPI状态。收集投资组合指标和价值流KPI。
- 处理依赖关系。尝试消除依赖关系，而不只是管理依赖关系。
- 消除障碍。解决障碍和阻碍。

同步会议一般持续1~2小时，这取决于投资组合的规模。

> **专业建议**
>
> 最初，考虑每两周进行一次投资组合同步，随着LPM功能的成熟度提高，改为每月进行一次。

此外，建议你先参考以下议程再开始工作：

1. 审查上次会议中各项行动的进展情况。
2. 通过在投资组合看板上从右到左评估史诗，解决需要LPM协助的阻碍和障碍。
3. 审查MVP的结果并做出决定。
4. 讨论做或不做的决定。
5. 审查新的史诗（目标、关键成果和阈值）和进行中的史诗（执行退出标准）。
6. 如有需要，重新确定投资组合待办事项列表的优先级。
7. 会后议题摘要。

战略投资组合评审

这一事件的重点是实现和推进投资组合愿景。通常，每季度进行一次，至少应在下次PI规划会议前一个月进行，以便价值流能做好准备并应对任何变更。通常，其主题包括以下内容：

- 审查战略。审查和更新战略主题，维护投资组合愿景。
- 审查实施情况。评估MVP并做出决定。
- 审查预算。审查投资地平线和其他精益预算护栏。

与投资组合同步不同，这是一个更重要的事件，每个季度都会进行。根据我们的经验，这通常相当于一个为期1或2天的工作坊。以下是建议议程，供读者参考。

1. 审查战略主题的进展情况，并讨论是否需要对其进行修订。
2. 通过SWOT和TOWS（见第12章）分析，审查投资组合愿景，并对投资组合愿景进行修订。
3. 识别潜在的史诗。
4. 审查预算并核实任何调整。
5. 建立包含主题、举措、史诗和赋能型需求的投资组合路线图。
6. 审查投资组合的ART结构，确认是否需要对其进行调整，以支持2~3年的投资组合路线图。
7. 审查过去6个月的投资组合支出绩效，并核实对投资地平线目标的调整。

> **注意事项**
>
> 对于投资组合同步和战略投资组合评审的建议议程，请记住它们只是建议，你需要根据情况和投资组合进行调整，但我们希望提供一些想法，帮助你制定议程。

参与式预算（PB）

我们已在第13章中对此进行了介绍。这一事项通常每年进行两次。如果预算调整的频率较低，支出就会长期固定，从而限制灵活性。更频繁地调整预算看似有助于提高灵活性，但反过来可能带来过多的不确定性。

小结

在本章中，我们了解到，战略和投资资金可确保在正确的时间开展正确的工作。对当前举措的持续和早期反馈，结合精益筹资方法，将允许投资组合进行必要的调整，以实现其业务目标。精益治理通过度量投资组合的绩效和支持预算的动态调整来实现价值最大化，从而形成闭环。

在下一章中，我们将探讨如何通过经验来度量投资组合所取得的进展。

第15章
度量进展情况

> 战争的问题……也是度量问题。在某种情况下,如果你无法确定什么是重要的,那么就设法让你能计算的东西变得重要。
>
> ——詹姆斯·威尔班克斯,陆军顾问

我们的很多客户经常会遇到这样一个难题:他们很难通过具体的度量标准来确定ART的绩效。这妨碍了在敏捷方法中占重要地位的"检视和调整"环节。毕竟,如果没有既定的对"成功"的定义,也没有一致的方法针对该目标进行绩效度量,你怎么知道哪些地方需要改进?而且,如果你无法证明你的第一个ART是成功的,你又如何获得批准启动另一个ART呢?

为了解决这个问题,许多组织都犯了跟踪虚荣指标的错误。

这些都是纸面上看起来不错的简单度量标准,但实际上并不能说明ART的成功与否,也不能跟踪重要的改进情况。以下是一些例子:

- 启动了多少ART。
- 有多少人接受过培训。

- 速率。

在建立和扩展ART的过程中，你当然可以（或应该）跟踪这些度量指标，但它们与ART的成功与否并无任何关系。它们无法从ART有效性的角度识别改进机会。它们只是报告投资组合的繁忙程度。

我们如何证明我们已经取得了改进，新的工作方式值得被采纳？如何证明ART创造价值的能力正在持续提高？

证明成功的最佳方式是实证。在SAFe®中，最初是以"菜单式"度量指标（可供选择度量的一系列度量指标）的形式来制定其度量项的。最近，SAFe®又从米克·科斯腾所著的《价值流动》中汲取了很多灵感，将其发展为一系列流动指标。

不过，我们希望提供一套基本的度量指标，使每个组织都能收集和分析这些指标，而无须投入过多的时间和精力。相反，这需要一个平衡的视角。最终，我们为ART的平衡得分确定了四个领域（见图15.1）。

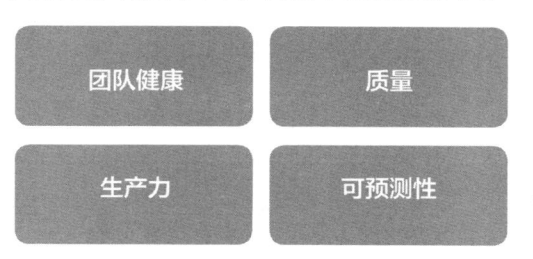

| 团队健康 | 质量 |
| 生产力 | 可预测性 |

图15.1　各ART的平衡得分

在本章中，我们将重点讨论那些有助于确定投资组合中的ART是否绩效良好的指标。在本章的最后，我们还将考虑一些其他的投资组合衡量标准。

我们将依次探讨每个领域，但先要了解引领指标和滞后指标之间的区别。

引领指标和滞后指标

滞后指标通常以产出为导向——易于衡量，但难以改进或产生影响。引领指标通常以投入为导向——难以衡量，但容易施加影响。

我们用一个简单的例子来说明这一点。

对许多人来说，个人目标可以是减肥。体重是一个明显的滞后指标，很容易衡量。踏上体重秤，你就有了答案，但如何才能真正达到减肥的目标呢？对于减肥来说，有两个引领指标：

- 摄入的热量。
- 燃烧的热量。

很容易影响这两个指标——你只需少吃多动即可。然而，测量这两个指标很有难度。当你在餐厅点餐时，菜单上可不会列出卡路里的数量。即使你能计算出所吃食物的卡路里，精确的数字也需要精确的测量工具——数字食物秤、量杯和量勺、记录每口食物的应用程序、健身追踪器（自带应用程序）——来估算消耗的卡路里。当然，要达到目标还需要坚持下去的自律。

在接下来的几节中，我们将分析图15.1中四个领域内有用的指标，请记住这个例子。

领域1：团队健康

在竞争日益激烈的世界中，传统的人才招聘越来越难吸引到合适的人才。而在获得合适的人才后，留住他们就显得更为重要。

然而，根据盖洛普的数据，全球有87%的员工对工作持中立、脱离或积极脱离的态度。这种脱离与以下情况有关：

- 缺勤率上升37%。
- 生产力下降18%。
- 利润率降低15%。

或者换一种说法："由于员工在工作时不够投入，企业每年会损失相当于该员工年薪34%的价值（引自《福布斯》2019年5月刊）。"

在该领域，用于监测员工健康状况的三个指标如下：

- 员工流失率。

- 员工病假。
- 员工净推荐值（NPS）。

员工流失率

员工流失率是一个滞后指标——这些员工已经离职。然而，随着时间的推移（每月和每年），这一指标的趋势可能指向一个潜在的问题（见图15.2）。如果能结合具体案例，说明导致流失的原因，则更有价值。"独立离职面谈"有助于雇主了解员工离职的原因。与人事部门密切合作可以提高这一度量的价值。

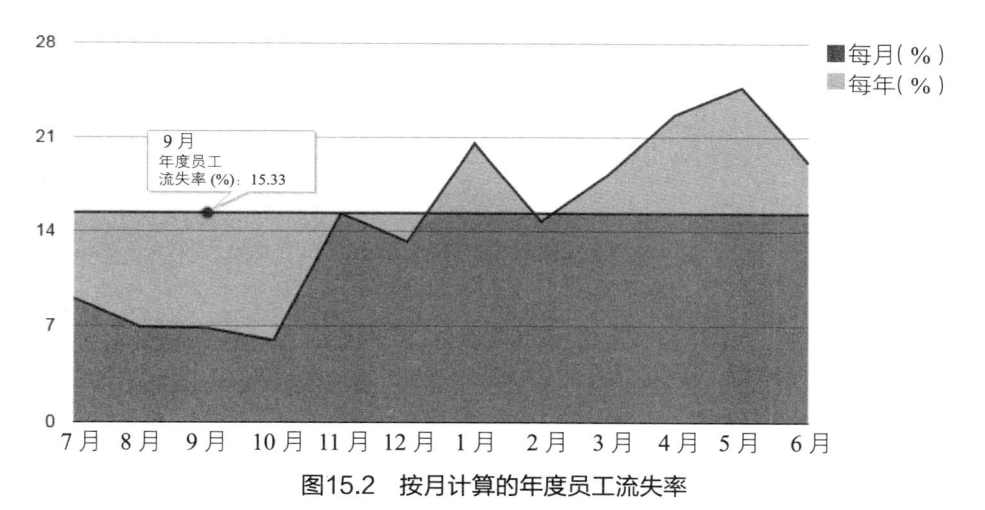

图15.2　按月计算的年度员工流失率

（9月年度员工流失率(%)：15.33）

员工病假

员工病假是不太滞后的一个指标。尽管他们没有离开，但也没有上班。不过，如果员工的健康状况持续不佳，可能面临他们离职的风险。这是一个潜在的指标，表明可能存在环境卫生问题，或者个人/团队的工作节奏无法持续。也许，职业倦怠是罪魁祸首。

> **!注意事项**
>
> 重要的是，这不是一个会在团队面前公布或讨论的指标。我们不希望人们觉得他们必须来上班。如果他们生病了，他们需要恢复健康。

员工净推荐值

大多数人对NPS都不陌生，但如果你认为自己不熟悉，那你可能只是没有意识到（已经经历过）。例如，你将汽车开到修理厂进行保养，或者就购买的产品联系客户服务部寻求帮助。不久之后，你会收到一封电子邮件，其中附有一份调查问卷，内容如下："从0分到10分，你向朋友推荐<×××服务/公司>的可能性有多大？"

对于受访者的反馈，NPS将打9分或10分的设为"推荐者"；将打7分或8分的设为"一般者"；将打6分或以下的设为"不推荐者"。NPS是通过从调查问卷收集的推荐者百分比中减去不推荐者百分比得出的。

因此，对于参与ART的员工，我们可以提出以下问题："从0分到10分，你推荐同事加入ART的可能性有多大？"

由于成长过程中的挑战，最初的几个分数可能是负面的，因此在发布NPS时，要有自己的判断。不过，通过跟踪每次调查的改进百分比以及一段时间内的改进百分比，可以得出一个滚动平均值，从而展示持续改进的效果。

以下是一些很好的后续问题：

- 如果你选择的分数为0~6分，我们需要做哪些改进？
- 如果你选择的分数为7~8分，我们需要怎样改进才能让达到9或10分？
- 如果你选择的分数为9或10分，我们还需要继续做什么以保持现状？

让我们看看下一个领域的指标。

领域2：质量

如果你能通过测试自动化（以百分比计）和静态代码分析来减少逃逸缺陷的数量和平均恢复时间（Mean Time To Recovery，MTTR），你就能腾出更多时间来创建新的、令人兴奋的功能，从而让客户高兴。

而且，减少缺陷的数量也有明显的经济效益。最新数据显示，软件缺陷每年给美国经济造成2.08万亿美元的损失。由美国商务部国家标准与技术研究院于 2003 年发布的一项研究（引自 *The True Cost of a Software Bug: Part One*）提供了如图 15.3 所示的信息。虽然这项研究已经过时，从现代技术团队的工资和管理费用来看，这些数字并不高，但它仍然说明了如果不及早发现漏洞，成本将急剧上升。

图 15.3　软件缺陷的成本

该领域的四个指标如下：

- 逃逸缺陷。
- 平均恢复时间。
- 自动化测试比例。
- 代码质量（静态代码分析）。

逃逸缺陷

逃逸缺陷的数量无疑是一个滞后指标。这是一个简单的指标，可以在多个 ART 发布工作时进行收集和跟踪。可将其视为衡量客户满意度的指标。

有几种工具可用于跟踪逃逸缺陷，包括：

- 问题跟踪系统（如 JIRA 或 Asana）。通过这些工具，你可以为逃逸缺陷创建问题，将其分配给特定的团队成员，并在解决过程中跟踪其进展。
- 测试管理工具（如 TestRail 或 Zephyr）。这些工具可通过跟踪测试结果和生成测试用例状态报告，来帮助你识别逃逸缺陷。
- 错误跟踪工具（如 Bugzilla 或 Mantis）。这些工具专门用于跟踪和管理错误与缺陷。通过这些工具，你可以分配优先级，跟踪进度并生成错误状态报告。

平均恢复时间

MTTR与逃逸缺陷的数量密切相关，它跟踪的是让客户不满意的时间——团队需要多少时间来解决客户遇到的逃逸缺陷。要跟踪MTTR，你可以使用以下几种工具：

- 事件管理平台（如PagerDuty、OpsGenie或VictorOps）。这些工具提供了一个中心化的位置来管理事件和跟踪MTTR。通过这些工具，你可以将事件分配和上报给相应的团队成员，并跟踪解决这些事件所需的时间。
- 服务台软件（如JIRA服务管理或Freshservice）。这些工具提供了跟踪和管理服务请求及事件的方法。通过这些工具，你可以跟踪解决这些事件所需的时间，并提供MTTR报告。
- 应用程序性能监控（APM）工具（如NewRelic或AppDynamics）。这些工具可对应用程序和基础设施进行实时监控。它们可以帮助你快速识别和诊断问题，并跟踪解决问题所需的时间。

自动化测试比例

作为DevOps的一项基本原则，自动化测试是一个重要因素，它通过在开发过程中尽早发现错误来减少逃逸缺陷并简化错误的解决。自动化测试可以更快、更频繁地在不同阶段进行测试，并降低质量保证流程中人为错误的影响。

要跟踪自动化测试，你可以使用以下几种工具：

- 测试管理工具（如TestRail或Zephyr）。这些工具提供了管理和执行自动化测试用例的中心化位置，可帮助你跟踪自动化测试工作。通过这些工具，你可以跟踪测试用例的状态，查看结果并生成自动化测试的覆盖率报告。
- 持续集成和部署工具（如Jenkins或Travis CI）。这些工具可帮助你自动执行测试用例，并作为构建和部署流程的一部分。它们可提供测试结果指标，包括通过率和失败率，从而帮助你确定自动化测试中需要改进的地方。
- 测试自动化框架（如Cypress或RobotFramework）。这些工具提供了组织和执行自动化测试的结构。它们通常包含内置的报告和跟踪功能，可帮助你监控自动化测试工作的状态。

代码质量（静态代码分析）

静态代码分析是一种软件调试方法，包括在不执行程序的情况下检查代码。它可以帮助你理解代码结构，确保代码符合行业标准。

有多种工具可用于提高代码质量，包括：

- 静态代码分析工具（如SonarQube、CodeClimate或PMD）。这些工具可以分析代码库，找出潜在问题并提出改进建议。它们可以帮助你识别代码异味、安全漏洞和其他可能影响代码质量的潜在问题。
- 代码审查工具（如GitHub、Bitbucket或GitLab）。这些工具可以确保代码符合团队的编码标准和最佳实践。在代码被合并到主代码库之前，你可以通过这些工具审查代码变更并提出改进建议。
- 集成开发环境插件（如IntelliJIDEA、Eclipse或VisualStudio）。这些工具可以在你编写和编辑代码时提供有关代码质量的实时反馈。它们可以帮助你识别语法错误、代码重复和格式问题等，避免问题扩大化。

> **⚠ 注意事项**
>
> 最终，在选择用于逃逸缺陷、MTTR、自动化测试和代码质量的最佳工具时，应基于团队和组织的具体需求。重要的是要对多个工具进行评估，然后选择最适合组织需求的工具。

接下来，让我们进入第三个领域。

领域3：生产力

如前所述，我们很容易被虚荣指标所迷惑，这些指标只能报告ART有多忙。这并不是生产力指标所关注的。相反，生产力指标应衡量ART产生了哪些价值，以及如何有效地实现这些价值。

随着对特性前置时间、故事周期和流动效率的持续跟踪，我们可以不断庆祝取得的成功，并发现和解决改进的机会。浪费得以消除，生产率得以提高。随着这种情况的发生，发布数量（衡量到达客户手中的价值的指标）先会上升，然后变得可以预测。

流程中的大多数问题都会表现为延误。进入市场所花费的大部分时间都是这些延误造成的。减少延误是缩短上市时间的最快方法，而无须任何人付出更多努力，但你需要找出延误的原因。

将持续交付流水线可视化是至关重要的。RTE的主要职责是管理和优化ART内的价值流动。这就需要跟踪这些指标并采取行动。

该领域包括四个指标：

- 特性前置时间。
- 故事周期。
- 活动比率（又称流动效率）。
- 部署数量。

特性前置时间

特性前置时间包括从特性请求到特性交付的整个时间段。精益思维模式要求，团队应不断努力缩短这段时间，因为这样做可以提高速度和效率，并/或减少系统中的浪费。

故事周期

故事周期是特性前置时间的一个子集，它只关注特定故事或任务被视为进行中的时间段，也就是，从它从待办事项列表中被提取出来，到它被视为已经完成并可以交付的时间段。

与特性前置时间一样，故事周期的缩短也表明团队的工作效率提高，浪费的时间（通常是由于工作状态转换过程中的瓶颈造成的）正在减少。

如果迭代时间为两周，那么一个故事的规模就必须足够小，以便在一次迭代内完成，最好为1~5天。一个良好的平均故事周期为2~3天。

然而，我们仍然会看到一些故事耗时超过10天。现在，我们需要关注的可能是一些延误，也可能是故事的规模，我们需要研究拆分用户故事的模式。

活动比率（又称流动效率）

故事周期的另一个子集是处理时间。处理时间指的是故事或特性正在被积极处理的时间。

将前置时间除以处理时间，就可以跟踪活动比率或流动效率。活动比率描述了总前置时间中有多少时间用于积极增值——推动特性或故事的完成。

跟踪团队的工作流动效率对于优化整个流程至关重要。

在图15.4所示的例子中，处理时间为6小时，前置时间为7周（或280小时，假设每周工作40小时）。

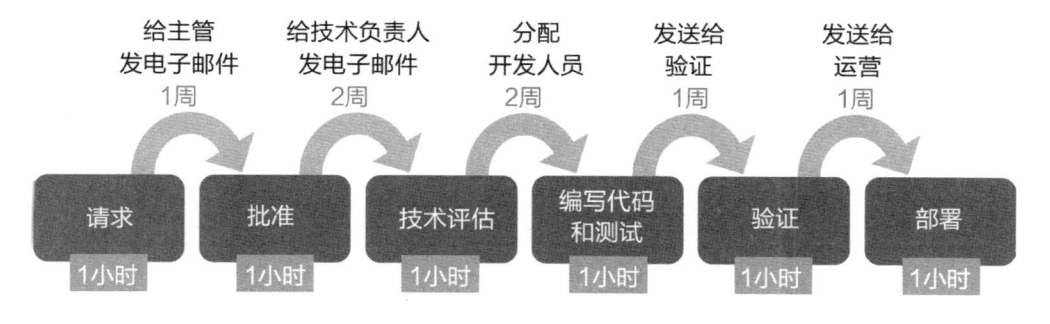

图15.4　活动比率示例

流动效率为2%（6/280×100%）。因此，98%的工作时间处于延误状态。虽然这听起来低得令人难以置信，但全世界的平均流动效率也仅为1%~5%。

> 我们所做的一切，都着眼于从客户下订单到我们收取现金的时间轴。我们通过减少不增值的浪费来缩短时间。
>
> ——大野泰一，精益生产之父

要跟踪特性前置时间、故事周期和活动比率，你可以使用多种敏捷管理工具，包括JIRA、TargetProcess或Asana等。这些工具允许你创建和跟踪用户故事和特性，并估算完成它们所需的时间。它们能提供进度报告，并能帮助你找出可以改进活动比率的地方。

但要注意的是，在选择时也要谨慎关注质量——重要的是要评估多个工具，然后选择最适合自己需求的工具。

部署数量

我们先解释一下持续部署和按需发布之间的区别。

- 持续部署是一种流程，它将类生产环境中经过验证的特性部署到生产环境中，并在生产环境中为发布做好准备——这些特性并未发布，而是处于被动状态。

- 按需发布是一种流程，它将新功能部署到生产环境中，并根据需求立即或逐步向客户发布——客户现在已经拥有了新功能，并有望从中获得收益。

我通常建议，企业应重点关注部署而不是发布，因为决定发布什么以及何时发布需要慎重考虑，并且要有以客户为中心的思想。不过，根据你的具体情况，对两者进行跟踪可能都有好处。

有多种工具可用于代码部署，包括：

- 持续集成/持续部署（CI/CD）工具（如Jenkins、GitLabCI/CD或CircleCI）。这些工具允许你自动构建、测试代码变更，并将其部署到开发、类生产和生产环境中。它们可以确保代码始终是最新的，并按预期运行。

- 配置管理工具（如Chef、Puppet或Ansible）。通过这些工具，你可以像管理代码一样管理服务器和基础设施的配置。它们可以帮助你在不同环境中以一致的和可重复的方式部署和管理代码。
- 云部署工具（如AWS CodeDeploy、Google Cloud Deployment Manager或Azure DevOps）。这些工具提供了一个中心化的位置，用于将应用程序部署到基于云的基础设施上。它们可以帮助你实现部署流程自动化，并根据需要扩展应用程序。

最后要提醒的是，在选择工具时，应基于组织和团队的具体需求。重要的是，要对多个工具进行评估，然后选择最适合你需求的工具。

> **专业建议**
>
> 吉恩·金（《DevOps实践指南》合著者）建议，对于一个组织来说，基本要求是每天部署10次。

最后，让我们看看第四个领域。

领域4：可预测性

绝不能把可预测性指标作为说"你做得不够好"或挑起团队之间竞争的依据。

但是，从支持PI规划会议和ART长期成功的角度来看，可预测性是至关重要的。但这个指标的度量永远不可能是一门精确的科学，也不应该是。它可以提供一个坚实的基础，来协助ART承诺可以为每个PI投入哪些工作以及投入多少工作量，这在战略上是非常有价值的。

该领域有三个指标：

- ART的可预测性。
- ART速率。

- 特性/赋能型需求/故事的计划与已接受之比。

ART的可预测性

ART的可预测性指标将计划业务价值与实际业务价值进行比较。以下是确定方法：

1. 在PI规划会议第2天的第二次团队分组讨论中，业务负责人将为团队的PI目标分配业务价值（1~10，从低到高）。
2. 作为PI结束时PI系统演示的一部分，团队会与业务负责人会面，对每个目标实现的业务价值进行自我评估。他们会问："我们是否按时按质交付了所要求的所有功能？"
3. 每个团队将其计划业务价值与实际业务价值进行对比，然后将信息汇总至ART层级，作为ART的可预测性指标。

ART的可预测性能够度量ART计划和实现其PI目标的能力。为了有效地进行计划和执行，ART通常应实现大部分已承诺的PI目标和一个或多个未承诺的PI目标。这种方法通常会导致实际完成的目标达到计划总目标的80%~100%。

对于使用SAFe®的企业而言，ART的可预测性是一项重要的指标。ART的可预测性是指它在每个PI（在SAFe®中，通常为10~12周）结束时持续交付可运行软件的能力。

ART的可预测性之所以重要，有几个原因。首先，它能让企业更有效地计划和执行工作。如果ART具有可预测性，企业就可以确信在每个PI结束时ART将交付可运行的软件，这有助于确保整体解决方案不偏离正轨。这种可预测性对于许多团队一起工作的大型复杂解决方案尤为重要，因为这有助于协调他们的工作，确保每个人都朝着同一个目标努力。

其次，ART的可预测性有助于在企业与其业务负责人之间建立信任。当业务负责人可以确信在每个PI结束时ART将持续交付可正常运行的软件时，他们就更有可能信任企业有效管理解决方案的能力。这将改善企业与其业务负责之间的关系。

最后，ART的可预测性对于持续改进非常重要。当ART具有可预测性时，企业就可以分析其绩效并确定需要改进的领域。这有助于企业完善其流程和实践，从而提高可预测性，并随着时间的推移改善成果。

总体而言，ART的可预测性是一项重要的指标，因为它有助于企业更有效地计划和执行解决方案，与利益相关者建立信任，并不断改进流程和实践。有关可预测性指标的更多信息，请参阅第10章。

> **专业建议**
>
> 如果你是合格的SPC，你就可以访问PI执行工具包，其中包括一个简单的Excel电子表格，可跟踪和计算ART中各团队的ART的可预测性，然后对ART进行滚动度量。

ART速率

作为生产力的度量指标，速率本身并不是一个有价值的指标。因为原始数据的范围有限，而且受多种因素影响而不断变化。然而，ART速率确实是预测和绘制路线图的重要因素，因为它提供了一个合理的平均值，据此可以推算出每个团队以及整个ART的总体能力。

ART速率是团队为每个PI交付的所有故事点的总和。

跟踪ART速率有几个重要原因：

- 有助于规划。通过跟踪ART速率，企业可以更好地规划和预测ART在未来PI中可以交付多少工作。这样，企业就可以与业务主管一起设定切合实际的期望值，确保团队不会过度承诺无法实际交付的工作。
- 有助于持续改进。通过长期跟踪ART速率，企业可以识别团队绩效的趋势和模式。这可以帮助企业确定团队在哪些方面遇到困难，并做出调整以提高他们在未来PI中的绩效。
- 有助于协调。当多个团队合作开发一个或多个复杂的大型解决方案时，跟踪ART速率可以确保每个人都朝着同一个目标努力。通过了解每个团队在给定的PI内可以完成多少工作，企业可以更好地协调各团队的工作，确保他们都朝着相同的目标努力。

- 有助于提高透明度。跟踪ART速率有助于提高企业内部的透明度。通过让业务负责人了解ART速率，企业可以展示团队交付价值的能力，并通过提供进展和成功交付的证据与业务负责人之间建立信任。

定期审查ART速率的趋势可为提高可预测性奠定基础，而可预测性反过来又有助于提高生产效率和战略生产力。

> **⚠ 注意事项**
>
> 虽然可以比较团队和ART之间的速率，但一般不建议这样做，原因有很多。

比较团队或ART的速率可能产生误导。速率受多种因素影响，包括团队规模、技能水平、工作复杂程度以及团队使用的工具及流程。在不考虑这些因素的情况下比较两个不同团队或ART的速率可能产生误导，导致不公平的比较。

速率旨在作为度量团队或ART内部绩效的标准，而不是作为与其他团队或ART进行比较的基准。通过专注于提高自身的速率，团队和ART可以不断提高绩效，为利益相关者提供更多价值。对团队速率进行比较会分散团队的注意力，导致团队专注于超越其他团队，而不是为利益相关者创造价值。

速率可用于度量团队在给定时间内能完成多少工作，它针对每个团队或ART而定。它是一种规划辅助工具，而不是一种比较绩效的度量指标！

特性/赋能型需求/故事的计划与已接受之比

与ART速率类似，计划与已接受之比的指标对每次迭代的价值不大。相反，它可为ART的可预测性指标提供信息。

与我们合作的一家公司表示，其可预测性约为80%。然而，该公司在每个PI中只完成了四五个功能，而业务部门的期望值要高得多。没有达到可预测值并不是我们的目标。它给出一个信号，让我们探索是否存在问题。

跟踪计划特性和已接受特性是一项重要的指标，因为它有助于企业有效地规划工作并确定工作的优先级，度量实现目标的进度，并识别需要改进的领域。通过专注于交付对业务负责人最重要的特性并不断改进流程，企业可以确保为业务负责人提供最大的价值并实现其目标。

小结

至此，我们认为有必要停顿一下，并关注我们讨论过的所有指标——尽管它们都很重要且很有帮助，但都不是衡量ART成功与否的"最终答案"。ART的总体目标，以及我们作为敏捷组织所做的一切，都是为了给客户创造价值。

虽然许多企业倾向于将客户价值过度简化以节省时间和金钱，但事实上，价值对不同的人意味着不同的东西。贝恩公司（Bain & Company）根据马斯洛著名的需求层次理论，确定了30种不同的价值要素（引自 *Elements of Value*）。节省时间和金钱都属于价值的功能性要素，它们都很重要，但客户实际上可能更渴望情感价值、生活改变价值和社会影响价值。

因此，请将我们讨论过的指标视为"引领指标"，你可以用它们来衡量ART为客户带来的价值，但要使这些指标发挥作用，你还需要了解价值对客户意味着什么。你需要规划和优化ART，将重点放在提供价值上。随着时间的推移，这能提高客户的忠诚度并增加收入。

在第16章中，我们将探讨领导力协调对齐的各个层面。

第16章
领导力协调对齐

领导力对于成功实施SAFe®至关重要，高效的精益敏捷领导者能够理解组织采用SAFe®的原因，并承担起领导变革的责任。数以千计的SAFe®实施案例表明，在领导者的积极参与下，通过新的工作方式快速取得更好的业务成果是可以实现的。这也要求领导者展现出在数字化时代取得成功所需的行为，并精通领导成功变革的实践。

没有领导者的积极参与，大规模敏捷转型成功的可能性就会大打折扣。领导者必须在变革之旅中投入精力，积极主动地转变旧的思维和习惯，才能帮助他人实现同样的转变。泰拉·阿拉斯、威尔·费尔贝恩和伊丽莎白·富特报告说，麦肯锡公司的研究发现，"当领导者亲自示范变革时，转型成功的概率是缺乏示范的四倍多"。领导者的认同有助于将转型成功的概率从30%提高到75%。

企业在开始SAFe®之旅时，往往得不到领导者的大力支持。企业在业务成果方面的改进达不到预期目标，而这正是投资SAFe®的理由，这意味着在许多情况下，转型会停滞不前。

在本章中，我们将讨论以下主题：

- 固定型思维模式到成长型思维模式的转变。
- 以身作则。
- 领导敏捷组织。
- 持续学习文化。

固定型思维模式到成长型思维模式的转变

> 精益管理的基本原则对传统管理理论的许多方面提出了挑战，并要求采用一种大多数管理人员都不熟悉的思维方式。
>
> ——雅各布·斯托勒，
> 《精益CEO：引领世界走向卓越》作者

我们遇到的许多领导者都已在领导岗位上工作多年。他们依靠的是过去几十年积累的经验，这些经验对他们大有裨益，使他们得以在组织中担任高级职务。然而，这些经验是建立在不同的技术时代之上的。让我们来看看与两个不同组织的高层领导者进行的两次对话。

真实世界的故事

我曾与一位航空公司的高层领导者交谈，他已经到了一定的年龄，对自己被委以领导数字化转型的重任感到担忧。他说："我对数字化不太了解，而我的团队中有25%的人年龄在30岁以下，他们都是数字化原住民，我却要领导数字化转型。"

他认为，他的经验会使他在担任领导职务时处于不利地位。

与此相反，请看与政府机构的高层领导者的另一次谈话，他与一家大银行的首席执行官共进午餐。午餐期间，他们一致认为，变革有三个关键的核心要素：

- 转变合作方式。
- 采用敏捷方法解决问题，将权力和能力赋予最接近问题的人。
- 最重要的是，有一种将领导层包括在内的学习文化，在这种文化中，影响力最大的人必须比其他人学习得更多。

最后一点至关重要。这位高层领导者意识到，他必须从固定型思维模式转变为成长型思维模式。但这种情况并不常见，更常见的是相反的情况，就像这位航空公司的高层领导者最初的反应一样。

作为教练，我们希望鼓励领导者参加为期2天的Leading SAFe®课程，但往往会得到以下类型的回应："你显然没有认真看我的胸牌。我是一个非常成功的人，如果不知道很多事情，我就不会有今天的成就。"

听起来熟悉吗？他们所知道的一些东西，放在两年前是正确的，但今非昔比。高层领导者虽然意识到变革的必要性，但他们在很大程度上还停留在过去，依赖于传统的管理技术和框架。

此外，他们不愿意花时间学习——"我没有时间参加为期2天的培训。"

一位非常有经验的顾问的回答是："不只你忙，我也很忙。等你有时间时告诉我，我再回来。"

如果你是受雇于公司的内部顾问，那么这种回答可能影响你的职业发展！更好的回答应该是："当然，作为高层领导者，你一定了解参加Leading SAFe®课程是一种责任，这样你才能在组织变革之前，了解你应如何带领组织进行变革。"

但是为期两天的课程对于高管团队来说仍然需要较大的投入。因此，Scaled Agile公司与几位经验丰富的实践者共同创建了一个半天左右就能完成的高管工作坊。如果你是资深的SPC，那么你可以从SAFe®Studio下载这个工具包。

> **⚠ 注意事项**
>
> 这不是Leading SAFe®的替代课程。请注意，这并不意味着，如果你不能参加为期2天的课程，参加为期半天的课程就足够了。高管工作坊应被视为学习更多知识的"序章"，应在其后继续参加Leading SAFe®课程。

> **✏ 专业建议**
>
> 在举办高管工作坊时，照本宣科式地使用工具包中的资料是有风险的。虽然工具包中有一些很好的资料，但我们的经验是，如果以标准工作坊的形式举办，由于缺乏针对性，十之八九不会达到预期的效果。如果你想举办一个有影响力的工作坊，就需要花时间与参加工作坊的领导者进行一些访谈，要换位思考，以了解他们所面临的挑战。然后，设计一个专门讨论这些挑战的工作坊。另外，请记住使用工具包的规则：
>
> - 工具包的使用权限只授予SAFe®认证会员（该会员的会员资格必须处于有效状态），并且只能在SAFe®实施工作中使用。
> - 会员可根据自身的需要，复制、修改、使用和分发这些资料的讲义和模板（打印件或PDF格式的电子文件）。但是，除了下载该工具包的会员，其他任何人不得分发或使用工具包中的内容。
> - 会员可根据具体情况添加幻灯片和内容，但不得改变原始资料的含义、目的或内容。禁止删除任何商标、徽标或版权声明。
>
> 实际上，你可以添加和删除幻灯片，但不能更改任何现有的幻灯片。

不过，即使是为期半天的工作坊，也可能时间太长。因此，最后一个选择是使用公开发行的Introducing SAFe®，可从Scaled Agile Framework网站的"Resources"栏目中下载。如果你只有1.5~2小时的时间，那么这可以是一个选项——同样，这也足以吊起听众学习更多知识的胃口。

仅有培训课程是不够的。我的一位同事曾经说过："如果飞行员只学习过一门课程，也许通过了考试，你会搭乘这架飞机吗？"当然不会——我想知道这位飞行员是否在资深飞行员的监督下花了一些时间来练习飞行技术。培训课程很重要，但现在，我们需要领导者开始亲自实践。接下来，我们将探讨一下这个问题。

以身作则

> 树立榜样不是影响他人的主要手段，而是唯一的手段。
> ——阿尔伯特·爱因斯坦

以身作则是指通过自己的行动或行为为他人树立一个好榜样。这是一种强调为他人树立正面榜样的领导风格，而不是简单地下达指令或命令。作为领导者，这可以有效地鼓舞和激励他人，也有助于建立信任和威信。

要树立正确的榜样，领导者应具备以下行为：

- 终身学习。
- 对人真诚。
- 情商。
- 勇气。
- 培育他人。
- 去中心化决策。

如果你是一名教练，或许正在考虑讲授Leading SAFe®课程，你会发现在第6课中只有一张幻灯片是关于"以身作则"的，除了列出六种行为，以及非常简短的描述，几乎没有其他培训指导。因此，在本节中，我们希望为你提供更多可以使用的信息，列出每种行为的一些好处，并就如何培养领导者的这些行为提供一些实用建议。

终身学习

描述了领导者如何持续、自愿和自我激励地追求知识和成长,以及他们如何鼓励和支持其他人也这样做。

终身学习之所以重要,是因为它促使个人不断寻求新的知识和经验,从而实现个人成长和职业发展,提高解决问题的能力,以及适应环境变化的能力。此外,终身学习还能促进创新和创造,推动各个领域的进步。归根结底,终身学习是在瞬息万变、竞争激烈的世界中取得成功的必要条件。

> **专业建议**
>
> 一个非常简单的方法是,创建研学领导力的读书俱乐部。事实上,我的做法就是自己买书,然后将其逐一分发给领导团队的成员。尽量选择能引起他们共鸣的书。然后,设定一个固定的时间间隔,以小增量的方式复习这本书。例如,每周复习一章。作为教练,请创建你自己的阅读清单,要做到言出必行!

对人真诚

这要求领导者以身作则,展现出所期望的职业行为和道德行为。通过诚实、正直和透明的行为,领导者要忠实于自己和自己的信念。

对人真诚之所以重要,是因为它能让人们忠于自己和自己的价值观,而不是装模作样。当人们感觉到你的真诚时,他们就更有可能表现出真诚可信,并与你建立更深厚、更有意义的人际关系。此外,对人真诚还能带来更大的个人满足感和幸福感,并改善身心健康。

在企业中,领导层的真诚也能提高员工的参与度,并营造更积极的企业文化。

> **专业建议**
>
> 鼓励领导者与团队坦诚相待，不要回避组织面临的真正挑战，然后虚心接受反馈。我经常发现，领导者害怕公开宣布他们认为的"坏消息"。现实情况是，即使领导者不与团队分享，团队往往也会意识到这些挑战，而且，由于身为领导者的你没有与团队分享信息，团队得出的结论通常比实际情况要糟糕得多！请把你的团队成员当作成年人，而不是孩子。

情商

情商描述了领导者如何通过自我意识、自我调节、激励、同理心和社交技巧来识别并管理自己和他人的情绪。

情商非常重要，因为它有助于个人理解并管理自己和他人的情绪。这可以为个人和职业带来各种好处。

发挥情商优势的好处包括以下几点：

- 改善沟通。情商使个人能够理解并回应他人的情绪，从而提高沟通效率，改善人际关系。
- 领导力。情商被认为是有效领导力的关键组成部分，因为高情商的领导者更能理解团队并对团队成员的需求做出回应。
- 更好地决策。通过考虑对自己和他人的情感影响来做出更好的决策。
- 坚韧不拔。情商还能帮助领导者在面对压力和逆境时更有韧性，并在个人和职业生活中取得更大的成功。

在企业中，领导层和员工都拥有较高的情商可以带来更积极的企业文化、更好的团队合作及更高的绩效。

> **📝 专业建议**
>
> 这个问题很难回答。不过，一个有效的办法是，在领导团队中引入一些多样性和包容性。例如，在一个领导团队中，如果领导者的性格非常相似，而且明显缺乏情商，可以考虑在领导团队中引入一个能带来情商多样性的人，以建立一些平衡。

勇气

对于领导者来说，勇气是指导组织应对数字化时代快速、动态变化的关键。这要求领导者拥抱脆弱性，承担适当的风险，直面困难，在必要时挑战现状。

勇气对组织中的领导者非常重要，因为勇气使他们能够做出艰难的决定，承担经过深思熟虑的风险，并坚持自己的价值观和信念。勇气还能使领导者能够应对具有挑战性的局面，并能与团队进行透明的沟通，即使在面对批评或反对时也不例外。此外，当领导者在组织内部推动变革和创新，创建积极、包容的企业文化时，勇气也是至关重要的。有了勇气，领导者才能更好地驾驭不确定性，将失败视为学习的机会，并激励团队达到新的高度。

> **📝 专业建议**
>
> 这又是一个难点。领导者要想在组织中让自己更有勇气，一个建议是，进行自我反思和自我认识。这包括定期评估自己的想法、感受和行为，深入了解自己的价值观、优势和局限性。另一个建议是，积极寻求新的挑战和成长机会，因为这有助于建立信心和增强韧性。此外，还要寻求支持性的关系，如导师或教练关系，以及加入支持性社区，可以在领导者面对困难时提供宝贵的鼓励和指导。最后，定期开展自我心理保健和压力管理活动也有助于领导者保持勇气和健康。

培育他人

培育他人就是鼓励领导者为每位员工提供所需的个人、专业和技术指导（或资源），使他们能够承担越来越多的责任和决策。

培育他人成长之所以重要，是因为它有助于发展员工的个人技能和能力，从而为他们的个人和职业发展带来各种益处。

培育他人的重要原因如下：

- 培养未来的领导者。通过投资于他人的发展，组织可以确保在领导职位出现空缺时，拥有强大的人才储备可供选择。
- 提高团队绩效。如果允许团队成员发展自己的技能和能力，他们就更有可能参与其中并保持动力，从而提高团队绩效。
- 建立积极的企业文化。当个人感到自己得到了投资和发展时，他们就更有可能感到自己受到了重视和尊重，从而形成更加积极的企业文化。

培育他人也是建立一个更加多样化、包容和公平的社会的一种方式，因为它为没被充分代表的群体提供了学习和成长的机会，并充分发挥了他们的潜力。

> **专业建议**
>
> 领导层能做的最好的事情就是，致力于创新和规划（IP）迭代。我们不仅要为创新预留时间（创新是知识工作者的主要动力），通常还要为持续的专业发展（CPD）预留时间。这可以是团队学习（如课程），也可以是个人自主学习（如阅读）。

去中心化决策

这将决策权转移至信息所在的地方，通过提升团队的技术能力，让团队做好去中心化决策的准备，并通过"决策警戒线"为组织提供清晰度。

我们发现，领导者最头疼的就是这个行为。对领导者来说，这种行为让他们感觉失去了控制。这些领导者招聘了很多聪明睿智的人，却像对待幼儿园的孩子一样对待他们。

去中心化决策之所以重要，是因为它允许组织内各层级的个人和团队做出决策，而不完全依赖于领导层的决策。这可以带来各种好处：

- 决策速度更快。当决策可以在组织的底层做出时，决策的速度可以更快，因为个人和团队更接近问题的核心，不必等待上级的批准。
- 增强主人翁意识和责任感。当个人和团队被赋予决策权时，他们更有可能对决策结果产生主人翁意识和责任感，从而提高绩效和成果。
- 更好地解决问题。决策权下放使个人和团队能够在当前层级识别和解决问题，从而更有效地解决问题，并提高绩效。

去中心化决策之所以重要，是因为它可以更快、更有效地做出决策，增强自主性和问责制，更好地解决问题，提高创造性和创新性，提高参与度和积极性，并能够更有效、更高效地使用人员。

> **专业建议**
>
> 有两个选择：
>
> 1. 让你的领导者阅读大卫·马凯（David Marquet）的著作 *Turn the Ship Around*。
> 2. 观看YouTube上一个名为"Greatness"的视频（约10分钟），这个视频对该书进行了概述。
>
> 我发现，在与领导团队讨论去中心化决策时，这样做非常有效。

了解这些行为固然很好，但我们应如何让领导者实践这些领导行为呢？

> **专业建议**
>
> 我们的经验是，需要让领导团队像敏捷团队那样运作。这样，他们就能在心理安全的环境中，在同伴的围绕下，开始实践他们所学到的知识。我们通常从培训开始（见本章第1节），然后提供一系列后续的工作坊、辅导和支持。能够像敏捷团队那样运作，将更好地帮助他们领导敏捷组织，并展示我们在本节中讨论的行为。

接下来，我们看看领导敏捷组织需要具备哪些条件。

领导敏捷组织

随着业务数量呈指数级增长，许多领导者发现自己处于一个尴尬的境地：他们需要从根本上改变经营方式，但又不知道如何完成这样一项艰巨的任务。全球疫情及其影响大大加速了本已令人眼花缭乱的局面。

约翰·科特在1996年出版的畅销书《领导变革》中首次提出了实施变革的八个步骤。从那时起，这八个步骤就成为全球各种规模的组织成功转型的基础。它们被大多数变革管理专家视为基本原则。

这八个步骤如下：

- 增强紧迫感。
- 建立强大的指导联盟。
- 设定愿景和战略。
- 沟通愿景。
- 赋能员工，采取广泛行动。
- 取得短期胜利。
- 巩固成果，赢得更多胜利。
- 将新方法融入企业文化。

实施这八个步骤是执行总裁和高级管理层的责任。

本节的目的不是深入探讨所有八个步骤——那是原书及其众多后续著作的目的。在这八个步骤中，我们将重点介绍我们认为许多领导者和转型企业最有机会改进的方面。

建立强大的指导联盟（步骤2）

> 一支志愿军需要一个从其内部诞生的、由有效人士组成的联盟，来指导它、协调它、沟通它的行动。
>
> ——约翰·科特

领导变革的一个关键且有力的步骤是创建一个强大的指导联盟。由于这一步非常重要，而且很多组织都犯了错误，因此我们将在这一步花费最多的时间。

在讨论指导联盟时，约翰·科特使用了汽车引擎的类比。如果我们把组织想象成一辆车，转型变革是目的地，那么指导联盟就是推动这辆车前进的引擎。

SAFe®的指导联盟存在缺陷

按照SAFe®的说法，该联盟由三部分组成：

- SPC。
- 受过精益敏捷培训的领导者。
- 精益敏捷卓越中心（Lean-Agile Center of Excellence，LACE）。

遗憾的是，当试图在组织中建立一个强大的指导联盟时，这一标准的效果往往不尽如人意。

首先，LACE很少被完全理解，需要大量的解释和解决方案才能使人们正确理解它。这种混乱反映在不同组织对它的多种称呼上，例如：

- 敏捷CoE。

- 敏捷工作小组。
- 精益敏捷转型团队。
- 学习与改进中心。

LACE是一个致力于实施精益敏捷工作方式的小团队，但需要注意的是，该团队的许多职责是由众多SPC共同分担的，这些SPC可能是也可能不是LACE的固定成员。

因此，SAFe®指导联盟各部分的职责相互重叠，常常造成混乱、低效和缺乏凝聚力。由于"引擎"没有调试好，运行不畅，因此往往无法为"车辆"提供足够的前进动力。

SAFe®的指导联盟缺乏权利

正如约翰·科特所说，我们需要一个"强大的指导联盟"。这意味着要组建一个有足够力量领导变革的团体，以维持制定愿景、沟通愿景、消除关键障碍等进程。可信度低的委员会往往是空架子。

SAFe®建议由C级高层领导者担任LACE产品经理。这就够了吗？约翰·科特却不这么认为：

> "有人说服老板让这位高层领导者负责一个工作组，该工作组包括来自多个部门的人员和一两个外部顾问。这个工作组可能包括组织中的新晋领导者，但没有执行总监中排名前三或前四的领导者。因为工作组有一个热情洋溢的负责人，所以工作组在一段时间内取得了进展……但是他们很快就发现，该工作组几乎不可能取得长期成功……因为从一开始，该工作组就不具备提供强大领导力所需的可信度。没有可信度，你就相当于用割草机的引擎来推动一辆18轮卡车。"

指导联盟的演进

根据多年参与大规模组织变革的工作经验，我们对"强大的指导联盟"的看法已经发生了变化。与SAFe®一样，它有三个要素：

- 高管行动小组（EAT）。
- 变革团队（相当于LACE）。
- 非执行董事（NED）——英国读者更熟悉的术语，或外部顾问（EA）。

高管行动小组

EAT一词很好地描述了指导联盟的第一个要素。

- 高管是拥有权力和公认领导地位的人。因为他们是高层人士，我们理所当然地认为他们只会履行兼职职责。
- EAT是一个行动团队，而不是无所作为的团队。他们专注于采取果断行动，不断推进变革进程。
- 为了取得成功，他们需要作为一个高效的团队来运作。基于SAFe®的指导联盟经常缺乏凝聚力，效率不高，这种情况是可以避免的，也是必须避免的。

EAT的职责包括：

- 从业务角度确定转型的意图和成果。
- 治理转型史诗，包括审批转型史诗并确定其优先级，以及验证其交付的效益。
- 设定组织KPI。
- 沟通所有这些事项。
- 消除系统性和组织性障碍。

真实世界的故事

在现实世界中，有效的EAT由五名高层人士组成，他们是跨职能的，涵盖了变革的方方面面。他们每周召开30分钟的会议，批准新的变革实验（见"变革团队"一节），审查正在进行的实验，并消除任何障碍。在每次会议之前，要与EAT沟通新实验。这些会议由一名经验丰富的"教练"主持。

变革团队

变革团队是实现变革的关键。他们是EAT与实际变革之间的桥梁。该团队致力于推动变革——就像SAFe®的LACE所描述的那样——每个人都明白变革团队是做什么的。

变革团队的职责如下：

- 作为敏捷团队的典范，协助开展变革实验。
- 辅导和支持 EAT 在指导联盟中发挥作用。
- 促进指导联盟的运作，包括管理和推动投资组合的流动。
- 为主要利益相关者和团队提供辅导和培训。
- 培育实践社区（CoP）。
- 沟通进展。
- 实施精益敏捷焦点日活动，邀请嘉宾演讲，并介绍内部案例研究（敏捷简报）。
- 持续推动精益敏捷教育。
- 将精益敏捷实践推广到组织的其他领域。

在我们合作过的示范组织中，变革团队通常由教练和组织中的专家（SME）组成（后者嵌入了一种新的工作方式）。

需要说明的是，根据变革的性质和规模，可能需要多个变革团队。在这种情况下，应考虑将变革团队作为ART来运行，以协调变革活动。

非执行董事

NED一词是英国市场所认可的，但在其他国家可能并不适用，当然，另一个词EA也表达了同样的意思。EAT很容易只关注符合自己结论的信息，因此，可由NED提供外部思考和批判性反馈，充当EAT的客观顾问。

NED的成员可来自以下领域：

- 同一组织的某个部门（该部门已显示出转型后的成效）。
- 具有代表性转型的类似组织（最好是同一行业的）。
- 正在经历转型的不同组织（可能是不同行业的）。
- 经验丰富的顾问，了解如何实现良好的转型。

当经验丰富、充满热情的人员参与其中，并得到更大组织的支持时，这种组合要素最能有效指导组织规模的变革。

我希望NED定期参加EAT的会议，就组织的转型、业绩和风险管理提供独立的观点，并为EAT带来外部专业知识和指导。通过履行这些职责，NED可以确保组织的运营符合利益相关者的最佳利益，并为组织的长期成功做好准备。

实施组织变革的其他重要步骤

现在，我们简要介绍一下《领导变革》一书中介绍的其他重要步骤，以及拥有强大的指导联盟的组织应该关注的问题。

设定愿景和战略，沟通愿景（步骤3和步骤4）

对于所有变革举措而言，最重要的是确定目的，即变革愿景，然后将其概括为一套战略主题，表现为目标和关键成果（OKR）。这项工作由EAT负责，变革团队和NED负责提供意见。

一旦确定了总体愿景并设计了战略主题，今后所有的变革活动都将根据这些基准进行评估，以确定其可行性、可持续性、生存能力、可取性和优先级。这样，实现变革的工作就会始终以价值为基础，并与组织所追求的既定最终状态保持一致。

愿景和战略主题必须得到有效沟通，才能对整个组织产生价值。否则，随着变革的开始，人们将无法理解要求他们采取的"不舒服行动"背后的"原因"。这就会导致反弹和变革失败。

人们往往沟通得不够充分，无法提供足够的信息来促进参与或获得认同。或者，发出的信息太多，让人们不愿意或无法吸收。信息传递不一致也是一个问题。

一般来说，最好的选择是可视化——一幅图胜过千言万语，而且更吸引人，又不会让人觉得冗长。

沟通愿景和战略是提升员工行动能力、支持变革的重要一环，但还需要做更多的工作。

集思广益

好的想法可能来自任何地方，因此有必要建立一个收集这些想法的机制，一个欢迎所有新想法的"漏斗"，让贡献者相信他们的想法会得到公平且认真的考虑。从Sharepoint网站到Google表单，许多工具都能很好地收集想法。应定期向组织公布既定工具的链接。

评估各种想法

当然，有些想法有潜力，有些则没有。某些想法可能因为与战略主题不符，或者因为其他原因不可行、不可用、不可取或不可持续而被否决。

融入史诗假设声明

通过初审的想法将进入复审阶段，我们将在复审阶段创建一页纸的"史诗假设声明"（EHS）。EHS定义了想法和OKR，如果要继续实施，这些OKR可用于验证进展情况。如果该想法被批准实施，这些信息对于进一步审查该想法和创建实验都很有价值。

向EAT推销想法

然后，提出想法的人员将向EAT介绍EHS。这并不像美国的《鲨鱼缸》或英国的《龙穴》那样，主要为了协调、分配技术人员和消除关键障碍。如果想法获得批准，将在待办事项列表中得到优先处理。

取得短期胜利（步骤6）

可持续的积极变化是缓慢且稳定发生的，而不是一蹴而就的。这就是为什么在实施投资组合看板中列出的史诗时，要以小型实验的形式进行。

"小"可能意味着，变革首先在一个团队或部门实施，范围或应用有限。同时，变革也总是在一个固定的时期内运行，通常不超过三个月。这足以根据OKR评估其效果，但也不会长到对长期生产力产生不利影响，或者对其他部门造成非常严重的影响。

这些实验的进展情况将定期汇报给EAT。变革团队将在EAT的必要协助下开展这些实验。

如果变革实验失败，可以对想法进行重新评估、改写或舍弃。如果变革实验取得成功，就可以将其列为优先事项，在整个组织内扩大和推广，并纳入新的工作方式。这些决定由EAT做出，他们对优先级的确定决定了何时在整个组织范围内实施变革。这些变革实验可以由一个小型变革团队进行，但当需要在整个组织内推广时，就需要扩大变革团队的规模。

巩固成果，赢得更多胜利（步骤7）

小型实验是酝酿新想法的地方，如果成功，就会产生短期效益。如果被采纳，就会在整个组织内引发变革，从而不断巩固成果。许多组织发现，由外部专家和组织内已成功进行变革的人员在每周举行一系列1小时的敏捷简报会，对巩固成果大有裨益。这也是庆祝成功和为未来转型建立支持的绝佳机会！

将新方法融入企业文化（步骤8）

最后一步是将新方法融入企业文化，因为文化变革是最后一步，而不是第一步。如果要改变文化，就必须改变习惯和行为，而要做到这一点，就必须改变工作方式。只有领导层才能做出这些系统性和组织性的改变。

一旦进行了这些组织变革，你就会开始改变习惯和行为，进而产生文化变革。

> **注意事项**
>
> 小心文化熵。如果你在花园里除草，杂草会消失，但如果你停止除草，杂草又会重新生长。这与文化变革是一样的——如果我们不坚持变革，那么组织就很有可能退回到旧的工作方式。

敏捷项目管理办公室（APMO）在支持变革方面是非常关键的，但更重要的是，将变革嵌入组织内部。SAFe®6.0的变革之一是，将传统的项目管理办公室重新设计为价值管理办公室（VMO）。VMO主要关注价值交付、战略调整和效益实现，而APMO则关注促进和支持敏捷方法及原则的采用，以增强协作、适应性和迭代交付。因此，我们决定保留APMO一词，因为它更符合支持变革的活动。

> **专业建议**
>
> 不要忽视APMO。从一开始就让APMO参与进来，对它进行精益敏捷思想的教育，然后建立一种DevOps的变革心态，让变革团队和APMO在一个跨职能团队中合作，进行变革实验，然后在整个组织中推广，而不是把变革举措扔给APMO，让其单独实施。

图16.1是变革看板的原型，可以作为一个很好的起点，用于管理变革举措的流动并将其可视化，它与前几节详述的步骤直接对应。

在SAFe®6.0中，持续学习文化（CLC）被移到了框架的底部，与领导力并列。为什么？我们认为这将是未来新的管理方式。因此，我们有理由将其与领导力协调对齐一起讨论。

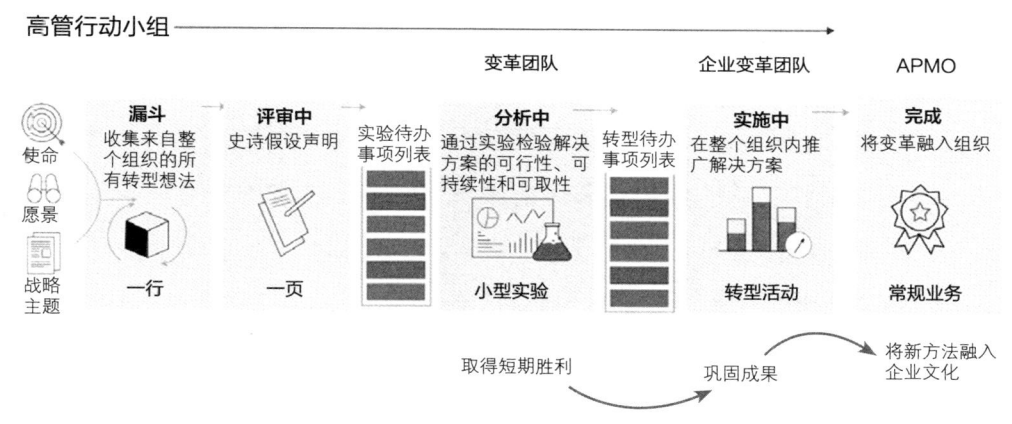

图16.1　变革看板的原型（Cprime公司版权所有）

持续学习文化

CLC是一种组织文化，它优先考虑并鼓励所有员工不断学习和发展。这种文化具有以下特点：

- 注重终身学习。我们鼓励员工在整个职业生涯中不断发展自己的技能和增加自己的知识，而不是只在上任之初注重培训。你会发现，我们也鼓励领导者这样做。
- 实验和创新的文化。鼓励员工进行实验和冒险，并从失败和成功中吸取经验教训。
- 提供学习机会。为员工提供广泛的学习机会，如工作坊、培训、指导和在线资源。领导者常说："如果我培训了所有员工，然后他们因为有更好的条件而离开了怎么办？"我说："如果我们不培训他们，他们就会留下来？"当员工感到他们的学习和发展受到重视和支持时，他们就更有可能参与其中并积极进取，从而提高留任率。

CLC对于一个组织来说非常重要，原因如下：

- 增强技能和知识。持续学习有助于员工开发新的技能和掌握新的知识，从而提高他们的生产力和工作效率。这也有助于他们在组织内承担新的角色和责任。

- 创新和创造力。CLC有助于促进组织内部的创新和创造力。鼓励员工学习和实验的组织更有可能激发员工提出新的想法和解决问题的办法。
- 适应变化。在当今快节奏的商业环境中，组织需要迅速适应不断变化的环境。CLC可以帮助员工了解新技术和新趋势，以适应市场变化。
- 留住员工。感到自己在组织中不断成长和发展的员工更有可能留在该组织。CLC有助于提高员工的参与度和留任率。
- 提高组织绩效。CLC可以提高员工的参与度、生产力和创新能力，从而帮助组织提高绩效。这有助于组织更有效地实现其目标，并在行业中保持竞争力。

如何培养和创建CLC呢？

创建CLC需要经过深思熟虑，确定学习的优先级，提供学习机会，鼓励尝试，认可和奖励学习，创建学习社区，提供获取资源的途径，以及衡量和评估学习计划的影响。这样，组织可以建立一种学习文化，为员工的发展和组织的长期成功提供支持。

总之，CLC是一种优先考虑并鼓励所有员工不断学习和发展的组织文化。它的特点是注重终身学习、实验和创新的文化，提供学习机会，支持自主学习以及对学习的认可和奖励。

小结

本章篇幅较大，但这是有必要的，因为领导力对任何变革举措都是至关重要的，尤其是当你希望实施SAFe®时。

在本章中，我们探讨了领导力协调对齐的三个方面：

- 帮助领导者从固定型思维模式转变为成长型思维模式，并采纳个人终身学习文化，在这种文化中，领导者需要比其他人学习更多的知识。
- 以身作则，践行所学——例如，让领导层以敏捷团队的形式开展工作。这可以让他们体验敏捷的含义，并树立正确的行为榜样。
- 借鉴约翰·科特的开创性工作及其《领导变革》一书，领导变革。

最后，我们以CLC作为结束，我们认为它可以成为21世纪新的管理模式。

第17章
拥抱敏捷，推动转型

恭喜！你已阅读到本书的最后一章。在整个旅程中，我们探讨了教练的多方面角色，深入研究了这一重要角色的原则、实践和责任。我们希望本书能为你提供必要的指导和见解，帮助你在领导敏捷转型和推动组织变革的复杂过程中游刃有余。

作为教练，你是变革的推动者、敏捷的倡导者和增长的催化剂。你拥有独特的技能、知识和经验，能够指导企业实现规模化敏捷。但你的旅程不会就此结束。事实上，读完本书，也仅仅是个开始。

敏捷转型不是一朝一夕的事，而是持续不断的迭代过程。敏捷环境在不断变化，企业必须不断适应，才能在当今充满活力的商业环境中保持领先地位。作为教练，你在培养这种适应性思维和灌输持续改进文化方面起着至关重要的作用。

请记住，教练的目标不是强加一个僵化的框架或一套规则。而是要了解组织的独特背景，与组织的价值观保持一致，共同创造适合组织需求的定制方法。在你支持团队、领导者和利益相关者踏上敏捷之旅时，灵活性、同理心和协作精神将成为你的指导原则。

在前进的道路上，请牢记这些关键要点：

1. 拥抱服务型领导力。作为教练，你的首要目标是为组织和员工服务。重点是支持团队，促进协作，消除成功道路上的障碍。你的职责是赋予他人自主权、决策权和推动成果的权力。

2. 持续改进。敏捷是一种重视学习和适应性的思维方式。鼓励实验、反馈和反思的文化。推动回顾，鼓励社区实践，促进知识共享。追求卓越应该是一种持续的努力。

3. 量身定制方法。SAFe®提供了一个框架，但应根据组织的独特需求进行定制。对实践、活动和工件进行调整和定制，以最大限度地发挥其价值并与组织目标保持一致。记住，不要盲目地遵循规定的路径，而要找到最适合自己的方法。

4. 打造学习型的组织。鼓励成长型思维模式，促进学习文化。帮助个人和团队发展新技能，拓展知识面，探索新兴实践和技术。学习应融入组织结构，推动创新，提高适应能力。

5. 成为变革的推动者。敏捷转型可能充满挑战和阻力。作为教练，你的职责不仅仅是辅导团队，你还是变革的推动者以及领导者值得信赖的顾问。要建立稳固的关系，有效沟通并提供指导，以驾驭复杂的变革管理。

6. 庆祝成功。认可并庆祝在转型过程中取得的成就和里程碑。肯定个人、团队和领导者的努力和贡献。这不仅能鼓舞士气，还能加强敏捷性对组织的积极影响。

请记住，本书不是一本全面的手册，而是你成为高效教练道路上的伴侣。敏捷的世界是广阔的，永远有更多的东西需要学习、探索和发现。保持好奇心，与敏捷社区保持联系，不断实现专业成长。

随着世界的不断发展，敏捷性仍将是组织的竞争优势。通过采用本书中概述的原则和实践，并根据自身的独特情况加以调整，你将在帮助组织适应瞬息万变的环境进而茁壮成长方面发挥举足轻重的作用。

祝你好运！

达伦和林迪

附录 A

附录A包含了SAFe®PI规划会议工具包中01ART准备工作手册（V6.0）的5个内容标签。

下表中包括概述的关键活动以及为实现整体交付目标而通常需要执行的任务/活动。虽然该列表并不全面，但可以将其作为模板，并根据组织的具体情况完善和改进每个PI。

假设的日期如下：

PI 开始日期	2023 年 6 月 6 日
检视 & 调整（I&A）日期	2023 年 6 月 5 日
PI 中的迭代个数	5
创新及规划（IP）迭代的开始日期	2023 年 5 月 31 日

另外，还有一栏显示用于计算建议到期日期的公式。参数如下：

- PI开始的日期。
- 检视&调整（I&A）日期。
- IP迭代的开始日期。

你可以在github网站上下载该表格（在github网站上搜索"SAFe-Coaches-Handbook"）。

附录 B

附录B包含几个多天的PI规划会议时间表示例。你可能需要根据时区、Zoom引起的倦怠等情况进行必要调整。

标准的 2 天议程

以下是为期2天的标准议程：

	第一天议程		第二天议程
08:00 – 09:00 am	业务背景	08:00 – 09:00 am	规划调整
09:00 – 10:30 am	产品 / 解决方案愿景	09:00 – 11:00 am	团队分组讨论
10:30 – 11:30 am	架构愿景和开发实践	11:00 – 01:00 pm	最终计划评审与午餐
11:30 – 01:00 pm	规划背景和午餐	01:00 – 02:00 pm	ART 的 PI 风险
01:00 – 04:00 pm	团队分组讨论	02:00 – 02:15 pm	信心投票
04:00 – 05:00 pm	计划草案评审	02:15 – ? pm	如有必要，重新规划一次
05:00 – 06:00 pm	管理评审与问题解决	承诺达成时	回顾与继续推进

用于分布式团队的为期 3 天的议程

该议程可在SAFe®PI规划会议工具包中找到。当团队分布在世界各地，并且所处时区显著不同时，通常会使用该议程。

第一天

时区 1	时区 2	主题
08:00 – 08:30 am	08:30 – 09:00 pm	开场
08:30 – 09:00 am	09:00 – 09:30 pm	业务背景
09:00 – 10:30 am	09:30 – 11:00 pm	产品 / 解决方案愿景
10:30 – 10:45 am	11:00 – 11:15 pm	休息
10:45 – 11:15 am	11:15 – 11:45 pm	架构愿景

续表

时区 1	时区 2	主题
11:15 – 11:45 am	11:45 – 12:15 am	开发实践
11:45 – 12:15 pm	12:15 – 12:45 am	规划需求
12:15 – 01:00 pm		休息
01:00 – 04:00 pm		团队分组讨论（第 1 次，共 2 次） 每小时教练同步检查点

第二天

时区 1	时区 2	主题
	05:30 – 08:30 pm	团队分组讨论（第 1 次，共 2 次） 每小时教练同步检查点
08:00 – 09:00 am	08:30 – 09:30 pm	团队同步
09:00 – 10:00 am	09:30 – 10:30 pm	计划草案评审
10:00 – 10:15 am	10:30 – 10:45 pm	休息
10:15 – 11:15 am	10:45 – 11:45 pm	管理评审与问题解决
11:15 – 11:45 am	11:45 – 12:15 am	规划调整
11:45 – 12:30 pm	12:15 am – 结束	休息
12:30 – 03:00 pm		团队分组讨论（第 2 次，共 2 次） 每小时教练同步检查点

第三天

时区 1	时区 2	主题
	06:00 – 08:30 pm	团队分组讨论（第 2 次，共 2 次）
08:00 – 09:00 am	08:30 – 09:30 pm	团队同步并最终确定目标
09:00 – 11:00 am	09:30 – 11:30 am	最终计划评审
11:00 – 11:15 am	11:30 – 11:45 pm	休息
11:15 – 12:15 pm	11:45 – 12:45 am	ART 的 PI 风险
12:15 – 01:00 pm	12:45 – 01:30 am	休息
01:00 – 01:15 pm	01:30 – 01:45 am	信心投票
01:15 – ? pm	01:45 – ? am	如有需要，重新规划一次
承诺达成时		回顾 最后指示

4个半天的议程

4个半天的议程旨在帮助消除Zoom引起的倦怠。可根据ART调整开始时间。此时间表也可用于分布在不同时区的团队。你可以选择将第二次团队分组讨论延长到第三天。

第一天	主题
08:00 – 08:30 am	开场
08:30 – 09:00 am	业务背景
09:00 – 10:30 am	产品/解决方案愿景
10:30 – 10:45 am	休息
10:45 – 11:15 am	架构愿景
11:15 – 11:45 am	开发实践
11:45 – 12:15 pm	规划需求

第二天	主题
08:00 – 11:00 am	团队分组讨论（第1次，共2次） 每小时教练同步检查点
11:00 – 12:00 pm	计划草案评审
12:00 – 12:15 pm	休息
12:15 – 01:15 pm	管理评审与问题解决

第三天	主题
08:00 – 08:45 am	规划调整
08:45 – 11:00 am	团队分组讨论（第2次，共2次） 每小时教练同步检查点

续表

第四天	主题
08:00 – 09:00 am	最终计划评审
09:00 – 09:15 am	休息
09:15 – 10:15 am	ART 的 PI 风险
10:15 – 10:30 am	信心投票
10:30 – ? am	如有必要，重新规划一次
承诺之后	回顾 / 最后指示

下面是一些需要注意的补充事项：

- 你可以根据PI规划会议的需要灵活调整时间表。我们强烈建议你尽量遵循时间表和每项活动的相关时间盒。
- 我们已经成功地将架构和产品愿景结合起来，并进行了演示，要展示它们之间的对应关系和相互联系。
- 提醒并鼓励团队在分组讨论期间定时休息。

附录C

在附录C中,我们给出了完整的新版SAFe®6.0大图[1](见图C.1)。

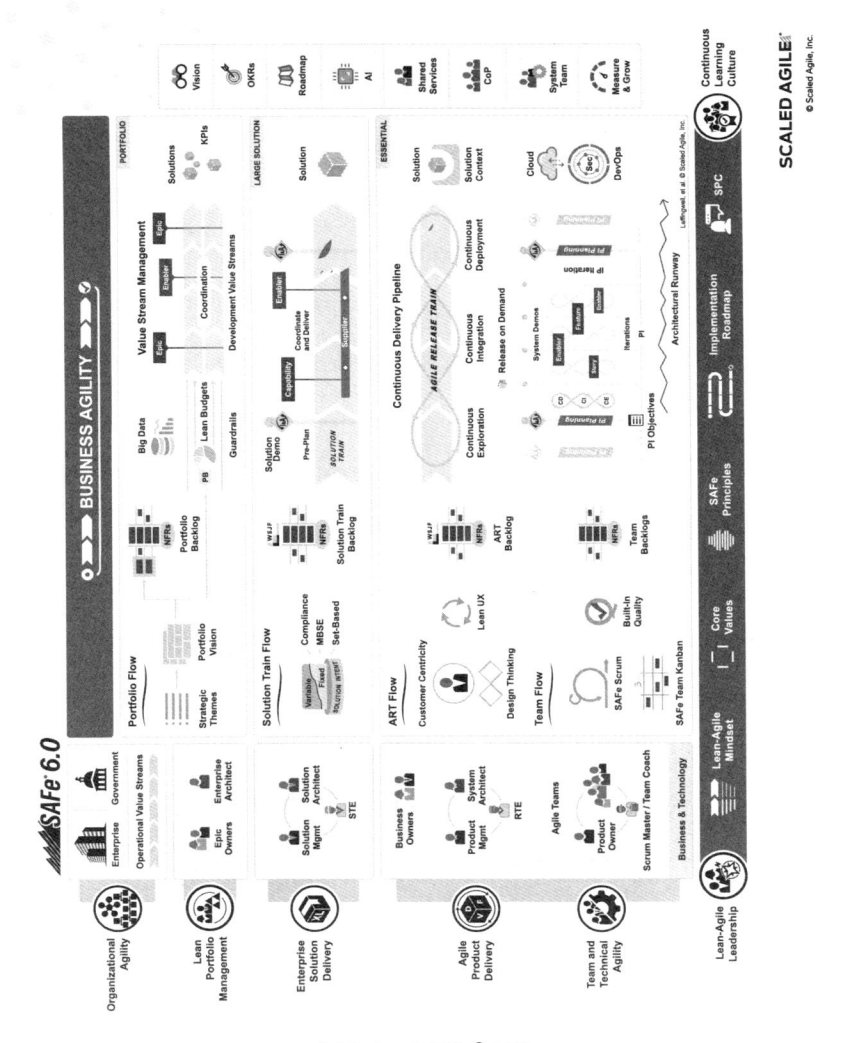

图C.1 SAFe®大图

---

1 由于在行业实践中均采用英文版的原图,故未对此图进行翻译。——译者注

术语表

在SAFe®官网上，提供了非常全面的术语表，你可以使用搜索引擎搜索"scaledagileframework"来找到SAFe®官网的链接。在此，我们列出一些常用的SAFe®术语。

Scrum Master/团队教练[Scrum Master/Team Coach（SM/TC）]：敏捷团队的成员，负责帮助团队实施和维护敏捷实践，优化和改进团队绩效，并与RTE合作，指导整个ART的绩效改进。

产品负责人（Product Owner，PO）：敏捷团队的成员，负责确保团队交付的产品和服务具有最大的商业价值，并确保团队待办事项列表反映了客户和利益相关者的最新需求。

发布火车工程师（Release Train Engineer，RTE）：ART的教练。

产品管理人员（Product Management，PM）：通常是与客户打交道的第一级人员。他们对ART的待办事项列表负责，并对其进行定义和优先级排序。

系统架构师（System Architect）：负责定义和沟通ART所需的技术和架构的人员。

系统团队（System Team）：专门的敏捷团队，负责协助构建和支持敏捷开发环境，包括开发和维护持续交付流水线。他们还可能支持资产整合、端到端解决方案的测试、DevOps思维和实践、部署和按需发布。

共享服务（Shared Service）：代表了ART或解决方案火车取得成功所需的专业角色、人员和服务，但这些角色不是全职的。

敏捷发布火车（Agile Release Train，ART）：由敏捷团队组成的长期跨职能团队，与其他利益相关者一起，在PI时间盒内，通过一系列固定长度的迭代，逐步开发和交付解决方案。

PI规划会议（PI Planning）：在这里，规划间隔被称为PI。PI规划会议是一项为期2天的全员活动，旨在将所有团队统一到共同的使命和愿景上来，并共同识别可能阻碍特性交付的潜在障碍。

精益投资组合管理（Lean Portfolio Management，LPM）：将精益和系统思维方法应用于战略和投资资金、敏捷投资组合的运营和治理，从而使战略和执行相一致的能力。

非功能性需求（Non-Functional Requirement，NFR）：与系统质量相关，可指导解决方案的设计，通常作为相关待办事项列表的约束条件。

完成的定义（Definition of Done，DoD）：这是敏捷团队内部的共识，概述了产品增量、用户故事或任务被视为完成并准备发布或部署所必须满足的标准。它可作为质量标准，确保团队始终如一地交付有价值的高质量工作。

就绪定义（Definition of Ready，DoR）：这是敏捷团队内部的一项协议，概述了用户故事或任务在进入迭代并开展工作之前必须满足的标准。它确保团队有共同的理解和足够的信息，以便有效地开始实施用户故事。

此外，我们还要解释以下几个常用的日语术语。

改善（Kaizen）：Kaizen的意思是"改善""改进"或"获得更好的改变"。它所依据的理念是，长期坚持不懈地进行小规模、渐进式的改进，就能取得显著成效。它强调从车间到高管团队的所有员工都参与改进过程的重要性，并鼓励持续学习和发展的文化。该方法综合运用各种工具和技术，如价值流映射和Kaizen工作坊，来识别和消除浪费，改进质量，提高效率，并提升整体客户满意度。Kaizen的目标是创建一种可持续的、长期的持续改进文化，从而提高质量，降低成本并提高客户满意度。通过实施Kaizen，组织可以持续改进其流程、产品和服务，并最终实现战略目标。

工作现场（Gemba）：Gemba指创造价值或开展工作的实际场所。在商业和制造业中，该词通常指制造和组装产品的生产车间。该词还指任何完成工作和创造价值的地方，包括办公室、服务中心和零售店。在持续改进的背景下，Gemba被认为是在识别需要改进的领域时首先需要关注的地方。这是因为在Gemba，可以观察到实际的工作流程，看到任何瓶颈、低效或需要改进的地方。通过到Gemba观察工作的执行情况，你可以更深入地了解流程，并发现改进的机会，而这些机会可能无法通过查看数据或报告立即显现出来。

浪费（Muda）：Muda的意思是，产生"浪费"或任何不能为产品或服务增值的活动或流程。在精益生产或丰田生产方式中，消除浪费是提高效率和降低成本的关键原则。Muda有多种类型，包括过度生产、延误、不必要的运输、过量库存、不必要的动作、缺陷和未发挥的员工创造力。通过识别和消除浪费，企业可以改进流程，提高生产率，最终为客户提供更高的价值。

守、破、离（Shu Ha Ri）：Shu Ha Ri是一种武术概念和策略哲学。它通常用来描述学习和掌握某种艺术、技艺或技能的阶段。Shu Ha Ri 的三个阶段如下：

- **守（Shu）**：这是学习阶段，练习者要不折不扣地遵守技艺的规则和技巧。重点是记忆和模仿所学的内容。
- **破（Ha）**：在这一阶段，练习者开始理解这门技艺的基本原理，并开始对所学的技法进行实验和修改。重点是打破对规则的严格遵守。
- **离（Ri）**：最后一个阶段是精通阶段，练习者已将技艺的原理内化，并能根据自己的理解即兴创作新技法。重点是以独特的个人方式表达技艺的精髓。